Strade blu

NON FICTION

Federico Rampini

OCCIDENTE ESTREMO

Il nostro futuro tra l'ascesa dell'impero cinese e il declino della potenza americana

MONDADORI

Dello stesso autore
nella collezione Strade blu

Il secolo cinese
L'impero di Cindia
L'ombra di Mao
La speranza indiana
Centomila punture di spillo
Slow Economy

www.librimondadori.it

ISBN 978-88-04-60333-7

I edizione ottobre 2010

Indice

Occidente estremo

a Stefania,
che di questa vita
da nomadi
conosce il prezzo

Introduzione

Un anno di esplorazione nell'Occidente estremo.

Fu nel 2009 che lasciai Pechino per New York. Per me era un ritorno negli Stati Uniti. Avevo già vissuto sull'altra costa, a San Francisco, fino al 2004. In mezzo, quei cinque anni in Cina sono stati lunghi quasi quanto un secolo. Non per me: per i rapporti di forza tra Asia e Occidente. Lasciai la California quando ancora la Cina era un'allieva, impegnata a emulare il maestro americano. Ho ritrovato un'America stremata dalla più grave crisi economica dopo la Grande Depressione. Una crisi che la Cina ha evitato, in modo magistrale, usando le leve del suo capitalismo di Stato o «dirigismo di mercato». Così la storia ha avuto un'accelerazione improvvisa. Era chiaro che il XXI secolo sarebbe stato asiatico, ma in poco tempo lo scatto dell'Oriente ha dato la sensazione che i giochi fossero già fatti. La Cina sembra padrona del proprio futuro, lanciata in una modernizzazione che brucia le tappe, l'America si trascina faticosamente fuori dal tunnel.

Eppure a New York ho la sensazione di essere al centro del mondo. Per un giornalista italiano è evidente: tutto ciò che accade negli Stati Uniti fa notizia, acquista immediatamente una grande visibilità, «fa tendenza» in tutta Europa e nel resto del mondo. A torto o a ragione, una foglia d'acero che cade a Central Park provoca un'onda d'aria che si trasmette attraverso gli oceani.

Se l'America è in declino, la sua è una magnifica decadenza. Potrebbe perfino farci bene, a tutti.

Che la crisi ci sia, è un dato oggettivo. In senso relativo, prima di tutto: la posizione di leader mondiale degli Stati Uniti è insidiata dalla Repubblica Popolare. Tutte le previsioni indicano che prima o poi, nel corso di questo secolo, la più grande economia del pianeta sarà quella cinese. La data precisa del sorpasso è controversa, può slittare per qualche incidente di percorso imprevisto, le lotte operaie del 2010 nel Guangdong hanno indicato che non tutto è «stabile» in quel gigante. Ma il passaggio delle consegne è inevitabile. Il declino americano segue la parabola di altri imperi, logorati da appetiti territoriali eccessivi: il costo delle due guerre in Iraq e Afghanistan (3000 miliardi) sta depauperando gli Stati Uniti, li costringe a privazioni dolorose e pericolose. Il collasso di risorse pubbliche è evidente nelle infrastrutture fatiscenti. New York stessa è una metropoli che casca a pezzi, dal metrò alle strade, agli ospedali, i sacrifici di bilancio sono ben visibili. E tuttavia la consapevolezza di questo declino non è ancora abbastanza acuta tra gli americani da provocare un soprassalto, uno scatto che cambi di colpo il corso della storia. Viene in mente ciò che il grande storico Eric Hobsbawm disse per spiegare il sorpasso della Prussia di Bismarck sull'Inghilterra: gli inglesi non capirono che la loro supremazia economica era agli sgoccioli «perché il sistema funzionava ancora». Bene o male. Una toppa qui, un rammendo là, ti danno l'illusione di poter tirare avanti. Intanto l'avversario-rivale fa balzi prodigiosi verso il futuro.

Magnifica, la decadenza? Certo. New York non è mai stata così vitale, creativa, generosa di talenti e di progetti. È un centro culturale fantastico, ben più dinamico di Pechino o Shanghai. Visitando uno dei miei musei favoriti di Manhattan, la Neue Galerie, è inevitabile fare un parallelo con la Vienna dell'inizio del secolo scorso: Klimt, Schiele, Mahler, Kafka, Freud, Musil, Joseph Roth, è impressionante l'elenco dei giganti del pensiero e dell'arte che vissero nel cuore di un Impero austroungarico al tramonto, che si stava disfacendo sotto i loro occhi. C'è qualcosa di fecondo nella decadenza: è la fase in cui un impero perde le certezze, quindi diventa più eclettico, si rimette in discussione, sperimenta, fa incroci, si apre alle contaminazioni dell'Altro. L'Impero romano accettò il cristianesimo quando aveva ormai esaurito la sua capacità propulsiva e l'era delle grandi conquiste. L'Inghilterra del circolo Bloomsbury nel primo Novecento, con Virginia Woolf e John Maynard Keynes, era un luogo ben più interessante che ai tempi trionfali della regina Vittoria.

Quando andai a vivere a San Francisco (era al passaggio del millennio), il mio blog sul sito di Repubblica prese il titolo di Estremo Occidente, perché la California era la punta avanzata della modernità americana, l'incubatore di tutte le rivoluzioni tecnologiche e di costume. Mentre ero là sulla West Coast, una zona ipersensibile a ciò che accade in Asia, avvertii che «l'estremo» stava varcando il Pacifico. Era sull'altra sponda che si stava spostando il vigore della crescita, la fiducia nel progresso, l'ottimismo della volontà. Estrema modernità, quella cinese, e per un bel pezzo della mia vita mi ci sono immerso dentro, l'ho osservata da vicino, nelle sue forze e nelle sue debolezze, nel suo fascino e nella sua pericolosità.

Il laboratorio del futuro si è quindi spostato, almeno in parte, sull'altra sponda del Pacifico, quella che paradossalmente è a ovest, se vista dalla California. Ma non è più occidentale, nel senso che noi diamo a questa parola: un termine che è diventato la sintesi di una civiltà, di un sistema di valori. E questo naturalmente ci apre dei problemi immensi. Non solo perché siamo condannati alla marginalità, noi europei quanto e più degli americani, ma anche perché l'avanzata di un «modello cinese» in vaste zone del mondo (fino all'Africa e all'America Latina) apre interrogativi inquietanti sul futuro della democrazia e dei diritti umani.

In questo libro ho composto un mosaico di esperienze e di osservazioni, di luoghi e di personaggi, che ho accumulato nella mia vita di zingaro della globalizzazione. Ho cercato di unirli con un filo comune: è la ricerca di un senso, di una direzione, di una chiave d'interpretazione di quest'epoca di trapasso da un'egemonia occidentale a qualcos'altro che ancora non sappiamo quale forma avrà. Viviamo un secolo segnato dalla transizione storica, dal ritorno del centro degli eventi verso Oriente. Ma la sfida è appena iniziata e nel parto di un nuovo mondo tutti gli attori sono costretti a cambiare qualcosa di se stessi. Mentre racconto quella che sembra l'avanzata implacabile della Cina, che spinge la sua influenza in luoghi insospettabili, descrivo anche i ricordi più terribili che custodisco di quel Paese: come le repressioni in Tibet e nello Xinjiang che ho vissuto da testimone diretto; perché nelle manifestazioni di pura potenza, di forza illimitata, scorgo anche delle debolezze, le prime crepe di un progetto egemonico. Compare in queste pagine anche la figura tragica di Barack Obama. Tragica perché il destino gli ha consegnato probabilmente un compito crudele: gestire al meglio un declino secolare. Dopo lo slancio d'innovazione che ha consentito alla democrazia americana di eleggere un leader così diverso, dalla pancia di questa nazione sono emersi ripensamenti, resistenze, timori, risentimenti e perfino un odio antico. La paura è una forza formidabile, chi sa usarla in politica può trascinare le folle verso scelte irreparabili. Ma l'impulso a sperimentare il nuovo in America non si è spento. Oggi a New York rivivo in un Occidente estremo: perché nella conquista del mondo ha dato il massimo delle sue potenzialità, è ormai al capolinea della sua egemonia, e proprio per questo diventa il luogo dove ogni esperimento è consentito.

Nella società civile, nella cultura, nella scienza, il laboratorio americano sta ancora macinando idee, a pieno regime. Una parte del libro è dedicata a questo: un viaggio attraverso i personaggi che immaginano una società nuova, i valori e i modelli di vita che vengono elaborati a Manhattan e a San Francisco, a Detroit o nei campus di tutte le grandi università americane. Come fucina di progetti e di sogni, l'Occidente estremo ancora non ha rivali. Se nel produrre i cinesi hanno conquistato un primato mondiale, nell'inventare (oggetti e tendenze, stili di vita e paradigmi sociali) i migliori restano gli americani, anche grazie a quei talenti stranieri che gli Stati Uniti «adottano» di continuo nella loro società aperta. Un valore tipicamente occidentale resta il diritto al dubbio, il dissenso, l'amore del pensiero trasgressivo. Questo attaccamento alla libertà ha perfino delle ricadute sul dinamismo imprenditoriale. Se Steve Jobs, il geniale creatore di Apple e Pixar, fosse vissuto in Cina anziché in California, forse sarebbe finito in carcere o in esilio prima di diventare... Steve Jobs. Perché certe punte di creatività sono possibili solo in un sistema che premia gli originali, i ribelli, gli outsider. Perciò ho raccolto qui una galleria di questi personaggi scomodi, ho descritto i luoghi dove il loro genio è libero di fiorire, le nuove frontiere che essi esplorano. In queste pagine racconto il parto travagliato di un'etica diversa del consumo e della produzione, l'embrione di «metropoli verdi», gli assestamenti della convivenza multietnica, tutto ciò che rende il mondo intero maledettamente curioso verso l'America. La stessa penetrazione culturale dell'Oriente – dallo yoga al buddismo – talvolta arriva in Europa dopo essere stata metabolizzata dentro la società americana, prima tappa nella trasmigrazione dell'influsso asiatico. Quei problemi che l'Italia scopre solo adesso, nella proliferazione di comunità cinesi da Prato a Milano, da Roma al Veneto, l'America li ha vissuti molto prima di noi nelle Chinatown di San Francisco o New York.

Da corrispondente a Pechino ho seguito tanti vertici politici Cina-Usa, osservandoli dal lato cinese. Perciò è stato con un'emozione particolare che ho accompagnato Obama durante la sua prima tournée asiatica, nel novembre 2009. Ritornavo «a casa», a incontrare tanti amici cinesi, e al tempo stesso ero parte della carovana dei reporter accreditati dalla Casa Bianca. Per questo motivo ho vissuto come un'umiliazione personale, nella mia carne viva, l'episodio di Shanghai: quando il 16 novembre Obama ha tenuto un bel discorso sulla libertà di espressione davanti a una platea di «studenti» cinesi... per poi scoprire che quei giovani erano stati tutti selezionati tra gli iscritti al Partito comunista, irreggimentati, controllati. Un'occasione perduta, un dialogo con chi era ben deciso a non ascoltare. Un senso di impotenza e di frustrazione.

Dopo la delusione di Shanghai sono passati tre mesi prima che Obama «osasse» ricevere a Washington il Dalai Lama, nella Map Room della Casa Bianca, il 19 febbraio 2010. Col fiato sospeso e con tanta cautela, per il timore delle proteste da Pechino. È un'America nervosa nel gestire i rapporti con la Cina perché si scopre vulnerabile, assediata dalla grande rivale asiatica, su fronti nuovi e insospettati: l'industria e la finanza, certo, ma ora anche la ricerca scientifica, la cultura, il «soft power» su cui si costruisce un'egemonia globale.

Lo sconvolgimento dei rapporti di forze parte naturalmente dall'economia. Proprio alla vigilia dell'arrivo del Dalai Lama a Washington si apprese che Pechino aveva «liquidato» una parte dei suoi giganteschi investimenti in Buoni del Tesoro degli Stati Uniti. Commentando la vendita record dei Treasury Bonds, per 34 miliardi di dollari, il Wall Street Journal si chiedeva con ansia se fosse «un segnale di sfiducia verso l'America». Che umiliazione: il Tesoro degli Stati Uniti trattato come fosse la Grecia, in balia del giudizio dei cinesi. Più probabilmente il parziale disinvestimento di Pechino è stato una mossa cautelativa. Il premier cinese Wen Jiabao da anni denunciava il rischio che l'alto debito americano rilanciasse l'inflazione, e che Washington rimborsasse i cinesi con carta straccia. Perciò Pechino diversifica i suoi investimenti. Anziché Bot, compra direttamente aziende americane. La Cic (China Investment Corporation), il fondo sovrano del governo di Pechino, ha divulgato la lista delle grandi imprese di cui è diventato azionista, per ora di minoranza. C'è il meglio del capitalismo americano: Apple, Citigroup, Coca-Cola, Bank of America, Visa, Johnson & Johnson. Per una singolare coincidenza, proprio in quei giorni di alta tensione s'inaugurava al China Institute di New York una grande mostra su Confucio. È il filosofo del VI-V secolo a. C. del cui pensiero il regime cinese si «appropria» rivisitandolo, per farne il teorico di un moderno paternalismo autoritario.

La mostra su Confucio è un'iniziativa di Stato finanziata dalla Repubblica Popolare. «Confucius: his Life and Legacy» costa meno di una partecipazione azionaria in Apple, ma segnala il nuovo fronte della penetrazione cinese che si è aperto. L'offensiva culturale, sostenuta dalla potenza economica, sfida l'Occidente anche sul terreno delle idee. Il mandarino ha soppiantato lo spagnolo per la rapidità di diffusione come prima lingua straniera nelle scuole americane. Quando è uscita la notizia che il boom delle iscrizioni ai corsi di cinese alle elementari è sussidiato generosamente da Pechino (con borse di studio, formazione degli insegnanti, regali di materiale didattico e audiovisivo) sul New York Times sono apparse lettere di protesta dei genitori. «È inaccettabile» ha scritto un padre allarmato «che la politica scolastica degli Stati Uniti venga decisa da un governo straniero.» E quale governo. Certo non suscitano lo stesso allarme i sussidi di Nicolas Sarkozy per lo studio del francese all'estero.

La promozione della civiltà cinese non viene percepita dall'Occidente come un fenomeno puramente culturale. Minxin Pei, ricercatore della Carnegie (Endowment for International Peace), ricorda che America e Cina sono divise da «insormontabili differenze in termini di valori, sistemi politici, visione dell'ordine internazionale, e interessi geopolitici». Quasi per un crudele scherzo del destino, i finanziamenti della Repubblica Popolare per lo studio del mandarino dilagano nelle scuole americane proprio quando gli Stati Uniti, sull'orlo della bancarotta (dalla California alla Florida), devono tagliare gli stipendi agli insegnanti e ridurre gli orari delle lezioni. Martin Jacques, lo studioso britannico, autore di un libro-shock che vuole aprire gli occhi all'America (*When China Rules the World, Quando la Cina dominerà il mondo*), sostiene che questo è proprio uno degli effetti più dirompenti della crisi economica dell'Occidente: «La Cina è un modello di Stato che funziona. D'ora in avanti il dibattito sul ruolo dello Stato nelle società moderne non potrà più prescindere dall'esempio cinese». Ian Buruma, un altro esperto di Estremo Oriente, sottolinea che «di fronte alla crisi delle liberaldemocrazie occidentali, il fascino della Cina avanza anche in aree del mondo vicine a noi».

Non passa giorno senza che il raffronto con la Cina sia motivo di ansia e frustrazione per la superpotenza leader. Obama nel 2010 ha finalmente firmato il via libera ai fondi federali per avviare il progetto dell'alta velocità in California e in Florida. Per il presidente doveva essere un fiore all'occhiello, una di quelle grandi opere infrastrutturali che aveva annunciato fin dal suo insediamento. Ma la Tav di Obama è stata così liquidata da un giornale «amico», il New York Times: «Se tutto va bene il primo treno ad alta velocità comincerà il servizio nel 2014 fra Tampa e Orlando, una tratta di sole 84 miglia. Ma nel Capodanno 2010 i viaggiatori cinesi hanno inaugurato il nuovo treno ad alta velocità, 664 miglia in tre ore, da Guangzhou a Wuhan. Entro il 2012 le linee ad alta velocità in funzione saranno 42, tutta la Cina sarà collegata».

Un raffronto amaro. Nella gara tra due modelli di Stato, è l'America che si ritrova in serie B. Forse nessuno più di Obama ne è consapevole. Per questo presidente il confronto con la Cina è diventato una costante, il tema che ricorre più spesso nei suoi discorsi. Obama cerca di spronare il suo Paese, come John Kennedy fece per la gara con l'Unione Sovietica nella conquista dello spazio dopo il sorpasso dello Sputnik. Usando la Cina come *benchmark*, come punto di riferimento in una competizione, Obama spera di rovesciare le umiliazioni in positivo, di trasformarle in adrenalina, in altrettanti stimoli a riconquistare la leadership. Avverte che «la Cina ci sta dando dei punti anche sul terreno della Green Economy, produce più pannelli solari e pale eoliche di noi». Gli esperti energetici disegnano un quadro inquietante. In un futuro non troppo lontano, l'America potrebbe scoprirsi due volte dipendente: dal petrolio arabo e dalle tecnologie verdi (pannelli fotovoltaici, batterie per auto elettriche) sempre più made in China. Ma l'establishment e il sistema istituzionale americano sembrano intorpiditi, incapaci di reagire alle frustate del presidente. Dall'energia all'ambiente le riforme languono, bloccate da veti politici e resistenze lobbistiche. Di fronte all'autoritarismo cinese la democrazia americana arranca.

Noi occidentali ci siamo illusi che la Cina a furia di modernizzarsi sarebbe diventata sempre più simile a noi. Finora la diversità cinese resta profonda, radicata, irriducibile. La mancanza di democrazia non è stata un handicap, almeno nel breve termine: anche la maggior parte delle nazioni europee (e il Giappone) governarono la modernizzazione e lo sviluppo attraverso regimi autoritari. E l'egemonia cinese – espandendosi dal denaro alla politica, dalla tecnica alla cultura – può riproporre in forma moderna quella che fu l'antica relazione tra l'Impero Celeste e i suoi vicini: un «sistema tributario» di Stati vassalli, satelliti ossequiosi.

Le donne tibetane sono magre, hanno la pelle rugosa e abbronzata delle montanare, portano le loro gonne lunghe dai cento colori, lane intrecciate in nodi sottilissimi. Procedono verso il palco con le genuflessioni tradizionali: le mani giunte puntate verso il cielo, poi un tuffo pancia a terra, fino a essere completamente prostrate, poi su di nuovo e avanti, strisciando e rialzandosi. Le seguono in silenzio i loro bambini. A guardar loro mi ritrovo nel cuore di Lhasa, la capitale del Tibet, a 3700 metri di altitudine sull'Himalaya. Ma questi tibetani hanno un privilegio che non è concesso da mezzo secolo ai loro conterranei di Lhasa: sono venuti a vedere il Dalai Lama. E lo scenario che li circonda è quanto di più distante si possa immaginare dalle alture del Tibet. È il cuore di Manhattan, Broadway. Per la sua quinta visita a New York, il leader spirituale buddista si esibisce in un luogo a dir poco singolare. Lo ospita, il 20 maggio 2010, il Radio City Music Hall, uno dei più antichi teatri di varietà, la reggia delle *soubrettes* in collant a rete. Il Radio City fu il grande rivale dello Ziegfeld Follies Theater nei ruggenti anni Venti, l'età del Jazz edonista e dissoluta, celebrata nei romanzi di Francis Scott Fitzgerald. Sulle fiancate del Music Hall una gigantografia esibisce le splendide gambe delle *rockettes*, leggendarie ballerine che hanno fatto la fama di questo luogo, i cui corpi perfetti e seminudi rivaleggiano con le artiste del Crazy Horse parigino. Nell'ingresso monumentale del teatro c'è la statua che riproduce una di queste ballerine, mettendo in risalto l'erotismo delle gambe. È questa le sede scelta per tre giorni di riflessioni spirituali intitolate «Commento al Bodhicitta», in cui il Dalai Lama espone la «filosofia del vuoto» di Nagarjuna, filosofo indiano del II secolo. Che sfida: parlare per tre giorni del vuoto proprio nel cuore di Manhattan, la metropoli più piena che ci sia, densa, intensa, nevrastenica, distraente, materiale, inebriante, spossante. Nel tempio delle rockettes arredato da quelle foto di cosce femminili perfettamente allineate, il Dalai Lama legge brani antichi di duemila anni che suonano come questo: «La forma è vuoto, i sentimenti e le sensazioni, la coscienza e la consapevolezza sono vuoto. Non vi è occhio né bocca né naso, non c'è corpo né mente. Non c'è suono né odore né gusto o percezione. Non c'è qualità del pensiero. Non c'è sofferenza né causa di sofferenza, né fine della sofferenza».

Sul palco del Radio City Music Hall il «papa d'Estremo Oriente» è circondato di monaci buddisti venuti da tutta l'Asia: India, Corea, Giappone. Raccolti attorno a lui, pregano e cantano per preparare l'ambiente al suo discorso. Immerso in quei suoni gutturali che rimbombano tra le pareti, nel cerchio di tuniche arancioni e rosse, davanti al variopinto «mandala» di sabbia che è stato composto sul palcoscenico, il Dalai Lama ti trasporta molto lontano. La sala, 6000 persone, è catturata in un silenzio rispettoso, assorto. Ma appena distogli lo sguardo da lui, in mezzo alle teste pelate dei monaci venuti dall'Asia, noti una zazzera color bianco argento: è Richard Gere, che con la sua fondazione ha finanziato tutte le visite del Dalai Lama a New York, dal 1991 a oggi, tra cui una memorabile «iniziazione di massa» al Madison Square Garden, e due adunate oceaniche a Central Park che attirarono 200.000 persone, nel 1999 e nel 2003. La presenza di Richard Gere in prima fila può sembrare una stonatura. Ma il Dalai Lama è un uomo pragmatico e sa che il sostegno di Hollywood in America ha peso politico. Inseguito nel mondo intero dall'odio del governo di Pechino, il leader in esilio non può disdegnare chi lo aiuta a spezzare l'accerchiamento. Senza il supporto del mondo dello spettacolo forse non sarebbe riuscito a ottenere l'udienza da Obama. Al Radio City Music Hall, oltre alla comunità degli esuli tibetani accorsa in massa, c'è un pezzo di Chinatown. Oltre alla traduzione tibetano-inglese, ci sono gli interpreti anche per il mandarino e il cantonese. In Cina lui non può mettere piede dal 1959. Un pezzo della diaspora cinese di Manhattan è accorsa in massa ad ascoltarlo.

L'America attraversa una profonda crisi d'identità: non è più sicura di se stessa, del proprio ruolo nel mondo, della validità del modello occidentale di cui è stata per un secolo la «titolare» per eccellenza. Una prova di questa caduta di autostima è il libro *The Beijing Consensus* di Stefan Halper, un docente di Cambridge che è stato consulente di politica estera per diversi presidenti degli Stati Uniti. Per capire il titolo, bisogna ricordare che per molti anni quando un Paese emergente era in crisi economica, ed era costretto a chiamare in soccorso il Fondo monetario internazionale, i tecnocrati di questa istituzione arrivavano portando nelle proprie valigette delle regole sacre. Venivano chiamate «il consenso di Washington», un po' perché il Fmi (Fondo monetario internazionale) ha sede nella capitale, ma soprattutto perché dietro quelle regole c'era un insieme di principi e di valori che corrispondevano al modello americano. Di volta in volta, se il Brasile o il Messico, la Russia o la Thailandia avevano bisogno di aiuti per evitare la bancarotta, Washington dettava le sue condizioni. Bisognava obbedire al «pensiero unico» dell'economia di mercato, privatizzare, tagliare la spesa pubblica. Dietro questi provvedimenti economici s'intravvedeva un'idea più generale sul buon funzionamento delle istituzioni. Nel consenso di Washington che tutti dovevano guadagnarsi, era implicita la superiorità di un sistema: capitalismo più liberaldemocrazia. Applicando alla scienza politica ed economica la teoria darwiniana, l'America appariva come lo stadio più avanzato nell'evoluzione della specie.

Ma oggi, scrive l'americano Halper, «in gran parte del mondo, dai Paesi in via di sviluppo a tante potenze emergenti, il modello cinese appare più attraente del nostro. Da una parte c'è la democrazia di mercato con le sue libertà. Dall'altra c'è un'economia di mercato autoritaria che garantisce un forte sviluppo, la stabilità politica, il miglioramento del tenore di vita della popolazione, e impone dei limiti alla libertà di espressione. Dovendo scegliere, una gran parte delle nazioni non occidentali oggi preferisce l'esempio cinese». È una situazione nuova, ben diversa dai decenni della Guerra fredda: allora, in un mondo spaccato tra la sfera occidentale e il blocco sovietico, buona parte del Terzo mondo sceglieva di stare in mezzo, rimaneva «non allineato», o esplorava qualche modello di «terza via» tra capitalismo e socialismo. Via via che l'Urss è precipitata nella crisi, l'attrazione del socialismo è svanita e oggi resta in vita in un paio di «Stati-museo» come Cuba e la Corea del Nord. Adesso invece esiste il rischio concreto che entro pochi anni gli Stati Uniti si ritrovino in un mondo a maggioranza estraneo oppure ostile ai valori della democrazia che hanno guidato l'Occidente per oltre due secoli. Via via che un numero crescente di Paesi asiatici, africani e latinoamericani finisce nell'orbita della Cina, Pechino crea di fatto un percorso di evoluzione che aggira l'Occidente. Rende l'Occidente meno rilevante. «In effetti» scrive Halper «la Cina sta rimpicciolendo l'Occidente.»

Che l'Europa lo voglia o no – aggiungo io – un'emarginazione degli Stati Uniti e un ridimensionamento della loro influenza mondiale si ripercuote anche su di noi, inevitabilmente. Visto dal mondo islamico, per esempio, l'Occidente è una cosa sola che abbraccia sia l'America sia l'Europa. Non importa se siamo filoamericani, antiamericani o cos'altro: non possiamo pensare di essere degli spettatori indifferenti in questa vicenda, perché se non reagisce al declino dei suoi valori l'America ci trascina con sé.

«La sfida di Pechino» scrive Halper «se rimane senza risposta modificherà sostanzialmente la fisionomia del mondo». L'America non ha altra scelta, deve resuscitare il fascino universale di valori come l'innovazione sociale, la società aperta, la libertà di espressione, i diritti democratici, il pluralismo politico. Ma deve farlo riscoprendo la lezione di uno dei padri fondatori, John Quincy Adams, che ammoniva così il suo Paese: «Non andare all'estero in cerca di mostri da distruggere, sii una guida con il tuo esempio».

Senza una rifondazione della democrazia americana – che la liberi dal peso opprimente delle lobby economiche, che riduca le diseguaglianze sociali – Obama sarà ricordato come una parentesi effimera, un'illusione senza futuro.

La speranza che racconto nei personaggi e nelle vicende di queste pagine è però un'altra: quando una civiltà raggiunge la fase estrema della sua parabola, è il momento in cui può lasciare in eredità il meglio di sé, perché altri raccolgano.

New York, 11 settembre 2010

I
American decadence

Al cinema con la balena

Sono le otto di sera, le luci si spengono al Lincoln Plaza Cinema, nella sala buia inizia la proiezione del documentario di Michael Moore, *Capitalism: a love story*. Immediatamente una seconda colonna sonora si affianca a quella del film. È la mia vicina che fruga nella sua borsa, vi pesca un involucro di carta, comincia a stropicciarla per estrarne il contenuto. E lo divora avidamente. Il rito si ripete con una frequenza orripilante. Non sono un fanatico del silenzio in sala, ma quel rumore ossessivo di cibo scartato e ingoiato mi dà sui nervi, potrebbe rendermi isterico. Fino a quando mi giro per squadrare l'importuna, e perdo all'istante ogni impulso aggressivo. La poveretta suscita solo compassione. È, letteralmente, una balena. Di un'obesità patologica, straripante, sta accasciata nella poltroncina che contiene a malapena il suo corpo da pachiderma. È una signora di mezza età, impossibile dire se è brutta o bella perché l'eccesso di grasso ne deturpa le fattezze, diventa l'unico elemento che definisce il suo aspetto fisico. In quanto alla psiche, è evidente che la donna è afflitta da una sorta di mania ossessiva, bulimia o quant'altro. Alle otto di sera, viste le abitudini americane, ha sicuramente già cenato. Non può essere affamata. È una schiava, una malata, è come una tossicodipendente.

Andare al cinema in America, l'ho appreso da tempo a mie spese, significa avere un contatto diretto con la piaga dell'obesità, osservarne le cause concrete, da vicino. Quella signora a fianco a me non è un mostro, è rappresentativa di una porzione crescente della popolazione americana. E attenzione: il Lincoln Plaza è in un quartiere benestante, l'Upper West di Manhattan, dove percentualmente ci sono meno persone sovrappeso (l'obesità è ben più diffusa tra i poveri). Inoltre è un cinema d'essai, dove stanno proiettando un documentario. Dunque cattura un segmento elitario della popolazione. Se invece vado in una sala multiplex della catena Miramax o Amc, a vedere un film di successo hollywoodiano, so già quel che mi aspetta. Le poltrone sono larghe il doppio, dimensionate per contenere tutta la ciccia possibile. A destra e a sinistra del sedile hanno installato bracciali spaziosi con contenitore apposito per un bicchierone di bibita e un bicchierone di popcorn. Chiunque sia il mio vicino, teenager o persona di mezza età, in quelle sale il mio primo impatto sarà con l'odore di burro fritto dei popcorn. Alla mia destra e alla mia sinistra, davanti e dietro, sarò circondato da apparati digestivi in frenetica attività. Macchine divoranti ogni sorta di *junk-food*, cibo spazzatura. È uno spettacolo, francamente, disgustoso. Ma è anche molto istruttivo. È uno spaccato della vita quotidiana e dei comportamenti alimentari patologici di questa nazione. Bisogna superare il senso di nausea, di ripulsa, che proviamo noi europei. Il sottile razzismo che affiora verso gli obesi ci fa dimenticare il dramma. La ciccia non è di destra né di sinistra: lo stesso Michael Moore, il cui film-denuncia sulle malefatte di Wall Street mi fa sbellicare dalle risate, combatte da una vita contro l'obesità.

È noto da anni che nell'esplosione dei costi sanitari un ruolo decisivo lo hanno malattie come il diabete, che sono diretta conseguenza del peso corporeo eccessivo. Una campagna che riuscisse a cambiare le abitudini alimentari farebbe risparmiare molto più di qualunque riforma che interviene solo a valle, cioè sui costi della medicina. E perché questa campagna non potrebbe cominciare proprio dalle sale cinematografiche? Quando io ero bambino ancora si poteva fumare al cinema, oggi quella «libertà» appare folle, anacronistica. Perché non si può cominciare col vietare il cibo al cinema? Conosco la risposta: i gestori delle sale oggi fanno i loro profitti proprio sui popcorn. E insieme a loro insorgerebbe l'industria alimentare. Direbbero che una simile proibizione farà rimanere la gente a casa a guardare i dvd. (Ricordo che dicevano lo stesso dei ristoranti: che sarebbero stati disertati dai clienti dopo la proibizione di fumare.) Forse è una causa persa. Per ora di certo è una causa inesistente, nessuno si sogna di proporre un divieto simile. La lobby congiunta tra Hollywood e l'industria del junkfood è troppo potente. La mia idea suona surreale, calata nella realtà americana. Circondato di povere, tristi balene, osservo questi esseri derelitti e mi appaiono come una sinistra metafora della decadenza di un'intera civiltà. I sederi sfondati alludono a qualcosa di più generale, di ancora più serio e più grave. L'obesità è la rappresentazione plastica di una società dei consumi dilatata, appesantita, oberata, malata, impazzita. Un materialismo ipertrofico, autodistruttivo, sempre sull'orlo di un collasso mortale.

Lo show della Nbc «The Biggest Loser» (Il perdente più grosso) è un fenomeno: 10 milioni di ascoltatori regolari. È una sorta di «American Idol» a rovescio: i concorrenti espongono le loro debolezze, a cominciare dalla pancia. Sfila sui teleschermi un campionario di varia umanità afflitta da questa piaga: molti chili di troppo, frutto di un'alimentazione sbagliata o di vera e propria bulimia. Raccontano tutte le conseguenze patologiche che ne derivano: malattie cardiovascolari, alto rischio di diabete. I concorrenti di «The Biggest Loser» sono spinti a mettere a nudo anche tutte le ferite psichiche che accompagnano l'obesità. Si capisce perché lo show ha tanto successo: 190 milioni di americani sono sovrappeso. L'obesità infantile è triplicata negli ultimi trent'anni. Ma medici e dietologi contestano Nbc, accusando «The Biggest Loser» di essere diseducativo. Il reality infatti, dopo aver debitamente umiliato e ridicolizzato i partecipanti, li sottopone a cure sospette, fin troppo miracolose: in media perdono il 40% del loro peso in tre mesi. Il segreto è un'alimentazione ipocalorica e quattro-sei ore di attività sportiva al giorno. Il tutto con l'assistenza di équipe mediche specializzate, pagate dalla Nbc. Il messaggio rischia di essere controproducente. I telespettatori finiscono per credere che contro l'obesità funzionino solo le cosiddette «diete-Cadillac», cioè terapie-shock somministrate da medici per ricchi, accompagnate da allenamenti tanto massacranti quanto irrealistici (quale persona normale può fare sport per quattro-sei ore ogni giorno?). Spettacolarizzando all'estremo anche questo dramma, si perde di vista che la lotta all'obesità va fatta con tanti piccoli aggiustamenti quotidiani, gesti alla portata di tutti: cominciando con lo spegnere la tv, alzarsi dal divano e andare a fare una bella passeggiata per tutta la durata dello show-spazzatura.

La Lincoln University, in Pennsylvania, vuole inserire la «massa corporea» fra gli indicatori usati nel selezionare gli studenti candidati all'iscrizione: un modo per escludere gli obesi. Nel Mississippi c'è un disegno di legge che – dopo il bando del fumo – vieterebbe ai ristoranti di ammettere clienti troppo grassi. In Florida gli attivisti della Peta (People for the Ethical Treatment of Animals), nella loro difesa degli animali, hanno preso di mira i bulimici con una campagna di affissioni dal titolo «Salvate le balene». I manifesti ritraggono delle donne-cannone in bikini con la scritta: «Diventa vegetariana, perdi la ciccia». Toby Cosgrove, direttore dell'ospedale di Cleveland, intende smettere di assumere infermieri sovrappeso.

L'America scopre una nuova frattura sociale: è una nazione spaccata in due dalla bilancia. Il problema dell'obesità, una pandemìa così grave che Michelle Obama ne ha fatto una sua crociata personale, sta diventando una fonte di tensioni sempre meno dissimulate. Un tempo non era *politically correct* prendere in giro le persone dalla vita abbondante. Ora demonizzarle è lecito. In questo comincia ad affiorare la consapevolezza che l'obesità non è un problema dei singoli, ma l'epifenomeno di una decadenza antropologica dell'«Homo Americanus».

I costi di questa epidemia nazionale sono sconvolgenti; 344 miliardi di dollari l'anno vanno in cure per le patologie che derivano direttamente dall'eccesso di peso: malattie cardiache e respiratorie, diabete, artriti, tumori, depressione. Oggi l'onere è il 9% di tutta la spesa sanitaria, ma entro otto anni balzerà fino al 20%. In una fase in cui l'America si sente già impoverita dalla crisi economica, in declino rispetto alle giovani potenze asiatiche, l'obeso diventa una figura non più solo patetica ma anche esecrabile. Il simbolo di una nazione degenerata, incapace di scattare verso il futuro. Una sorta di vergogna collettiva, l'emblema di tutte le debolezze. Ne va letteralmente della sicurezza nazionale: il Pentagono ha annunciato che un terzo dei giovani americani non è «reclutabile» dall'esercito perché così sovrappeso da essere degli infermi, degli invalidi già a vent'anni.

Contro i grassi si sente montare anche una rabbia liberal, ambientalista e di sinistra. Queste creature abnormi sembrano un concentrato di tutte le storture dello sviluppo capitalistico. Chi meglio di loro esibisce le prove che abbiamo distrutto risorse naturali, con l'unico risultato di stare ancora peggio? In una società come quella americana, che ha origini calviniste e puritane, l'eccesso di peso diventa un peccato infamante, la conseguenza di un'intollerabile incapacità di frenare le proprie pulsioni viziose. «L'etica protestante su cui furono fondati gli Stati Uniti» osserva il sociologo Abigail Saguy della University of California di Los Angeles «esalta l'autocontrollo, il rigore, il sacrificio e la responsabilità individuale. Quando sali su un aereo e il passeggero a fianco a te ti schiaccia con la sua ciccia, ti senti indignato anche perché pensi che quella persona non sa fare i sacrifici che fai tu.»

E così la riscossa dei magri diventa una guerra di religione. Nello Stato di New York si discute se aumentare le tasse sui soft-drink e il junk-food, cioè in sostanza i consumi più tipici degli obesi. *Sin taxes*, tasse sul peccato, vengono chiamate le nuove imposte in discussione. Come se il loro scopo non fosse tanto quello di aumentare il gettito fiscale, o di dissuadere consumi nocivi, bensì una sorta di marchio d'infamia su chi cade in tentazione. Molte imprese hanno introdotto per i propri dipendenti dei «programmi salute», che premiano chi fa esercizio fisico regolarmente e si presenta in forma alle visite mediche: anche questo si traduce alla fine in una tassa sugli obesi, che perdono punti e spesso anche dei premi in busta paga, perché non raggiungono gli obiettivi prefissi. A loro non resta che iscriversi alla Naafa (National Association to Advance Fat Acceptance), l'associazione nazionale per promuovere la tolleranza sociale verso i grassi. Esiste da trentun anni, ma solo negli ultimi cinque, ha visto aumentare i suoi soci del 20% all'anno. Non si sa se bisogna rallegrarsi perché gli obesi imparano a difendersi dal disprezzo sociale; oppure se anche questa è una conferma che l'America scivola sempre più in basso. Risucchiata all'ingiù dal proprio peso.

Maschi alla deriva

Grazie alla scelta di Barack Obama, nell'agosto 2010 Elena Kagan diventa giudice costituzionale, e per la prima volta nella storia ci sono tre donne alla Corte suprema degli Stati Uniti. Un traguardo raggiunto con uno scatto di velocità durante questa Amministrazione, visto che è assai recente la nomina di un'altra giudice costituzionale donna, Sonia Sotomayor, nominata nell'agosto 2009 (in tutto i membri dell'alta Corte sono nove; le donne sono triplicate nel giro di un anno: la terza è Ruth Ginsburg). La rapidità di quest'ascesa non è stata digerita facilmente neppure negli Stati Uniti: per una settimana, dopo la sua designazione da parte di Obama, la stampa conservatrice si è dilettata di gossip e polemiche sul fatto se Elena Kagan, donna single, sia in quanto tale automaticamente una lesbica.

Il magazine Time ha dedicato una copertina ad altre tre donne di altissima visibilità. Sono Sheila Bair, Mary Schapiro, Elizabeth Warren. Definite da Time le «tre sceriffe» della finanza, sono ai vertici delle autorità di vigilanza che stanno facendo pulizia a Wall Street. Guidano rispettivamente la Fdic (Federal Deposit Insurance Corporation) che assicura i depositi bancari, la Sec (Security Exchange Commission) che è l'organo di controllo sulla Borsa, e la commissione che detta le nuove regole dei mercati. Delle tre, Elizabeth Warren è probabilmente l'unico volto noto agli italiani: una sua lunga e appassionata intervista contro i predatori di Wall Street si è vista nell'ultimo documentario-denuncia di Michael Moore sul capitalismo americano.

L'ascesa delle donne nei posti di comando è stata certo incoraggiata da Obama. Fin dal suo insediamento alla Casa Bianca, questo presidente ha voluto due donne ai vertici dei due ministeri più importanti: Hillary Clinton al Dipartimento di Stato e Janet Napolitano alla testa di quel superministero degli Interni che è la Homeland Security. Ma non esageriamo i meriti di Obama in questo campo. Hillary stava «quasi» per batterlo nella corsa alla *nomination* democratica per le elezioni presidenziali del 2008. E Nancy Pelosi, la massima autorità nel Partito democratico dopo il presidente, era già House Speaker, cioè presidente della Camera dei Deputati, dal 2007.

Il balzo in avanti compiuto dalle donne durante quest'ultima Amministrazione è la conseguenza di mutamenti più profondi che investono la società. Più precisamente è la fotografia di quel che sta accadendo nel sistema educativo. Lo stesso Obama ne ha avuto una dimostrazione visiva quando, nel maggio 2010, ha parlato alla Hampton University (Virginia) durante la cerimonia di laurea. A sfilare sul palco davanti a lui, per la consegna dei diplomi, il 70% dei laureati erano ragazze. A livello nazionale lo squilibrio è un po' meno accentuato ma è comunque netto. In tutta l'America nel 2010 il 57% dei neolaureati sono donne. L'istruzione superiore registra da anni una superiorità femminile. L'aumento di donne ai posti di comando ne è la conseguenza inevitabile.

Ciò di cui si parla meno è il rovescio della medaglia. Le ragazze americane hanno dei meriti indiscutibili. Ma c'è anche un fenomeno preoccupante di «regressione socio-culturale» del maschio americano. Tra il 1993 e il 2007, la percentuale di ragazzi che si sono iscritti ai college o alle università è scesa dal 45% al 43%. Nel prossimo decennio si prevede che arretreranno di altri due punti percentuali. Non solo i maschi si iscrivono meno ai corsi universitari, ma una volta ammessi hanno risultati accademici peggiori. In campo femminile, il 56,4% delle studentesse iscritte a una facoltà porta gli studi a termine. Solo il 50% degli studenti maschi ci riesce. L'altra metà sono dei *drop-out*, cioè studenti incompiuti che abbandonano l'università senza alcun diploma: un tasso d'insuccesso altissimo se raffrontato su scala mondiale.

Rallegrarsi per l'ascesa del potere femminile negli Stati Uniti non deve far ignorare questo fenomeno di massa, una sorta di analfabetismo di ritorno che colpisce i giovani uomini, con punte particolarmente elevate tra i maschi afroamericani. Questo problema viene mascherato, finché l'America ha il sistema universitario migliore del mondo (soprattutto ai livelli post prima laurea, cioè i master e i dottorati di ricerca), perché può permettersi di attingere ai cervelli più dotati dell'Asia e dell'Europa. Ma, a lungo andare, il mediocre rendimento scolastico dei maschi americani crea delle zone d'ignoranza dove si concentrano le vittime predestinate della disoccupazione.

Obama richiama spesso l'attenzione sul fatto che il benessere futuro dipende dalla qualità dell'istruzione. Avverte che la vera sfida con la Cina e con l'India si gioca sulla performance delle giovani generazioni nella scuola. I risultati degli studenti americani nell'apprendimento delle materie scientifiche, a livello internazionale, sono mediocri. Ma l'arretramento è dovuto soprattutto ai maschi. Se l'America vuole arrestare il declino di qualità della sua forza lavoro rispetto ai concorrenti asiatici, deve affrontare la «questione maschile» sui banchi di scuola.

«Snowcalypse», e Washington è in ginocchio

Una bella nevicata ti insegna molte cose sullo stato d'animo di una città, di una nazione. L'hanno chiamata «Snowmageddon» o «Snowcalypse»: è vero che precipitazioni nevose come quelle del febbraio 2010 in America sono eccezionali, ma anche qui i mass media hanno una certa tendenza all'iperbole. New York se l'è cavata meglio. Il sindaco Bloomberg ha chiuso le scuole per un giorno, ma l'indomani tutto funzionava, le strade erano sgombre, il tasso di assenteismo tra i dipendenti pubblici era inferiore alla media: soprattutto quelli della nettezza urbana, fieri del loro ruolo di spalatori, hanno dato il meglio di sé (forse aiutati da generosi sovrappremi per gli straordinari). A Washington è vero che le nevicate di quel mese sono state più abbondanti (fino a 60 centimetri) e prolungate, però la chiusura degli uffici pubblici per una settimana ha dato uno spettacolo sconcertante. La capitale federale della superpotenza mondiale è stata messa in ginocchio, paralizzata, per un periodo di tempo inconcepibile. Una settimana per pulire le strade? Fosse successo a Milano avremmo esclamato: dov'è finita l'efficienza *lumbard* di un tempo? Fosse successo a Roma avremmo detto: siamo la solita Repubblica delle banane. Mi sa che la coltura delle banane si è spostata sul fiume Potomac.

Poi c'è stata la sceneggiata politica. La neve è di destra, abbiamo scoperto. Il senatore repubblicano James Inhofe, con l'aiuto di moglie e figlia, ha costruito un igloo sulla collina del Campidoglio a Washington, davanti alla sede del Congresso. Sopra ci ha messo un cartello con la scritta «Al Gore's New Home». È una delle trovate dei «negazionisti», il partito che contesta il cambiamento climatico. L'apocalisse meteorologica sulla East Coast è diventata un'altra occasione per mettere in difficoltà Obama. Sotto tiro sono finite quelle promesse che erano state fatte dal presidente ai governi europei durante il vertice di Copenaghen. La nevicata è diventata il pretesto politico per attaccare l'Energy Bill, quel disegno di legge sui tetti alle emissioni carboniche, indispensabile perché Obama possa mantenere la parola sulla lotta al cambiamento climatico. L'Energy Bill è stato contrastato dalle lobby dei petrolieri e da tutte le industrie ad alto tasso di inquinamento. In loro aiuto, nell'inverno 2010 è arrivato l'uragano del secolo. «Sommersi dalla neve» ha dichiarato il senatore Inhofe «dovremmo dubitare delle teorie sul surriscaldamento del pianeta.» Il Partito repubblicano della Virginia (uno degli Stati più colpiti dalle intemperie) ha lanciato una campagna pubblicitaria su Internet intitolata «12 pollici di cambiamento climatico», un'allusione alla quantità delle precipitazioni nevose. I mass media di destra si sono scatenati. Sui tg della Fox News le previsioni meteo sono state accompagnate da commenti sarcastici sulle «pseudoscienze del surriscaldamento climatico». Rush Limbaugh, il più popolare *anchorman* radiofonico di destra, ha ironizzato sul fatto che una Commissione Parlamentare sull'ambiente ha dovuto svolgere i suoi lavori per teleconferenza, causa la chiusura del Congresso per neve.

La gazzarra propagandistica inscenata dai nemici dell'ambiente non sorprende più di tanto. Resta scolpito nella memoria, invece, lo spettacolo di Washington messa in ginocchio da un po' di neve. Senza servizi pubblici per una settimana. Gli unici a non stupirsi sono i suoi abitanti. Un diplomatico italiano che abita a Georgetown, quartiere molto chic della capitale federale, ha visto questo e altro. «Non c'è bisogno dell'Apocalisse bianca» mi dice. «Qui basta un normale temporale estivo, con un po' di tuoni e lampi, e l'elettricità sparisce per vari giorni. Ormai sappiamo che è inutile protestare, non serve indignarsi. Quando arriva il blackout estivo facciamo le valigie e ci trasferiamo in albergo, nell'attesa che torni la luce dopo due o tre giorni. Bisogna ricordarsi di svuotare frigo e congelatore, però, sennò al ritorno è tutto in decomposizione.» Sono racconti che ti aspetti dagli abitanti di Mumbai. In India i blackout elettrici sono normali e comprensibili: un Paese emergente che cresce a quel ritmo non riesce a costruire nuove centrali abbastanza in fretta da riuscire a star dietro all'aumento dei consumi di energia. Ma in America sono altrettanto normali?

Ora, fateci caso la prossima volta che venite negli Stati Uniti: questo è il Paese dei cavi che penzolano. Dopo un po' ci si abitua, ma il paesaggio urbano in certi scorci delle grandi città ricorda una giungla tropicale o una foresta vergine. Al posto delle liane vegetali ci sono cavi elettrici, cavi del telefono, cavi di Internet, aggrovigliati in grumi e mostruose serpentine attorno alle case. Sono rari i casi di città che hanno interrato le condutture. Costa troppo. Non ci si può permettere un grande programma di ammodernamento della rete di distribuzione dell'energia: dove sono i soldi? Questo fa il paio con lo spettacolo delle ferrovie che in molte città americane passano in pieno centro. Un esempio: a Oakland, nella Baia di San Francisco, la sera esci dal locale jazz Yoshi e devi aspettare un quarto d'ora prima di attraversare il marciapiedi, perché lì, in pieno centro cittadino, sta passando un lungo treni merci, a passo d'uomo. Passaggi a livello incustoditi ce ne sono a migliaia, davanti a supermercati, scuole, chiese, banche: la gente sa che deve prestare attenzione al fischio del treno, come nel Far West. L'idea di interrare le ferrovie costruendo dei tunnel, o di scavalcarle con dei ponti per il traffico pedonale o automobilistico, non sfiora nessuno. Chi ne ha i mezzi? Il capitalismo privato non manca di ricchezze ma non ha interesse a investire in queste infrastrutture collettive: bene che vada, i profitti arriverebbero solo tra molti anni. In quanto allo Stato, di abbondante ha solo i debiti.

Osama bin Laden e il foie gras

Al bando il *foie gras*, troppo simile a un esplosivo. Escluse dal bagaglio a mano le marmellate della nonna, il miele dell'agriturismo. A rischio anche il caprino e la mozzarella fresca di bufala, con quella consistenza troppo molle. È la nuova vessazione che ci tocca al check-in. L'ulteriore giro di vite sui controlli di sicurezza è scattato dopo il fallito attentato del Natale 2009 sul volo Amsterdam-Detroit. Riguarda soprattutto i voli per gli Stati Uniti. Colpisce in modo implacabile tutto ciò che si può «versare, spremere, spalmare», secondo la portavoce della Transportation Security Administration, Sarah Horowitz. Una definizione così ampia da condannare al sequestro molte leccornie alimentari, quelle specialità che ciascuno di noi si porta a casa nella «valigia dell'emigrante» quando torna dall'Italia. O i regali che l'amico in visita in America vorrebbe portarci, e che gli saranno confiscati. Non importa da dove partite, se la destinazione finale sono gli Stati Uniti chi decide le regole è l'authority della sicurezza aerea Usa. Che dal 25 dicembre 2009 si sente vieppiù in stato d'assedio.

Criticati dal Congresso, sbeffeggiati dai mass media per essersi fatti sfuggire il giovane nigeriano «con l'esplosivo nelle mutande» sull'Amsterdam-Detroit, i responsabili della sicurezza hanno reagito con un eccesso di zelo. Che le nuove misure siano intelligenti o efficaci, non conta. Inutile criticare, protestare: in nome della sicurezza tutto è consentito. La collega Anna Louie Sussman del Washington Post ricorda con nostalgia l'ultimo episodio di «umanità» che le è capitato: fu all'aeroporto Charles de Gaulle, mentre s'imbarcava per New York. Al metal detector le trovarono nel bagaglio a mano sei barattoli di marmellata di fichi. Proibita a bordo secondo gli americani. «Ma l'addetto ai controlli era francese» dice «e quando scoppiai a piangere senza pudore lui s'intenerì.» Questo però accadeva l'11 dicembre 2009, due settimane prima che Umar Farouk Abdulmutallab prendesse il volo con l'esplosivo nelle mutande. Dopo quell'attentato, fallito per l'intervento dei passeggeri, ogni indulgenza è bandita. Adesso al Charles de Gaulle hanno ricevuto ordini tassativi dagli americani. Non passi il foie gras, niente formaggio Brie o Reblochon, tutto ciò che è cremoso deve rimanere a terra, oppure nei bagagli consegnati al check-in nella stiva (ma ve l'immaginate in che stato sarà il Camembert all'arrivo? E i vostri vestiti?).

In teoria queste regole severissime erano già in vigore dall'agosto 2006. Allora infatti fu sventato un altro attentato: otto terroristi volevano imbarcarsi a Londra su diversi voli transatlantici con addosso degli esplosivi liquidi, che non vengono individuati dalle apparecchiature dei controlli magnetici. Ma l'applicazione dei divieti sul foie gras o sui caprini è stata irregolare e imprevedibile, per quattro anni. Solo dal Natale 2009 il panico ha fatto scattare sequestri sempre più sistematici. Aumenteranno la nostra sicurezza a furia di sbattere marmellate nell'inceneritore? James Collman, docente di chimica alla Stanford University, è scettico: «Non conosco nulla di commestibile che possa diventare esplosivo. I divieti di portare cibo a bordo mi sembrano insulsi».

Da New York l'aeroporto che uso più spesso è quello di Newark, New Jersey, solo perché ha più collegamenti con le destinazioni intercontinentali che devo frequentare. Perciò ho seguito con attenzione un altro flop tragicomico dei controlli di sicurezza antiterrorismo, avvenuto in quello scalo nel gennaio 2010, poco dopo l'allarme natalizio per il nigeriano. Ecco un breve riassunto. Un uomo evita la barriera dei metal detector, al terminal di Newark, passando «in contromano» nel proibitissimo corridoio delle uscite (rigorosamente riservato ai passeggeri in arrivo). Qualcuno lo vede e dà l'allarme ma è troppo tardi, l'individuo si è già dileguato nella zona imbarchi, potrebbe salire su un aereo. Potrebbe essere un terrorista e avere su di sé qualche esplosivo. Lo scalo di Newark viene bloccato. Evacuazione totale del terminal. Gli aerei in pista devono far scendere tutti i passeggeri. Migliaia di viaggiatori che avevano già passato i controlli devono sottoporsi nuovamente allo stesso incubo. È un caos infernale. Si vedono scene da Terzo mondo: i funzionari dello scalo urlano istruzioni ma i loro megafoni hanno le pile scariche e non si sente nulla. Intanto del passeggero ricercato non v'è traccia. Quella giornata di ordinaria follia trascina al collasso uno degli aeroporti più trafficati d'America e del mondo. Poi arriva la beffa finale. La speranza di individuare il ricercato grazie alle videocamere di sorveglianza svanisce: quelle videocamere erano rotte. Fuori uso da molti giorni. Nessuno le aveva riparate. Eppure tutto questo accadeva dieci giorni dopo l'altro allarme, ben più grave, per la tentata strage di Natale sul volo Amsterdam-Detroit. Accadeva cioè in un momento di massima allerta negli aeroporti.

Solo qualche giorno dopo il protagonista dell'infrazione sarà identificato: era un innocuo cinese che voleva dare l'ultimo bacio alla fidanzata prima che lei s'imbarcasse. Più ancora dell'episodio sull'Amsterdam-Detroit, è la successiva, patetica débâcle di Newark a suggerire qualche lezione sull'America di oggi. A caldo verrebbe da dire: è un Paese di dilettanti allo sbaraglio, dove nulla funziona come dovrebbe. Invece no. L'interpretazione giusta è un'altra: l'America raccoglie quello che ha seminato. Osserviamo quali sono i grandi successi odierni del sistema americano; e dietro questi successi, quali sono le vere regole che guidano gli Stati Uniti nella formazione delle élite, nella selezione dei talenti, nell'uso delle risorse umane. La Apple ha invaso il mondo intero con iPod e iPhone. Google è la regina di Internet, usata nel mondo intero. Hollywood non ha rivali nell'intero pianeta nella gara per colonizzare l'immaginario collettivo. I banchieri di Wall Street, dalla Goldman Sachs in giù, sono i più abili di tutti quando si tratta di rifilare al mondo intero delle bufale elaborate, per poi ritirarsi col malloppo in mano lasciando agli altri le perdite. Ma spaziando a settori di evidente utilità sociale, anche nel campo della ricerca scientifica l'America eccelle sempre. Dalla lotta contro il cancro alla sfilza di premi Nobel in fisica e chimica, gli Usa sono ancora i numeri uno. Ho elencato una serie di settori nei quali la società americana investe non solo risorse economiche ma anche prestigio sociale. Chi sceglie quei mestieri è attirato dall'altissima stima, o visibilità, che li circonda. «The Best and the Brightest», i talenti migliori e più brillanti, sono spinti da decenni verso quelle attività.

Che dire invece della sicurezza antiterrorismo affidata ai controlli negli aeroporti? È evidente che si tratta di uno dei mestieri più disprezzati del Paese. Perché mai dovrebbe dare risultati soddisfacenti, quella che è considerata una corvée da poveracci? La questione riguarda molte funzioni pubbliche. Da Ronald Reagan in poi, per più di trent'anni, in America ha messo radici profonde la convinzione che «il governo è il problema, non la soluzione». Una profonda disistima per la burocrazia pubblica è all'origine di un circolo vizioso. Sottopagati, disprezzati, gli impiegati dello Stato finiscono spesso per assomigliare alla caricatura che si fa di loro. Risultato: più il cittadino americano li vede da vicino, più si convince che aumentare la spesa pubblica è un vero spreco. Il revival di paura per il terrorismo può fare miracoli, ma solo in termini di soldi. Dalla Homeland Security alla Cia, dall'Fbi fino ai body-scanner negli aeroporti, un flusso di denaro si rovescia in questo campo. Sono state perfino aggiustate le videocamere di Newark. Ma se non si aggiusta qualcosa di più profondo nella psiche collettiva, le vere debolezze del Paese resteranno intatte.

La peste in Louisiana

«Non esiste fede pari a quella di chi costruisce case lungo la costa della Louisiana» dice Abdulrahman Zeitoun. E questo muratore siriano-americano continua a costruire. Il 29 agosto 2005 era nella sua New Orleans quando la furia dell'uragano Katrina fece saltare gli argini. Ci rimase quando l'80% della città era allagata. Restò nell'orrore che seguì: i 1500 morti, i 2 milioni di profughi nell'intera regione del Golfo. Zeitoun è ancora lì che costruisce oggi, mentre la Louisiana assorbe lo shock della marea nera provocata dalla Bp. In cinque anni Zeitoun ha visto due volte l'Apocalisse, due catastrofi si sono accanite contro la sua terra promessa. Come il medico solo di fronte alla peste nel romanzo di Albert Camus, nella tragedia Zeitoun ha provato la sua umanità. E contro questo povero eroe indifeso si è accanita la logica assurda della ragion di Stato. La sua storia è troppo perfetta per essere un romanzo. Perciò Dave Eggers, il grande romanziere di San Francisco, ha lasciato in un angolo il suo genio letterario e, per raccontare la storia di Zeitoun, si è fatto umile cronista. Eggers ha represso lo sdegno, ha rinunciato all'invettiva. I nudi fatti sono più che sufficienti.

Nell'agosto 2005 la moglie Kathy e i quattro figli di Zeitoun fuggono per tempo di fronte all'avanzata di Katrina. Lui, da solo, decide di restare in città. Quando New Orleans è sommersa, salta sulla sua canoa, si aggira in quel paesaggio sconvolto. Ci sono anziani abbandonati, a cui porta le prime provviste. Soccorre i cani che abbaiano disperati, sentono l'odore della morte. Il primo giorno Zeitoun salva cinque persone. «Non aveva mai sentito tanta energia, tanto senso di uno scopo nella vita. C'era bisogno di lui.» Al terzo giorno del disastro, quando le acque luride e puzzolenti si gonfiano di cadaveri che galleggiano, Zeitoun ha il primo contatto surreale con lo Stato. Due vecchi vicini di casa, i coniugi Williams, devono essere portati via ma la sua canoa è troppo piccola. Lui rema in cerca di aiuti e finalmente avvista dei soldati. Lo cacciano: «Non è il nostro mestiere». Hanno radio ricetrasmittenti ma dicono di non poterle usare. Passano altri cinque giorni Il 6 settembre Zeitoun è in casa quando fanno irruzione cinque uomini e una donna in tuta mimetica, con fucili automatici M16. Lo caricano su un battello militare. Da quel momento comincia per lui il vero incubo, un'altra tragedia nascosta dentro la storia di Katrina. Una vicenda crudele e sconosciuta. Tutti associano l'inondazione di New Orleans con il punto più basso dell'Amministrazione Bush: l'indifferenza, l'incompetenza, la disorganizzazione. Uno spettacolo da Terzo mondo nel cuore dell'America. Il ritardo inspiegabile degli aiuti, le vittime abbandonate. Ma in mezzo a quella débâcle, si scopre, ci fu anche uno sprazzo di paranoica efficienza. L'agenzia della protezione civile, dopo l'11 settembre 2001, era finita dentro la Homeland Security, un superministero degli Interni. Ed è proprio da questi uffici che, durante l'agonia di New Orleans, arriva un avvertimento che sembrerebbe tragicomico, se non avesse conseguenze tanto sinistre. L'uragano, dicono, potrebbe essere «sfruttato» da gruppi di terroristi in vari modi: «Sequestro di ostaggi, attacchi a rifugi di sfollati, attacchi elettronici o sostituzioni di persone atte a impersonare responsabili dell'ordine». Così, mentre centinaia di cittadini americani muoiono annegati in telecronaca diretta, ripresi sugli schermi della Cnn, mentre nello stadio Superdome gli sfollati impazziscono di fame, sete e caldo, a due passi da lì inizia la costruzione di un carcere. Nella stazione abbandonata degli autobus di linea Greyhound, l'esercito deporta centinaia di detenuti dal penitenziario chiamato Angola, per dei lavori forzati molto speciali. Bisogna tirar su in fretta una prigione. È la «Guantanamo segreta» dell'uragano Katrina.

Zeitoun ci starà quasi un mese. «Un talebano, uno di al Qaeda» dice un soldato dopo aver visto la sua faccia da arabo. Un mese senza poter parlare con la moglie, che non sa più nulla di lui. Senza avvocati. Accusato di aver saccheggiato una casa: la sua. Come lui ci sono altri 1200 detenuti, a maggioranza neri. Saranno rilasciati senza scuse, senza indennizzi, senza uno straccio d'inchiesta per capire come sia potuto succedere. L'uragano Katrina ha sospeso i diritti civili e la Costituzione degli Stati Uniti. Alla fine la moglie di Zeitoun, Kathy, dovrà sentirsi perfino riconoscente per un gesto di umanità, quando un funzionario della Giustizia «per compassione» restituisce la patente al marito. È l'unico documento rimasto nel portafogli, dal quale sono spariti dopo l'arresto i contanti e le carte di credito. La storia vera di Zeitoun, degna di Kafka e di Camus, è più d'un atto di accusa contro un episodio storico, contro un governo. Diventa la metafora di una condizione umana aggrappata a un gesto d'amore, a una testimonianza, a uno straccio di solidarietà: di fronte a un'astrazione insensata quale appare lo Stato.

Cinque anni dopo Katrina, Obama ha fatto del suo meglio perché la marea nera della Louisiana da disastro ecologico non si trasformasse in un disastro politico. Il bilancio delle vittime non è paragonabile. Gli aiuti sono stati più veloci. Ma resta un divario incolmabile tra la logica dello Stato – bisognerà pur continuare a trivellare, l'America avrà ancora bisogno di compagnie che estraggono petrolio *offshore* – e il volto umano di una catastrofe. Charles Robin, l'erede di cinque generazioni di pescatori, dice: «Katrina ci ha scavato la fossa. Eravamo lì dentro, annaspavamo per uscirne, e ci arriva addosso la marea nera». Le inchieste del Governo e del Congresso, le cause contro i petrolieri, viste dalla Louisiana, sono riti beffardi. Cinque anni dopo Katrina il 41% dei bambini di New Orleans continua a soffrire di anemia: il doppio rispetto ai senzatetto nel resto degli Stati Uniti. «Nel linguaggio umano» disse nel 2005 lo scrittore di New Orleans Richard Ford «manca una parola per dire la morte di una città.»

La marea della Bp e gli effetti dello Stato minimo

Il greggio sparso in mare nella primavera 2010 è stato in gran parte recuperato, ma la Bp ha un potenziale d'inquinamento che va ben oltre il Golfo del Messico. I «veleni» della compagnia petrolifera hanno contaminato perfino la più solida relazione internazionale: la storica alleanza fra gli Stati Uniti e la Gran Bretagna. Lo si è visto in occasione della prima visita di David Cameron alla Casa Bianca dopo la vittoria elettorale del leader conservatore. L'ombra della Bp si è allungata sul vertice bilaterale tra Obama e il premier inglese. Per Cameron è scattato un riflesso nazionalista in difesa della multinazionale britannica, di fronte alla presunta «prepotenza» dell'Amministrazione Usa, accusata d'imporre condizioni inique sugli indennizzi per la marea nera: per esempio la sospensione del pagamento di dividendi agli azionisti Bp, un gesto gravido di conseguenze per tanti fondi pensione britannici che hanno quelle azioni in portafoglio. Da parte americana ha fatto scalpore scoprire il ruolo torbido che la Bp ha giocato nei confronti della Libia. Si è scoperto che la compagnia petrolifera fece pressioni sul precedente governo inglese (Gordon Brown) per ottenere la liberazione del terrorista libico Ali Mohmed al Megrahi, condannato per il suo ruolo nella strage di Lockerbie. Quell'attentato contro un aereo della Pan American costò la vita a 270 fra passeggeri e membri dell'equipaggio e persone colpite a terra (11), perlopiù americani. Al Megrahi è stato rilasciato, nell'agosto 2009, dal carcere scozzese dove scontava la sua pena: ufficialmente per motivi di salute, disse allora il governo di Londra, sostenendo che il terrorista era malato di cancro alla prostata e aveva ormai i giorni contati. Una beffa crudele, che gli americani non hanno digerito: al Megrahi fu accolto come un eroe al suo ritorno in Libia; un anno dopo era ancora vivo e in buona salute. In compenso il disgelo diplomatico fra Londra e Tripoli ha riaperto alla Bp interessanti opportunità di affari con la Libia. Un'altra chiazza nera, fatta di sospetti infamanti, viene ad aggiungersi al disastro ecologico al largo della Louisiana.

Obama ha paragonato l'esplosione della piattaforma petrolifera Deepwater Horizon e la marea nera nel Golfo del Messico a un «11 settembre dell'ambiente». Intendeva fare un parallelo in termini di impatto sulla «psiche nazionale» e di stimolo all'adozione di politiche nuove. Il paragone può essere inteso in altro modo: evoca un altro evento che diventa una pietra miliare nella decadenza degli Stati Uniti.

«La Katrina di Obama» va ricordata per le debolezze che rivela dell'America. Quando New Orleans fu inondata e abbandonata a se stessa dalle istituzioni federali, la sinistra americana e l'Europa intera liquidarono quel disastro sotto la categoria «le colpe di Bush». Un presidente di destra – secondo i suoi avversari politici – fu indifferente alla sorte di una città povera e nera. Nella primavera 2010 però gli americani hanno scoperto che l'Amministrazione federale non reagisce molto diversamente quando ai comandi c'è Obama. Certo, Obama ha evitato le gaffe odiose del suo predecessore, che nei primi giorni di Katrina non volle neppure interrompere le vacanze. Nei telegiornali del 2005 si sovrapponevano le immagini dei cadaveri che galleggiavano nelle acque putride di New Orleans e quelle di un presidente che giocava a golf. Al confronto Obama ha mostrato determinazione. Ma nel Golfo del Messico si è intravisto lo stesso vuoto, la stessa inefficienza e incompetenza che la famigerata Fema (Federal Emergency Management Agency), cioè la protezione civile, mostrò nel 2005 con l'Amministrazione repubblicana. Senza sminuire le responsabilità primarie della Bp, la catastrofe del Golfo è stata possibile per una lunga catena di inadempienze dello Stato, che l'hanno preceduta: mancati controlli, complicità e collusioni. Anche dopo l'esplosione della piattaforma petrolifera Deepwater Horizon, il 20 aprile, le autorità federali si sono rivelate lente e disarmate, incapaci di supplire ai privati.

Questo rivela gli effetti profondi di trent'anni di smantellamento dell'apparato statale, abbandono dei servizi pubblici, sotto-investimento nelle infrastrutture. È il risultato del piano «affamare la bestia», con cui il reaganismo lanciò l'idea che bisognava smantellare l'eredità del New Deal uccidendo lentamente lo Stato, per fame. Oggi è questo Stato fatiscente, derelitto, inquinato dai lobbisti privati, lo strumento di lavoro che Obama si trova in mano.

Un breve diario della marea nera illustra la débâcle governativa.

20 aprile: poche ore dopo l'esplosione sulla piattaforma petrolifera Deepwater Horizon, gestita dal trio Bp, Halliburton e Transocean, gli scienziati della Noaa (National Oceanic and Atmospheric Administration) parlano della «marea nera del secolo» e stimano che, nell'ipotesi peggiore, il ritmo di fuoruscita del greggio in mare potrebbe raggiungere i 110.000 barili al giorno. La Casa Bianca preferisce i dati della Bp, solo 1000 barili al giorno. Sotto la pressione dei mass media la Bp ritoccherà in seguito le sue stime a 5000 barili, poi a 35.000, con ritardi di settimane. Due mesi dopo, la Casa Bianca è costretta ad ammettere che i 100.000 barili della Noaa erano la stima più attendibile fin dall'inizio.

1° maggio: «La Bp pagherà» tuona Barack Obama. «Gli staremo col fiato sul collo» annuncia il suo ministro dell'Interno Ken Salazar. La Bp ha promesso di avvalersi di tutte le risorse disponibili, compreso l'ingaggio delle flotte di pescherecci locali per dispiegare attorno alla chiazza le reti di galleggianti. Ma i pescatori della Louisiana rivelano che «il numero di telefono pubblicizzato dalla Bp non esiste o non funziona, non c'è nessuno che ci risponde». Il Congresso decide di aprire un'indagine immediata sulle aziende private coinvolte, ma è un boomerang. Nel 2005 la stessa Bp fu protagonista di un altro incidente drammatico, l'esplosione di una sua raffineria a Texas City: perché le autorità federali hanno continuato ad autorizzare le sue operazioni? Il ministro dell'Interno Salazar, quando era un senatore dell'opposizione, criticava Bush per la politica delle «trivellazioni facili». Si scopre che dalla sua nomina a ministro dell'Interno di Obama ha autorizzato nuove trivellazioni petrolifere in mare per una superficie totale di 214.000 km quadrati, battendo ogni record dell'Amministrazione Bush. In base alla legge americana, approvata dopo il disastro di Exxon Valdez nel 1989, la prima responsabilità d'intervento in un incidente simile spetta alla compagnia petrolifera. Il governo è tenuto ad attivarsi solo in un ruolo di supplenza se i mezzi privati risultano insufficienti. Questa legge fu varata proprio per garantire che i petrolieri prendessero sul serio le proprie responsabilità nei disastri da loro provocati. «È chiaro che non funziona» dice Tyson Slocum del Public Citizen's Energy Program «perché il soggetto che deve guidare gli sforzi per risolvere la crisi è lo stesso che ha causato il danno.»

14 maggio: decine di permessi di trivellazioni illegali furono concessi per anni alle compagnie petrolifere, sotto l'Amministrazione Bush ma anche da quando c'è Obama alla Casa Bianca. Il New York Times denuncia le irregolarità nelle procedure seguite. L'uomo che lo Stato ha messo in prima linea ad affrontare la catastrofe è l'ammiraglio della Coast Guard, Thad Allen. A lungo appare succube dei petrolieri. Dichiara: «Ho fiducia nel *chief executive* della Bp». La guardia costiera impedisce l'accesso alla marea nera a un esercito di volontari pronti ad aiutare, compresi i biologi che lavorano nei parchi naturali delle lagune. Il sospetto è che la Bp non voglia osservatori scomodi. Fidandosi di Bp, si sono persi trenta giorni solo perché le autorità federali creassero una loro squadra di esperti indipendenti per valutare l'ampiezza della chiazza.

26 maggio: affiorano prove di una collusione sistematica tra le autorità federali preposte alla vigilanza sugli impianti petroliferi dell'Mms (Minerals Management Service) e le compagnie petrolifere: in certi casi gli ispettori che dove-

vano controllare la sicurezza delle piattaforme marine facevano compilare i rapporti dalle stesse compagnie. Obama, rivela il suo consigliere più fidato, David Axelrod, «è indignato sia con la Bp sia con le autorità federali che dovevano regolarla». Licenzia la numero uno della Mms Elizabeth Birnbaum. L'aveva nominata lui stesso.

17 giugno: quei parlamentari Usa che nelle commissioni del Senato e della Camera dovevano vigilare sulla Bp (e su tutta l'industria petrolifera) erano azionisti delle compagnie. Il Washington Post denuncia il conflitto d'interesse, rivelando il contenuto dei portafogli azionari dei politici.

19 giugno: il politico più finanziato dalla Bp nell'elezione del 2008 è stato lo stesso Barack Obama, lo rivela il New York Times, giornale progressista e certamente non ostile a questa Amministrazione. Intanto la lentezza nel fermare la fuga di greggio in mare esaspera le popolazioni degli Stati più minacciati (Louisiana, Florida, Mississippi, Alabama) che chiedono di togliere alla Bp la responsabilità delle operazioni. Ma con chi sostituirla? Nessuna agenzia civile del governo federale ha tecnologie comparabili a quelle dell'industria petrolifera. Si tira indietro lo Usace (United State Army Corps of Engineers), il genio militare più efficiente del mondo, la cui reputazione fu macchiata a New Orleans per le sue colpe nella mancata manutenzione degli argini.

2012: la fine del mondo Maya. E a Wall Street?

Hollywood ha già pensato ad appropriarsi del mito dei Maya – il cui antico calendario colloca la fine del mondo nel nostro anno 2012 – dedicandogli un kolossal di fantascienza dalle tinte ambientaliste. Ma un altro scenario apocalittico, sempre situato nel 2012, può diventare l'incubo di Wall Street. È l'Armageddon del mercato obbligazionario, il Giudizio Universale dei *junk-bond*, i titoli-spazzatura. Una valanga di titoli viene a scadenza nel 2012 e ci travolgerà se le aziende non si premuniscono in anticipo. Il 2012 è l'anno di una convergenza micidiale: verranno a scadenza simultaneamente titoli di Stato, obbligazioni di aziende solide e junk-bond, per un volume complessivo che sarà quasi otto volte superiore a quello che i mercati assorbono in un anno normale. Solo il Tesoro Usa nel 2012 dovrà emettere titoli di Stato per quasi 2000 miliardi, per finanziare il fabbisogno corrente e rifinanziare il debito venuto a scadenza. A questo verrà ad aggiungersi la valanga delle obbligazioni private in scadenza. Una quantità senza precedenti, tutta concentrata a partire dal 2012.

Per capire il salto di dimensione: nel corso del 2010 in America sono scaduti junk-bond per un valore di 21 miliardi di dollari, che quindi sono stati rimborsati dalle società emittenti, oppure rifinanziati sul mercato. Nel 2012, invece, i junk-bond in scadenza balzeranno di colpo a quota 155 miliardi. E da quell'anno in poi sarà peggio: 212 miliardi nel 2013, infine 338 miliardi nel 2014. Perché l'Apocalisse dei bond è scadenzata proprio a partire dal fatidico 2012? La ragione è scritta nella storia dell'ultima crisi finanziaria. I mercati cominciarono a subire i sussulti della paura nella seconda metà del 2007, e finirono nel collasso totale durante il 2008. Fino all'inizio del 2007 il mondo navigava ancora nell'ottimismo, il denaro facile era la regola. Perciò risalgono al 2007 le ultime maxiemissioni di junk-bond con cui vennero finanziate molte acquisizioni, in particolare da parte delle società di *private equity*. Tipicamente quelle emissioni obbligazionarie ad alto rendimento avevano una durata compresa fra i cinque e i sette anni. Ecco perché la resa dei conti arriverà a partire dal 2012, quando verranno a maturazione le prime ondate di junk-bond che risalgono all'era precrisi. L'unico modo per prevenire l'Apocalisse, cioè un'ondata di fallimenti e insolvenze aziendali, è cominciare subito a rifinanziarsi, in modo da avere un cuscinetto di protezione quando i mercati si troveranno di fronte alla «Grande Muraglia» delle scadenze nel 2012. Ma anche le aziende più caute e lungimiranti si trovano di fronte a un altro problema: la concorrenza degli Stati sovrani. Perché in simultanea con i junk-bond e le altre obbligazioni, anche per i titoli di Stato si avvicina la resa dei conti: attorno al 2012 si concentrano rimborsi relativi ai deficit pubblici accumulati per i salvataggi bancari e le manovre antirecessione. È il caso del Tesoro Usa: anche senza ulteriori buchi nel bilancio pubblico, Washington sa già che dovrà reperire sui mercati 1800 miliardi nel 2012, e altri 1400 ogni anno nel biennio successivo.

Bamboccioni americani

Stephen Moy è un amico di lunga data, un avvocato di San Francisco esperto di copyright nelle tecnologie digitali. L'ultima volta che mi ha chiamato ho sentito un tono di allarme nella sua voce. Voleva chiedermi un consiglio per suo figlio Bill, ed era palesemente a disagio. «Bill è senza lavoro da un anno e mezzo» mi ha detto «nonostante abbia una laurea in matematica. L'unica offerta di lavoro che ha ricevuto è per andare a insegnare inglese in un istituto tecnico in Cina. E neppure a Pechino o Shanghai ma in una città che non abbiamo mai sentito nominare: Zhengzhou, capoluogo di provincia dello Henan. Tu cosa gli consiglieresti?» Non ho esitato: un'esperienza di lavoro in Cina è sempre una formidabile opportunità, che apre gli orizzonti a un giovane. Non so se il mio parere ha avuto qualche peso, ma Bill ha accettato ed è partito per l'Estremo Oriente. Sono sicuro che ha fatto la scelta giusta. Anche perché, qual era l'alternativa?

Questo mi sono domandato a lungo, riflettendo su una situazione nuova. Quando andai a vivere la prima volta in America – proprio a San Francisco, nell'estate del 2000 – sarebbe stato impensabile per l'avvocato Stephen Moy dover fare quella telefonata da papà angosciato. Un laureato in matematica, nel cuore della Silicon Valley californiana, non aveva problemi a trovare lavoro. La disoccupazione classica riguardava in modo preponderante i meno istruiti, le minoranze etniche come i neri, oppure i colletti blu in alcune industrie colpite dalla delocalizzazione. I giovani neolaureati, tanto più se dotati di una formazione scientifica, erano abbastanza al riparo. Oggi è cambiato tutto, in poco tempo e brutalmente.

Quando in Italia l'allora ministro dell'Economia Tommaso Padoa-Schioppa definì i giovani del nostro Paese dei bamboccioni, sappiamo tutti a che cosa si riferiva. Anche prima di questa crisi economica, i giovani italiani tradizionalmente vivevano a casa dei propri genitori a lungo, molto più a lungo che in altri Paesi. Forse perché trovar lavoro per un giovane in Italia è sempre stato più difficile, forse anche per il problema della casa, ma in parte e certamente per ragioni culturali. Abitare in casa di papà e mamma, farsi mantenere da loro durante gli studi universitari e perfino per molto tempo dopo la laurea, non è considerato riprovevole in Italia. In America sì. Qui c'era l'espressione *empty nest*, la sindrome del «nido vuoto», per illustrare ciò che accadeva implacabilmente allo scoccare del diciottesimo anno di età. Appena ottenuta la maturità i figli escono di casa e si iscrivono all'università, il più lontano possibile dalla famiglia. Preferibilmente sull'altra costa, a cinque o sei ore di volo. La conquista dell'indipendenza ha tanti vantaggi ma anche un costo: molti giovani americani si pagano l'università da soli, con borse di studio, se sono meritevoli, oppure indebitandosi in banca. In ogni caso un tacito contratto sociale impone che dopo la laurea ciascuno si mantenga da sé.

Questo sistema funzionava, con poche eccezioni, perché l'America aveva un mercato del lavoro dinamico e flessibile. La grande differenza che separa gli Stati Uniti da quasi tutti i Paesi europei, nel mercato del lavoro, è che qui si licenzia con la massima facilità e le garanzie per gli occupati sono minime. Chi ha un lavoro sa che può perderlo in un batter d'occhio. In compenso trovare un impiego è sempre stato più facile in America che in Europa. Proprio perché non avevano il timore di appesantirsi con dei «dipendenti a vita», le imprese americane al primo bagliore di ottimismo assumevano con generosità. Così ha funzionato il «modello americano» per almeno mezzo secolo. Questo modello però è stato travolto dall'ultima crisi e l'America di oggi per certi versi si sta italianizzando. Scopre la sua versione dei bamboccioni, costretti a rimanere a casa dei genitori perché disoccupati.

La nuova realtà del mercato del lavoro è la fine di un sogno, l'*American Dream*, per un'intera fascia di età. È la cosiddetta «generazione del Millennio», uscita dall'adolescenza con l'inizio del XXI secolo. Si affacciano su un mondo che è molto diverso da quello dei loro genitori e dei loro nonni. Il New York Times ha raccontato la storia di tre maschi adulti della stessa famiglia, ma di tre generazioni diverse, nella cittadina di Grafton, Massachusetts. Il nonno, William Nicholson, è un veterano della Seconda guerra mondiale, consulente finanziario in pensione. La sua America è stata quella del boom economico del dopoguerra, in cui era facile trovare un lavoro perfino senza laurea (lui non era andato all'università). Una volta entrati nell'attività, la mobilità sociale era quasi assicurata. Il padre David Nicholson, cinquantasette anni, appartiene alla generazione del babyboom. Appena laureato entrò in una media azienda manifatturiera della sua città e fece la scalata a tutti i gradini della carriera fino al posto di direttore generale. Né il nonno William né il padre David erano preparati a quel che sta accadendo ora alla terza generazione. Il figlio Scott, ventiquattro anni, si è laureato alla Colgate University con risultati brillanti: ha ottenuto un premio speciale dal rettore per l'eccellenza accademica. Da cinque mesi, Scott passa tutte le sue mattine allo stesso modo: appena sveglio va da Starbucks, ordina un caffè, accende il computer e si mette a scandagliare le offerte di lavoro sui siti specializzati.

Quando ne trova una che lo interessa, spedisce il suo curriculum vitae. Al ritmo di cinque o sei alla settimana. Senza risultato. Naturalmente vive a casa dei genitori: non può permettersi altro.

Per la sua generazione è Starbucks il vero ufficio di collocamento. È lì che vive la tribù dei nuovi disoccupati, giovani e con alto livello d'istruzione: si ritrovano al mattino nei bar per usare il wi-fi gratis e passare in rassegna le offerte di lavoro su Internet. Grazie alla consuetudine che permette di occupare i tavolini a tempo indefinito, il caffè è anche un luogo dove fuggire alla solitudine, capire che altri hanno gli stessi problemi. Così diventa il punto d'incontro per una «comunità», per scambiarsi consigli, sostenersi a vicenda, forse il punto di osservazione ideale per capire la nuova geografia sociale della nazione. Da Starbucks si ha la conferma che questa crisi è dura con i giovani, i cui tassi di disoccupazione sfiorano il triplo della media nazionale. La delusione viene anche dalla ricerca dello stage. Un tempo era una «porta di servizio» per affacciarsi al mondo delle aziende e un'aggiunta gradita nei curriculum vitae. Ora sta diventando un miraggio crudele dei giovani. Ogni estate un esercito di studenti universitari o neolaureati si mette a caccia di uno stage aziendale. Non remunerati, spesso frustranti e inutili, eppure sempre più rari: il rapporto numerico ormai è di 10.000 candidati per 90 posti.

Le statistiche nazionali confermano che per i giovani americani tra i diciotto e i diciannove anni il tasso di disoccupazione è del 14%, un livello vicino a quello della Grande Depressione degli anni Trenta. Se si aggiungono i «disoccupati scoraggiati» che ritornano all'università per un master, solo perché non sono riusciti a trovare lavoro con la prima laurea, la percentuale vera della disoccupazione sale al 17%. E un altro dato è molto simile, non a caso: la quota delle famiglie americane che oggi sperimenta la «convivenza» tra due o più generazioni raggiunge il 16%. Un livello altissimo rispetto alle consuetudini di questo Paese. La generazione del Millennio, costretta ad avere aspettative più modeste dei genitori e dei nonni, fa un passo indietro anche in termini di indipendenza.

Non sta meglio la «generazione sandwich»: sono i quarantenni e cinquantenni schiacciati dal duplice onere di assistere i genitori anziani e di mantenere i figli negli studi. È dura quando queste fasce di età appartengono alla «middle class», una categoria sociale che in America include il ceto medio-basso e la classe operaia. Sono loro che hanno subito una prolungata erosione di potere d'acquisto, ed è qui che attecchisce la protesta populista, che spesso si rivolge a destra e punisce i democratici. Eppure Obama ha cercato di venire in soccorso alla generazione sandwich. Lo dimostrano tre misure prese dalla sua Amministrazione. Le famiglie con un reddito inferiore a 115.000 dollari annui hanno ottenuto maggiori sgravi fiscali per i figli a carico: fino a 6000 dollari di detrazioni per due figli. Gli interessi passivi sui prestiti agli studenti universitari (uno strumento molto diffuso in America per pagarsi le rette) sono bloccati a un tetto del 10% del reddito dello studente. Per le famiglie che hanno a carico un anziano genitore non autosufficiente sono stati aumentati di 102 milioni i sussidi federali.

Sono tutti provvedimenti finalizzati proprio ad aiutare la generazione sandwich, doppiamente penalizzata dalle tendenze demografiche e dalla stagnazione dei redditi da lavoro. Ma è indicativo che si tratti di misure molto mirate, e complessivamente poco costose. Obama infatti è sotto tiro anche per l'esplosione del deficit pubblico, che ha toccato il livello record del 10% del Pil. L'offensiva della destra populista (Tea Party) lo stringe a tenaglia: da una parte la leadership democratica è stata attaccata «da sinistra» per l'indulgenza verso i banchieri; d'altra parte i repubblicani fanno breccia nell'elettorato indipendente e centrista con il classico argomento conservatore del rigore nei conti pubblici.

Karzai e il funerale del metrò

A Manhattan si celebra il funerale solenne della W, intesa come la linea del metrò. A Kabul gli ufficiali americani osservano, impotenti e sconsolati, le valigie di banconote che ogni giorno vengono caricate sui voli in partenza. Destinazione: i paradisi bancari e fiscali dove il presidente afgano Karzai e i signori della guerra mettono al sicuro i loro capitali. Sono due notizie apparentemente senza legame, accadono a migliaia di chilometri di distanza. Le tiene insieme un filo, il collasso finanziario dell'impero americano, impegnato in guerre costose dall'altra parte del mondo e costretto a negare ai suoi cittadini i servizi essenziali.

L'ultima corsa del treno W è stata una cerimonia funebre in piena regola: corale, chiassosa, calda e struggente, proprio come i celebri funerali jazz di New Orleans.

Venerdì 25 giugno 2010, alle ore 10.17, quando l'ultimo convoglio della linea W è partito dalla stazione di Astoria (Queens) diretto al capolinea di Kings Highway (Brooklyn), decine di passeggeri si sono accalcati nell'ultima carrozza per il «servizio funebre».

L'idea l'ha avuta Bill Reese, ventisei anni, giornalista della rivista Playbill. Su facebook ha lanciato l'invito al funerale per tutti i newyorkesi affezionati alla W. A guidare l'ultimo treno c'era Helen Carames, trentadue anni, figlia d'arte: sua mamma lavora come bigliettaia in una stazione del metrò di Queens, il padre è andato in pensione dopo trentacinque anni da controllore. La leggenda familiare dice che la bisnonna fu una delle prime impiegate della «subway», venditrice dei gettoni metallici che per lungo tempo furono i biglietti d'ingresso. È toccato alla quarta generazione seppellire per sempre la W. La causa: i tagli di bilancio imposti a malincuore dal sindaco Michael Bloomberg. Davvero a malincuore. Il miliardario Bloomberg è il sindaco più ambientalista che New York abbia mai avuto. Crede nei trasporti pubblici, ama le isole pedonali, le piste ciclabili e i parchi. Ma le entrate fiscali sono crollate insieme al mercato immobiliare: la città rischia la bancarotta se non riduce drasticamente le spese. L'azienda municipale dei trasporti ha 800 milioni di dollari di deficit, la cancellazione di due linee (W e V) è solo una piccola parte dei sacrifici: altri treni passeranno sempre più di rado, licenziamenti e prepensionamenti si abbattono sul personale. «La mia W» dice la Carames con un nodo alla gola «era un vero treno di colletti blu, usato da gente che va a lavorare tutte le mattine. Non so cosa faranno adesso, usare la macchina è proibitivo, con i costi dei pedaggi e dei parcheggi.»

I newyorkesi che hanno risposto all'appello di Bill Reese, con il loro funerale simbolico, hanno voluto attirare l'attenzione sulla decadenza del metrò. C'erano chitarre, birre a volontà, tanti giovani, uno portava un cartello «Assassini», rivolto a chi ha emesso la sentenza capitale contro la W. In teoria, dei percorsi alternativi sono possibili usando le due linee R e N, ma la loro fama in città è sinistra. I newyorkesi le hanno ribattezzate, usando le loro iniziali, «The Rare and The Never» (la Rara e la Mai).

I 3,65 miliardi spesi in Afghanistan sono più di un quarto del Prodotto interno lordo. È il denaro che in un anno viene stipato in valigie, caricato sugli aerei che decollano dall'aeroporto di Kabul, per partire con destinazione Dubai, Singapore, Hong Kong. Dollari, euro, ryal sauditi, corone norvegesi. Una parte di questa gigantesca fuga di capitali viene dichiarata sui formulari delle dogane, alla luce del sole. Passa sotto il naso dei militari americani e loro non possono fare nulla. Un alto ufficiale Usa che indaga sulla corruzione dice: «Sono i soldi dell'oppio, ma ci sono anche tanti soldi del contribuente americano». Il presidente Hamid Karzai a chi lo interroga sui cargo pieni di capitali che lasciano il Paese risponde così: «Non c'è niente di male a guadagnare soldi e neanche a portarli fuori del Paese. Possono farlo anche i parenti dei politici, a cominciare dai miei fratelli». Il licenziamento del generale McChrystal da parte di Barack Obama ha ricordato al cittadino americano che l'escalation in Afghanistan è una scommessa sul piano politico e militare. I «charter delle banconote» benedetti da Karzai dovrebbero ricordargli che anche l'equazione economica del conflitto è una tragica beffa ai suoi danni.

Regressione allo stadio infantile

Nel 1995, scrivendo *Guerra santa contro McMondo*, Benjamin Barber anticipò di sei anni lo shock che l'America avrebbe provato poi con l'attacco alle Torri Gemelle: la scoperta che globalizzazione capitalista e radicalismo islamico possono rafforzarsi vicendevolmente. Prima ancora del collasso finanziario di Wall Street e della recessione globale, nel saggio *Consumati. Da cittadini a clienti* ha previsto l'implosione di un modello economico fondato sull'indebitamento. È molto più di una critica all'iperconsumismo. Barber è scienziato della politica oltre che dell'economia: il suo allarme riguarda la trasformazione della figura del cittadino, la perdita di libertà e sovranità, la privatizzazione della sfera pubblica. Sono i temi ai quali consacra la sua vita di militante della democrazia partecipativa, nella sede Demos dove lo incontro a New York.

Uno dei temi centrali di *Consumati* è la regressione allo stadio infantile verso cui il capitalismo moderno spinge i consumatori. È un'analisi curiosa che parte proprio dalla bulimia alimentare: cosa c'è di più «infantile» che l'incapacità di controllare i propri impulsi golosi, la voglia di succhiare caramelle e divorare cioccolata. Se l'obesità è soltanto un sintomo di una patologia sociale molto più diffusa, Barber ha una diagnosi interessante. Lui la definisce la «sindrome di Peter Pan». Il fenomeno è mondiale, l'epicentro originario è qui in America. «Uno degli aspetti affascinanti dell'America, nazione giovane» mi dice Barber «è una sorta d'innocenza originale: l'idea che qui tutto può ricominciare, un mito particolarmente importante per gli immigrati. Il Nuovo Mondo è sempre stato affascinato dalla gioventù, e questo è positivo. Il lato oscuro invece ha a che vedere con lo sfruttamento dell'ingenuità infantile. Nella sfera economica si assiste da tempo a una banalizzazione, un'infantilizzazione dei consumi, un istupidimento delle merci e anche dei prodotti culturali per far sì che siano appetibili agli adolescenti o ai bambini. In parallelo occorre dare potere economico agli adolescenti e ai bambini, perfino le carte di credito, per conquistare fasce di acquirenti sempre più precoci.»

È sempre stato nella natura del capitalismo, il voler creare nuovi mercati, nuovi sbocchi, nuove fasce di consumatori. Ma secondo Barber in altre epoche storiche gli effetti sono stati anche virtuosi. «Dalle sue origini» sostiene «il capitalismo occidentale ha avuto la capacità di soddisfare reali bisogni di massa, e quindi aveva un'utilità sociale, che si conciliava con l'arricchimento privato e l'accumulazione del capitale in mano alla borghesia industriale. Inoltre l'etica protestante della gratificazione differita esaltava la virtù del risparmio e questo favoriva l'investimento. Per quattrocento anni questo sistema ha funzionato così bene da sfociare in una situazione, dopo la Seconda guerra mondiale, in cui gran parte del ceto medio nei Paesi sviluppati aveva ormai soddisfatto tutti i suoi bisogni. Di fronte al rischio di una crisi della crescita il capitalismo ha operato una riconversione: si è messo a produrre bisogni ancora prima di produrre beni. Quello fu l'inizio dell'era del sovra-consumo, l'inaugurazione del nuovo ethos infantilista.» A partire da quel momento scatta l'infantilizzazione del consumatore. Coniando un neologismo, Barber la definisce la trasformazione dell'adulto in un «adultescente». «Il capitalismo contemporaneo esalta lo spendere anziché il risparmiare, il vendere anziché l'investire. L'idea di servire la società è sostituita dall'edonismo, la centralità del piacere, il servire se stesso. Adolescenti e bambini diventano l'archetipo, il modello del consumatore ideale perché sono impulsivi, non riflettono a lungo prima di comprare. Perciò il marketing e la pubblicità hanno spostato le frontiere dei consumi verso fasce d'età sempre più basse: prima gli adolescenti, ora anche i bambini di tre anni.»

È cambiato anche il consumatore adulto, travolto dalla sindrome di Peter Pan, il mito dell'eterna giovinezza, incoraggiato dalla pubblicità e dall'*entertainment*. Per Barber la beatitudine viene associata al restare anche in età adulta dei consumatori-bambini, egocentrici che dicono «io voglio» per sempre. È un'operazione culturale di livellamento verso il basso. Il capitalismo entra in conflitto con i sistemi di valori più antichi come le religioni, per esempio nella visione del ruolo parentale. Le religioni hanno sempre cercato di rafforzare l'autorità dei genitori. Per il capitalismo contemporaneo invece i genitori sono i «guardiani del cancello», degli ostacoli fra l'adolescente e il consumo. Di qui una pressione fortissima per abolire la disciplina parentale. Il capitalismo moderno è la combinazione di questi due elementi: l'invenzione di bisogni e l'infantilizzazione della società adulta. Il saggio *Consumati* non si ferma qui. Il passaggio successivo è la denuncia delle conseguenze per la democrazia. «Nel capitalismo attuale» dice Barber «la nostra identità primaria e soverchiante è quella di consumatore, non di cittadino. Il ruolo dello Stato viene sminuito, svuotato, contestato. La stessa politica diventa marketing, i candidati si vendono come prodotti di largo consumo. Si consolida l'idea che l'unico modo attraverso cui noi esercitiamo una forma di potere è quando compriamo.»

Questo è vero anche nella versione di sinistra, militante: tanti movimenti si propongono di cambiare il mondo operando sulle scelte di consumo. Slow Food c'insegna a promuovere lo sviluppo sostenibile quando facciamo la spesa alimentare. Fairtrade ci spinge ad acquistare il caffè e il cacao attraverso una filiera di commercio equo che bypassa le multinazionali e aiuta i contadini dei Paesi in via di sviluppo. Barber contesta anche questo. «Perché anche questa è una favola per bambini, una favola a lieto fine, l'idea che si cambia il mondo attraverso il consumo privato. La scuola dei nostri figli, l'equilibrio climatico del pianeta, l'indipendenza energetica: in tutte queste sfere il cambiamento, non può venire semplicemente da scelte individuali di spesa. È l'ammissione di una disfatta, se noi ci ritiriamo nella sfera dell'azione privata – sia pure il consumo "verde" e terzomondista – e abdichiamo al nostro ruolo nella politica.» Di qui una denuncia della distruzione del tessuto civico: «È proprio il risultato della centralità del consumo. Razionalmente come consumatore io vado a fare la spesa all'ipermercato Wal-Mart perché lì tutto costa meno, ed è made in China. Così facendo collaboro alla distruzione di un tessuto sociale di piccolo commercio, piccolo artigianato, e trasformo le città americane in deserti civici». La ricetta di Barber è paradossale, ritornare al capitalismo delle origini: «Il vero paradosso è che viviamo in un mondo dove chi ha il denaro non ha più dei bisogni reali, mentre chi ha ancora enormi bisogni insoddisfatti non ha potere d'acquisto. Dobbiamo costringere il capitalismo alla sua vocazione primaria: soddisfare i bisogni materiali dove ci sono. È qui che c'è spazio per una nuova crescita, più sana ed equa. Non è l'illusione di un capitalismo altruista, bensì l'uso della molla del profitto al servizio delle domande più urgenti per l'umanità».

II

La sfida di Pechino per l'egemonia

Il futuro padrone degli oceani

Lepanto, 7 ottobre 1571: le navi spagnole, veneziane e genovesi sconfiggono la flotta dell'Impero ottomano.

Settembre 1588: l'Invincibile Armata di re Filippo II fallisce l'invasione dell'Inghilterra.

23 agosto 1884: l'ammiraglio Courbet sgomina la flotta cinese a Fuzhou, assicurando alla Francia il controllo sul Vietnam.

7 giugno 1942: al largo dell'atollo di Midway, a metà strada tra le Hawaii e il Giappone, la Us Navy distrugge la flotta dell'ammiraglio Yamamoto.

Che forme avrà il prossimo «appuntamento» tra due superpotenze marittime?

Le grandi contese navali hanno una rilevanza che supera la sfera militare. Segnano i punti di passaggio, le transizioni da un'epoca a un'altra, gli scontri tra civiltà. Il controllo dei mari ha sempre avuto un'importanza strategica, economica, politica, perfino culturale. Il «Mare Nostrum» dei Romani, la colonizzazione ispanica del Nuovo Mondo, l'Impero della Gran Bretagna su cui non tramontava mai il sole: intere civiltà si sono affermate governando i flussi navali, hanno affidato ai mari comunicazioni, correnti di merci e di idee. Il ricordo di queste sfide storiche nelle epoche di transizione oggi turba la leadership americana. Washington vede il suo dominio sugli oceani insidiato da un nuovo attore: l'emergente potenza navale della Cina. L'ammiraglio Robert Willard, comandante delle forze Usa nel Pacifico, parla di «crescente aggressività» della marina cinese. Quando nel novembre 2007 la portaerei *Uss Kitty Hawk* si vede negare l'accesso al porto di Hong Kong, nonostante abbia richiesto il permesso di scalo per ripararsi da un tifone marino, è uno sgarbo senza precedenti. Su un altro teatro, il Golfo Persico nel 2010 vede arrivare due navi militari della Repubblica Popolare nel porto di Abu Dhabi: è la prima volta da cinque secoli che bastimenti armati con bandiera cinese si affacciano in quelle acque. Per i vertici della Us Navy è l'inizio di un incubo: fin dove si spingerà la Cina per contrastare l'egemonia marittima degli americani? È così che a Washington lo studio delle grandi sfide navali della storia diventa una guida, e quasi un'ossessione.

Il declino di un impero, l'ascesa del suo rivale e successore, si proietterà ancora una volta sul palcoscenico spettacolare degli oceani? Per l'ammiraglio Willard i precedenti storici offrono una miniera di lezioni. A Lepanto nel 1571 non si gioca solo una battaglia navale, con 13.000 marinai e 28.000 soldati della Lega Santa contro 47.000 uomini sotto i comandi di Ali Pasha. È in realtà una puntata decisiva nel secolare confronto tra il mondo cristiano e l'Islam, la battuta d'arresto nell'avanzata ottomana verso il cuore dell'Europa. La posta in gioco è anche economica, il controllo del Mediterraneo nel traffico delle spezie. Così il pendolo della storia, dopo la metà del XVI secolo, oscilla da Oriente verso Occidente. Lepanto diventa un simbolo, segna l'immaginazione degli artisti del tempo: Tiziano, Tintoretto, Veronese. La stessa valenza epocale emana dalla débâcle del 1588 ai danni della Grande y Felicìsima Armada ai comandi del duca di Medina Sidonia. La ritirata degli spagnoli non è tanto significativa sul piano militare, perché il maltempo fa più danni degli inglesi ma segnala uno spostamento tecnologico ed economico. Così come la flotta di Elisabetta I dimostra di essere la più sofisticata, l'Inghilterra diventa la punta avanzata della modernità. Si candida a dominare l'Atlantico e questo oceano diventa il nuovo baricentro dell'economia mondiale.

L'America dai tempi di Franklin Roosevelt si è assunta in pieno l'eredità dell'egemonia britannica sui mari. La somiglianza tra i due imperi di cultura anglosassone è chiara. Gli Stati Uniti sono circondati dalle acque, la loro supremazia militare ha dovuto appoggiarsi in modo determinante sulla marina e l'aviazione, per proiettarsi a grandi distanze. La Us Navy presidia tutte le rotte commerciali strategiche: l'egemonia sui mari è l'equivalente del ruolo dell'inglese come lingua franca globale o del dollaro come moneta universale. L'isola di Guam, una «portaerei naturale» in mezzo al Pacifico, è la sede della più vasta base militare americana in tutto il pianeta, più grande di ogni base Usa in Europa, in Iraq, in Afghanistan.

Il mare è centrale nella più grande di tutte le guerre, in cui affonda le sue radici storiche l'egemonia americana. Vista dall'Asia e dagli Stati Uniti, quella che noi chiamiamo la Seconda guerra mondiale è solo l'episodio finale di un conflitto ben più lungo: «The Pacific War», la chiamano gli storici americani. Ha inizio dieci anni prima di Pearl Harbor, il 18 settembre 1931, con l'invasione giapponese della Manciuria. Occupando il nord della Cina l'Impero del Sol levante getta la maschera e rivela le sue ambizioni. Povero di materie prime, deve garantirsi un accesso sicuro al Sudest asiatico, allora dominato dagli anglo-olandesi, più i francesi in Indocina. La Manciuria e la Corea sono solo le prime teste di ponte, l'inizio dell'espansionismo nipponico. L'irruzione giapponese in Cina sconvolge il Grande gioco che aveva opposto la Russia zarista e la Gran Bretagna per il controllo dell'Asia. La posta più importante è il controllo delle vie marittime: il Pacifico, il Mare della Cina, l'Oceano Indiano, fino al Golfo Persico. Su quelle rotte strategiche transitano energia e risorse naturali, contese fra i Paesi ricchi dell'Occidente industrializzato, e una nuova protagonista del decollo industriale come Tokyo. La guerra del Pacifico dura un'eternità: quindici anni, di cui la «nostra» Seconda guerra mondiale è l'epilogo. Prima ancora delle bombe atomiche su Hiroshima e Nagasaki nel 1945, il confronto tra l'America e lo sfidante asiatico passa attraverso un embargo petrolifero, carneficine nei combattimenti corpo a corpo per la conquista degli arcipelaghi, la vittoria americana di Midway. E poi quella che rimane tuttora la più grande battaglia navale di tutti i tempi: dal 23 al 26 ottobre 1944 nel Golfo di Leyte (Filippine), con la Terza flotta americana guidata dalle portaerei *Intrepid* e *Cabot* (260 aerei); di fronte a loro un'armata di 28 navi militari e i due più grandi incrociatori mai costruiti, *Yamato* e *Musashi*.

La memoria di quelle battaglie è custodita nei grandi cimiteri americani del Pacifico e rende gli Stati Uniti ipersensibili riguardo al controllo di quelle acque. Non è un caso se Guam è la loro base più grande; o se hanno continuato a esasperare l'opinione pubblica giapponese pur di tenere duro sulla loro presenza militare a Okinawa; o se mantengono 28.500 militari in Corea del Sud. Nelle guerre terrestri hanno incassato sconfitte come in Vietnam, ma guai se dovesse vacillare la «Pax Americana» sugli oceani. L'allarme dell'ammiraglio Willard, che definisce «drammatico» il rafforzamento in atto della marina militare cinese, è ripreso dall'esperto di strategia Mark Helprin del Claremont Institute: «Stati Uniti e Cina sono in piena rotta di collisione nel Pacifico. Molto prima di quanto potessimo aspettarci, la Cina raggiungerà con noi la parità militare». Pechino è guidata dalla stessa logica che ispirò prima gli inglesi, poi gli americani: dove si espande la propria forza commerciale, industriale e politica, dove ci sono le fonti di approvvigionamento strategico, bisogna avere le cannoniere a presidiare le rotte.

Sulla più prestigiosa rivista americana di geostrategia, Foreign Affairs, lo storico Robert Kaplan riscopre una profezia del geografo inglese Sir Halford Mackinder. Nel 1904, in un'epoca in cui la Gran Bretagna regnava incontrastata sugli oceani, Mackinder seppe prevedere il declino del suo Paese. Nella sua opera *The Geographical Pivot of China History* c'è una visione preveggente e originale dell'ascesa della nazione asiatica. Una volta in grado di espandere la propria potenza, «i cinesi potranno aggiungere alle risorse di un vasto continente anche quelle di un'ampia costa oceanica», una possibilità negata invece alla Russia. Mackinder si rendeva conto che la Russia, l'altro gigante eurasiatico, sarebbe stata sempre limitata al ruolo di potenza terrestre, con un fronte oceanico ridotto e bloccato dai ghiacci. Il geografo vedeva invece nella Cina del futuro, con le sue lunghe coste (14.000 km) in aree dai climi temperati, una potenza sia terrestre sia marittima. Arrivò perfino a immaginare che la Cina avrebbe conquistato la Russia.

«La favorevole geografia della Cina» commenta oggi Kaplan «tende a essere sottovalutata nelle analisi sul suo dinamismo economico e il suo rinvigorito nazionalismo. Eppure è essenziale, perché significa che la Cina sarà al centro delle dinamiche geostrategiche anche qualora la sua traiettoria da superpotenza globale non fosse lineare.» I segnali che la Cina ha ambizioni marittime completamente nuove cominciano a infittirsi dal 2006. Nell'ottobre di quell'anno, per la prima volta, un sottomarino cinese si mette all'inseguimento della portaerei *Uss Kitty Hawk* (sempre lei), ed emerge in superficie a distanza così ravvicinata da poter teoricamente colpire l'ammiraglia americana con un siluro. Nel marzo 2009 una flotta di navi militari cinesi circondano la *Usns Impeccable* mentre è impegnata in una missione di ricognizione nel Mare della Cina meridionale ma al di fuori delle acque territoriali (12 miglia marine). Sono tanti piccoli segnali di una potenza marittima sempre più sicura di sé, che comincia a «saggiare» il rivale.

La Cina ha 75 nuovi sommergibili in costruzione. Secondo il Crs (Congressional Research Service), «entro quindici anni la Cina si sarà dotata di una flotta di sottomarini più ampia di quella americana». Inoltre sta investendo in radar marini, satelliti, reti di sonar. Le tecniche di cyber-pirateria, nelle quali eccellono gli specialisti informatici dell'Esercito Popolare di Liberazione, sono anche al servizio dei missili balistici puntati contro il mare: gli hacker devono poter accecare la vigilanza satellitare degli americani in caso di attacco contro Taiwan, per esempio. La modernizzazione militare cinese, nell'insieme, ha tra i suoi compiti primari quello di negare alla Us Navy molte agevoli rotte di accesso al Pacifico occidentale. (La definizione «Pacifico occidentale» è ovviamente quella usata dagli Stati Uniti: dalla loro prospettiva si riferisce cioè alla costa dell'Oceano Pacifico che bagna l'Asia.)

In quest'ottica assume un significato nuovo anche la questione di Taiwan, l'isola che il generale Douglas MacArthur dopo la Seconda guerra mondiale definiva «la portaerei inaffondabile» degli Stati Uniti piazzata davanti alle coste cinesi. Secondo uno studio della Rand Corporation, entro il 2020 l'America sarà nell'impossibilità di difendere Taiwan da un eventuale attacco militare della Repubblica Popolare. Sempre ammesso che Pechino non riesca ad annettersi l'isola molto prima senza neppure lanciare un missile, bensì facendo leva sugli strumenti di una colonizzazione economica, finanziaria, turistica, culturale. Ma una volta che Washington dovesse abbandonare Taiwan al suo destino, comincerebbero a dubitare dell'impegno americano anche altri alleati: Giappone, Australia, Nuova Zelanda e Indonesia nel Pacifico, India e Pakistan nel subcontinente asiatico. Le conseguenze si allargherebbero fino al Corno d'Africa.

Oltre all'obiettivo della riconquista di Taiwan, le forze navali di Pechino stanno proiettando la loro nuova potenza oltre il Mare della Cina meridionale: puntano verso l'Oceano Indiano e tutte le rotte strategiche del petrolio che viene dal mondo arabo. Le incursioni dei pirati, la minaccia del fondamentalismo islamico sono altrettante ragioni che Pechino usa per legittimare la propria espansione marittima. A questo fine, la Repubblica Popolare ha costruito una nuova base navale nell'isola di Hainan, da cui si controlla il Mare della Cina meridionale; su quest'isola vuole dislocare 20 nuovi sottomarini nucleari. Per l'intensità degli scambi energetici che attraversano queste rotte, il Mare della Cina meridionale può diventare «il nuovo Golfo Persico o il nuovo Mediterraneo». Un «Mare Nostrum» del terzo millennio: proprio come il Mediterraneo fu l'epicentro degli scambi dall'Impero romano fino all'apogeo della Repubblica veneziana; e l'Atlantico fu il luogo delle prime tappe della globalizzazione, quelle egemonizzate dagli imperi navali di Spagna e Portogallo, poi dall'Olanda, dall'Inghilterra, infine dagli Stati Uniti. In questo scenario di rivalità sinoamericana per il controllo degli oceani, la potenza navale di Washington sarebbe costretta a ritirarsi progressivamente su una seconda linea di difesa lungo quell'arco di isole del Pacifico che sono Guam, le isole Marshall, Solomon, le Marianne e l'Oceania. Di fronte avrà una Grande Cina capace di proiettarsi in tutto il Sudest asiatico, nell'Oceano Indiano e verso l'Asia centrale, ricca di gas naturale e risorse minerarie.

Lo spostamento nei rapporti di forza non richiede necessariamente un conflitto armato. Nel 2007 l'allora capo dello Us Pacific Command, ammiraglio Timothy Keating, ricevette una proposta-shock dai cinesi: dividere il Pacifico in due sfere d'influenza. «Ci fu un'epoca» ricorda Helprin «in cui l'America e le potenze coloniali europee avevano "*The China Station*", un porto di scalo con diritti speciali d'accesso sulle coste cinesi. La Cina finirà per avere la sua "*American Station*" sulle nostre coste? Questo è l'esito logico, nella traiettoria di una potenza.»

L'altra guerra per l'acqua: a 8000 metri

Agosto 2010: 1500 morti, 4 milioni in fuga dai villaggi sommersi, un quinto del Pakistan è inondato da piogge monsoniche eccezionali. L'allarme umanitario diventa anche una minaccia politica, la disastrosa inefficienza del governo pakistano trasforma la calamità naturale in un'occasione per l'ulteriore avanzata del fondamentalismo islamico. Anche in Cina l'estate 2010 si chiude sotto il segno di una tragedia, 1300 morti solo nella provincia del Gansu per i violenti nubifragi, straripamenti e alluvioni. Sono due esempi recenti della potenza distruttiva dell'acqua scatenata da fenomeni climatici estremi. Due potenze asiatiche, dotate di armi nucleari, si scoprono vulnerabili di fronte a un elemento primordiale. L'emergenza idrica può mettere in ginocchio anche Stati forti. Figlia del dissesto ambientale, l'oscillazione sempre più violenta tra cicli di siccità-desertificazione e grandi inondazioni mortali balza in testa all'agenda dei governi dell'Asia. La prospettiva che un giorno si combattano «guerre per l'acqua» non è fantapolitica.

Cina e Pakistan, con altre nazioni asiatiche che insieme rappresentano il 40% della popolazione mondiale, dipendono dalle stesse riserve idriche primordiali: i ghiacciai del Tibet. Dalle vette dell'Himalaya nascono tutti i grandi fiumi dell'Asia, il più occidentale diventa l'Indus, il più orientale il Fiume Giallo. In mezzo ci sono i due fiumi sacri dell'induismo, Gange e Brahmaputra; i due fiumi dell'Indocina, Mekong e Irrawaddy; lo Yangtze, che traversa tutta la Repubblica Popolare fino a Shanghai. Sono i maestosi corsi d'acqua che hanno alimentato le civiltà più antiche nella storia dell'umanità. Oggi possono rivoltarsi contro i popoli dell'Asia o semplicemente abbandonarli e sparire, come in ampi tratti della Cina ha fatto il Fiume Giallo. Inaridito, sterile.

Troppo pieni o troppo secchi, all'origine delle convulsioni dei fiumi asiatici c'è una causa comune: lo scioglimento e la grande ritirata dei ghiacciai sull'Himalaya. Lo documenta, nell'estate 2010, un'importante esposizione fotografica all'Asia Society di New York, *Rivers of Ice*, fiumi di ghiaccio. Per la prima volta esibisce al pubblico le prove fotografiche, raccolte con rigore scientifico, che il cambiamento climatico sta provocando una forte riduzione nel volume dei ghiacciai tibetani. Dietro c'è un uomo straordinario, anzi due, che si «parlano» a un secolo di distanza. David Breashears, cinquantacinque anni, è il più celebre alpinista-fotografo americano. Da anni si dedica a tempo pieno alla causa dei ghiacciai morenti in Tibet con la sua organizzazione Glacier Research Imaging Project. Il suo alleato di fatto è un italiano che lo precedette cent'anni fa, il padre nobile della fotografia alpina, Vittorio Sella. Dal dialogo ideale tra Breashears e Sella è nata questa operazione senza precedenti: il raffronto sistematico tra i ghiacciai dell'Himalaya come sono oggi e come erano all'inizio del Novecento.

Incontro Breashears al suo ritorno a New York dopo una delicata missione in Cina. È andato a raccogliere fondi e a negoziare con le autorità, per rendere possibile una tournée dell'esposizione *Rivers of Ice* a Pechino, Shanghai e Shenzhen. «Il cambiamento climatico» mi dice «è un tema scottante e controverso nel mondo intero. Sappiamo quanto tempo è stato speso per rintuzzare gli attacchi dei negazionisti. Io non voglio entrare in contese politiche, mi limito a usare la forza delle immagini. L'impatto di queste fotografie è chiaro, non c'è bisogno di aggiungere un sovrappiù di polemica. L'acqua che scorre nelle pianure più popolose del pianeta è minacciata, i fiumi da cui dipende la sopravvivenza di 2 miliardi di persone oggi corrono un pericolo mortale. La spiegazione è tutta in queste foto.»

Breashears ha lasciato la sua impronta sulle vette più inaccessibili del pianeta. Primo americano a espugnare per due volte l'Everest, ci è tornato per un totale di otto volte e ha anche realizzato la prima diretta televisiva della storia da quella cima. La passione congiunta per l'alpinismo e per la fotografia ne ha fatto un'autorità in campo cinematografico. Ha vinto quattro Emmy Awards, il più importante per il documentario *Everest*, girato con la tecnica Imax. C'è la sua mano invisibile anche dietro alcuni grandi film commerciali: fu lui a guidare gli scalatori del film *Cliffhanger* con Sylvester Stallone e *Sette anni in Tibet* con Brad Pitt (sulla vita del Dalai Lama da giovane). Ha vissuto in presa diretta la più grande tragedia dell'alpinismo contemporaneo: interruppe le riprese del documentario *Everest* per partire in soccorso alla spedizione dove morirono otto dei più grandi scalatori mondiali nel 1996.

Ma a un certo punto della sua vita alpinismo e cinema non gli sono bastati. «Ho conosciuto» dice Breashears «il grande alpinista inglese Sir Edmund Hillary e mi è rimasta scolpita una sua frase: "Ricordati che nella vita devi riuscire a fare qualcosa di più importante che scalare montagne". Lui ci è riuscito, nel Nepal lo ricordano non come rocciatore ma per gli ospedali che ha costruito.» Per Breashears l'occasione si presentò nel 2007, quando la rete tv americana Pbs gli chiese un servizio sull'impatto del cambiamento climatico nell'Himalaya. Una sfida doppiamente difficile sul piano tecnico. Da un lato perché occorreva restituire nelle immagini la profondità, lo spessore volumetrico di ghiacciai che si trovano in luoghi inaccessibili. D'altro lato era indispensabile trovare qualche traccia del passato dei ghiacciai, visibile e documentabile, comprensibile anche per un vasto pubblico. Per Breashears la scoperta delle fotografie custodite a Biella dalla Fondazione Sella è stata una svolta. In quell'archivio del primo Novecento c'è l'elemento indispensabile, il punto di confronto. È una monumentale banca-dati sullo stato dei ghiacciai tibetani all'inizio del secolo scorso. Ripreso con una minuzia meravigliosa, da quello che Breashears definisce «un artista-scienziato», ricco di sensibilità estetica, capace di una tenacia maniacale per raggiungere le postazioni più impervie da cui scattare foto «impossibili». Nel gioco di dissolvenza delle immagini che accoglie i visitatori dell'Asia Society, una grande distesa bianca immortalata da Sella lascia il posto a un'immagine di Breashears dove il candore delle nevi eterne si è rattrappito in altura, e dietro la sua via di fuga ha lasciato una lunga scia nera, una vallata di pietre e terra nuda che sembra una cicatrice oscena.

L'Asia Society è uno dei più grandi centri americani di studi sull'Oriente. Non ha scelto per caso di attirare l'attenzione sui «fiumi di ghiaccio». Nell'esposizione sullo scioglimento delle nevi eterne c'è una chiave della questione tibetana: non solo il dramma ambientale, ma la tragedia politica. La morsa implacabile in cui la Repubblica Popolare stringe il popolo tibetano ha anche altre ragioni, che affondano le radici nella storia. Ma si è aggiunta una motivazione attuale, che si proietta nel terzo millennio e diventa la più importante di tutte. A 8000 metri d'altitudine, l'Himalaya è il serbatoio d'acqua da cui dipende la stabilità di intere nazioni: Cina e India, Pakistan e Bangladesh, Vietnam e Thailandia. Molti di questi Paesi sono alleati degli Stati Uniti, almeno sulla carta. Ma il corso dei loro fiumi lo decide – almeno in parte – chi sta a monte. Se non può prevenire le calamità ambientali, chi controlla le fonti può costruire dighe, trattenere per sé una parte dei fiumi, scaricare i prezzi maggiori sugli altri. Occupando le vaste alture del Tibet, la Cina ha il controllo sui giacimenti idrici più ricchi. L'America può solo guardare da lontano. Nelle guerre dell'acqua, guai ai vicini che osassero sfidare i padroni dei ghiacciai.

African Glamour

È il nuovo mercato dove si lanciano magazine di moda per sedurre consumatori benestanti. È l'area del mondo che ha la più alta crescita di abbonati ai telefonini. Si è lanciata nella corsa alla conquista dello spazio. Stavolta non parlo di Cina o India ma del continente che da noi fa notizia solo per carestie, guerre civili, epidemie. Abbiamo finito per ridurlo a uno stereotipo, ignorando le novità che maturano. L'«African Glamour» è un fenomeno recente che l'Occidente non ha ancora avvistato. Moda, tecnologia, sviluppo. A chiazze di leopardo, i segnali di un risveglio africano si moltiplicano. Li hanno capiti per primi i protagonisti locali, cogliendo opportunità che gli stranieri non riuscivano a vedere. E subito dopo i cinesi. Partiamo pure dagli aspetti più esteriori e superficiali, che comunque rappresentano dei segnali nuovi. È il caso della moda femminile. Vogue, Elle e altre testate celebri all'inizio del nuovo secolo concentravano i nuovi investimenti sull'Asia, convinte che la donna orientale sarebbe diventata la nuova *fashion queen*. È un editore nigeriano, Nduka Obaigbena, ad avere lanciato Arise, il magazine che ha conquistato le giovani istruite e benestanti del suo continente. Invade le edicole nei quartieri del ceto medioalto di Lagos (Nigeria) e Nairobi (Kenya), Dakar (Senegal) e Luanda (Angola). I contenuti sono tipicamente «afropolitani», come si definiscono gli africani che per reddito e istruzione si considerano cittadini del mondo, hanno studiato all'estero, viaggiano per lavoro o per le vacanze. In copertina Arise sfoggia top model nere che hanno ormai una fama mondiale: la generazione post Naomi Campbell ha star che si chiamano Oluchi Onweagba e Rahma Mohamed. I personaggi-simbolo intervistati sono guru della nuova creatività culturale nera come i cantautori Akon e VV Brown. Le marche della moda occidentale cominciano a intuire il potenziale. Sulle pagine di Arise si affacciano pubblicità di Yves Saint Laurent e Loewe, Lacoste, L'Oréal e Tommy Hilfiger. Accanto ai grandi nomi, sempre più spesso appaiono le pubblicità di stilisti locali come Deola Sagoe, segno di un'effervescenza recente e di una maggiore sicurezza nei propri canoni estetici.

African Glamour naturalmente è un fenomeno elitario. «Nell'Africa sub sahariana» spiega Sakina Balde dell'ufficio studi di Euromonitor International «solo il 5% o il 10% della popolazione, a seconda delle nazioni, è arrivata al vertice della piramide economica.» Le diseguaglianze sociali sono estreme. Ma non lo sono anche in Cina e in India? Questo non ha impedito al capitalismo occidentale di rimanere soggiogato di fronte al miracolo asiatico. In Africa la maggioranza della popolazione deve cimentarsi ancora con i problemi più elementari della sopravvivenza. I livelli di istruzione sono bassi, così come l'accesso ai medicinali. E tuttavia in Nigeria ci sono ormai 110.000 famiglie con un reddito superiore ai 75.000 dollari annui, una soglia di «opulenza» visto il costo della vita locale. A Londra, per i negozi di lusso, i nigeriani sono ormai la quinta clientela più importante dopo cinesi, russi, americani e arabi del Golfo Persico (in quest'ordine). Non sono solo nuovi ricchi, volgari ed esibizionisti: i nigeriani nel 2009 hanno speso 750 milioni di dollari per comprare giornali e libri, consumi culturalmente «nobili».

Altra sorpresa per gli occidentali è la scoperta che l'Africa oggi è il mercato dalla crescita più rapida per un gadget elettronico che associamo alla modernità: il cellulare. Il boom della telefonia mobile in realtà ha la sua spiegazione originaria nel ritardo di altre tecnologie. In vaste regioni dell'Africa l'accesso alla corrente elettrica è insufficiente per una rapida penetrazione dei computer. Le connessioni Internet sono ancora limitate ai centri urbani, e spesso non a banda larga. Il cellulare è diventato la scorciatoia per superare quegli handicap. Milioni di africani lo usano per funzioni che noi svolgiamo su Internet: per esempio per consultare i propri conti in banca e fare operazioni a distanza, o per comprare e vendere prodotti. Il telefonino si rivela un alleato prezioso nella lotta alla povertà. Costa poco e lo si può diffondere anche tra i contadini. Una volta conquistato quel mezzo di comunicazione, le potenzialità per gli agricoltori sono notevoli: per conoscere le previsioni meteorologiche che influenzano i raccolti, per azionare a distanza l'irrigazione, per informarsi sull'andamento dei prezzi delle semenze e dei raccolti nei mercati di sbocco urbani. Dietro il telefonino può arrivare anche Internet: nel 2009 è stata completata l'installazione di cavi sottomarini che collegano l'Africa orientale al resto del mondo, un'impresa essenziale per l'accesso alla banda larga. Un segnale di progresso tecnologico è l'arrivo del Sudafrica nella corsa allo spazio. Un'impresa contestata da chi denuncia i drammi sociali e vorrebbe che Pretoria desse la priorità alla lotta contro la miseria. Ma si diceva lo stesso della Cina, dell'India, perfino degli Stati Uniti quando mandarono il primo uomo sulla Luna.

La sinizzazione del continente nero

Nessuno ricorderà che la loro mediocre nazionale di calcio non è riuscita neppure a qualificarsi per mettere piede in Sudafrica. Tanto i vincitori dei Mondiali 2010 sono stati comunque i cinesi. Sul piano economico, s'intende. I cinesi hanno incassato un contratto gigantesco, legato proprio all'evento calcistico: a corto di cemento, per le grandi opere infrastrutturali legate ai Mondiali, il governo sudafricano si è rivolto a Pechino per farsi costruire, in tempi record, il cementificio più grande del Paese. L'affare, un investimento da 200 milioni di dollari, è stato siglato con un colosso cinese dell'impiantistica, il Jidong Development Group. A finanziarlo ci ha pensato la banca specializzata per queste operazioni: la Cad (China-Africa Development Fund). E con un tatto politico che gli occidentali hanno raramente in quell'area del mondo, i cinesi hanno coinvolto nell'operazione la Wiphold (Women Investment Portfolio Holdings), una società locale che promuove il ruolo delle donne nell'economia sudafricana. Bel colpo, ma non certo una sorpresa.

Già nel 2007 la Repubblica Popolare si era imposta come il partner commerciale più importante del Sudafrica. Proprio nella «punta bianca» del continente nero (per il ruolo dominante che vi esercitarono a lungo i coloni di origine inglese e boero-olandese), nella nazione economicamente più sviluppata, in quella che l'Occidente ha considerato come una sua alleata naturale, l'influenza della Cina ci ha già reso marginali. Nell'ottobre 2007, mentre l'America avvertiva i primi segnali premonitori della grande crisi finanziaria, la Icbc (Industrial and Commercial Bank of China) acquistava per 5,5 miliardi di dollari il 20% della Standard Bank del Sudafrica, e con quell'operazione polverizzava i record storici per ogni operazione finanziaria nel continente.

Il Sudafrica è la conferma di un fenomeno destinato a cambiare i destini di questa parte del mondo: la formidabile avanzata della Cina sta spazzando via l'influenza dell'Occidente nell'ultimo continente ancora segnato in profondità dall'era coloniale. In Europa e in America l'espansione cinese viene denunciata come una nuova forma di imperialismo. Si sottolineano il saccheggio delle risorse naturali, il sostegno ai regimi dittatoriali, l'indifferenza ai diritti umani. Ma sono tutte fondate le accuse rivolte ai cinesi? E anche se lo sono, con quale credibilità l'Occidente si erge a difensore degli interessi dell'Africa?

Un test emblematico di queste contraddizioni è il Niger. Anche questo Paese – 15 milioni di abitanti e uno dei redditi più miseri del pianeta – ha improvvisamente scoperto la munificenza cinese. Grazie a una donazione del governo di Pechino perfino i leoni dello zoo di Niamey, capitale del Niger, oggi stanno meglio: nel 2010 gli è stata recapitata da una nave portacontainer di Shanghai una nuova gabbia «a cinque stelle», made in China. Il rifacimento del giardino zoologico è poca cosa in confronto ad altri flussi di capitali cinesi che inondano il Niger. Per esempio i 700 milioni di dollari per la costruzione della prima raffineria e della prima centrale idroelettrica del Paese. E altre centinaia di milioni di dollari di opere di pubblica utilità che porteranno, come sempre, l'etichetta made in China: strade, scuole, ospedali.

Tutto questo avviene in un Paese le cui fedeltà tradizionali erano ben diverse. Per capire da che parte stava il Niger nella geopolitica postcoloniale, basta leggere le targhe delle due principali vie di Niamey. Una si chiama Avenue du Général de Gaulle. L'altra è la Rue de l'Uranium. Nel gioco toponomastico c'è tutta la storia recente del Niger: il fornitore principale dell'uranio che alimenta il Paese più nuclearizzato del mondo, la Francia. L'ente di Stato francese che gestisce l'imponente apparato dell'energia atomica, Areva, per quarant'anni ha goduto di un monopolio incontrastato sull'accesso all'uranio del Niger ma il dominio francese ha cominciato a franare nel 2007, sotto i colpi dell'avanzata cinese. Oggi la generosità cinese verso il Niger ha come contropartita dei preziosi contratti di concessione alla Sino-U, l'azienda pubblica di Pechino che controlla l'import di uranio. Un combustibile strategico per la Repubblica Popolare, che in casa propria, per ridurre la dipendenza dall'energia fossile, ha avviato un imponente piano di costruzione di centrali atomiche: venti nuovi reattori in un decennio.

La penetrazione cinese ai danni della Francia non è avvenuta senza scossoni. Il fatto più importante è accaduto il 18 febbraio 2010, secondo una sceneggiatura fin troppo prevedibile. Un gruppo di giovani ufficiali dell'esercito ha circondato il palazzo presidenziale di Niamey e ha deposto il capo dello Stato, Mamadou Tandja. Quest'ultimo si è conquistato un posto singolare nella storia: è probabilmente il primo leader africano vittima di un golpe perché accusato di essere troppo filocinese. Le dietrologie non sono mancate, su un ipotetico «mandante francese» del *putsch* militare. Ma la vera sorpresa è stata la reazione di Pechino. Imperturbabile. Se Tandja si aspettava un aiuto dai suoi protettori, si vede che non aveva studiato il nuovo stile della nomenklatura comunista sotto il presidente Hu Jintao, detto «Hu l'Africano» per le sue frequenti tournée diplomatiche nel continente nero. La politica di non interferenza negli affari interni degli altri Stati, proclamata *urbi et orbi* da Hu Jintao, in questo caso è stata applicata scrupolosamente. E alla lunga potrebbe rivelarsi vincente. Xia Huang, il potente ambasciatore cinese a Niamey, sostiene che i legami tra Cina e Niger continueranno a svilupparsi, a prescindere dalle vicende politiche locali e da chi sia al potere. Sottolinea che Pechino ha già offerto altri progetti d'investimento essenziali per il Paese: una centrale termoelettrica a carbone, degli oleodotti. «La Cina» dice l'ambasciatore «rappresenta un'opzione ben più attraente di altri partner stranieri.» E conclude con un'allusione feroce ai metodi della Francia. «Il Niger» dice Xia «esporta uranio da quarant'anni. Eppure il ricavo di queste esportazioni ha dato lo stesso fatturato delle vendite di cipolle.» Ed ecco sistemata la patria di *Liberté, Egalité, Fraternité*.

Lo stesso leitmotiv accompagna tutta la penetrazione della Cina in Africa. Nel 2010 il commercio tra la superpotenza asiatica e il continente nero ha oltrepassato la soglia dei 100 miliardi di dollari. Gli investimenti seguono una traiettoria ancora più veloce. «Le mani cinesi si allungano sull'Africa», certo non per motivi disinteressati. Pechino si accaparra un accesso strategico, con contratti di lungo periodo, al petrolio di Angola, Nigeria, Algeria, Sudan. Conquista le risorse minerarie e metallifere dello Zambia e della Repubblica Democratica del Congo. Gestisce la più grande miniera di minerale ferroso del Gabon. E la diplomazia cinese è a caccia di vastissime tenute agricole da acquistare in Africa per trasformarle in «granai esclusivi» che riserveranno i loro raccolti al fabbisogno alimentare della popolazione cinese. «In cambio, però, la Cina porta anche un nuovo tipo di sviluppo, di dimensioni mai viste nella storia» scrive Howard French su The Nation. «Sono i più grandi costruttori di infrastrutture» sostiene Martyn Davies della University of Pretoria. Spezza una lancia in favore dei cinesi anche la più celebre economista-iconoclasta espressa dalla giovane intellighenzia africana. È Dambisa Moyo, la quarantunenne originaria dello Zambia, che ha lavorato alla Banca mondiale. «Tra il 1970 e il 1988,» dice la Moyo «in un periodo in cui era l'Occidente a dominare in Africa, i flussi di aiuti americani ed europei raggiunsero il massimo livello, eppure la povertà in Africa salì dall'11% al 66% della popolazione. Onestamente, l'impatto cinese finora è stato più positivo. La Cina sta segnando con la sua impronta una nuova era dello sviluppo non solo economico, ma sociale e culturale.» Con un master a Harvard e un dottorato a Oxford, la Moyo è una «afropolitana» per eccellenza. Proprio per la sua esperienza cosmopolita, si è affrancata da ogni complesso d'inferiorità verso l'uomo bianco occidentale. Il suo libro *Dead Aid* (pubblicato in Italia nel 2010, da Rizzoli, con il titolo *La carità che uccide)* è il più efficace pamphlet di denuncia della élite bianca che si è appropriata del tema degli aiuti allo sviluppo. Spesso con le migliori intenzioni, progressiste e umanitarie, ma con esiti disastrosi. Perciò la Moyo arriva a considerare benefico lo sbarco in Africa di altre potenze dalle mire neocoloniali, come appunto la Cina. Non perché siano meno avide ed egoiste degli europei e degli americani. Il beneficio per l'Africa nasce dal fatto che finalmente esiste una vera concorrenza tra gli investitori stranieri.

Dead Aid è un'implacabile requisitoria contro mezzo secolo di aiuti all'Africa. La giovane nera lancia una tesi radicale: meglio smantellare tutto, interrompere i flussi dai Paesi donatori. L'aiuto, secondo lei, è fonte di corruzione e di inefficienza. Ciò che arriva gratis di fatto mette in difficoltà chi opera in loco in condizioni di mercato. I produttori locali sono incentivati a diventare dei parassiti dell'assistenzialismo. I debitori insolventi vengono mantenuti a galla. I politici sono incoraggiati nell'irresponsabilità, nel clientelismo e nella ricerca di «legami preferenziali» con questo o quello Stato-donatore. Dambisa Moyo ne è certa: la cosa migliore che potrebbero fare i nostri governi è annunciare una progressiva eliminazione degli aiuti. Secondo lei per i politici africani sarebbe un brutale risveglio, dovrebbero imparare ad attirare i capitali contando sulla vitalità delle proprie economie. L'Occidente a sua volta dovrà accettare la logica della sfida con la Cina e l'India per trovare progetti d'investimento competitivi, anziché consolarsi la coscienza con un po' di elargizioni umanitarie. L'economista dello Zambia non è un'integralista del neoliberismo. Non si illude che i mercati possano fare tutto da soli. Il suo saggio propone un ventaglio di riforme che vanno dal microcredito a una migliore tutela dei diritti di proprietà per i contadini. Lungi dal predicare il *laissez-faire*, è una fautrice del rinnovamento politico e dell'autodeterminazione della società civile. A conclusione del suo libro ha messo un proverbio africano: «Il momento migliore per piantare un albero è vent'anni fa. Il secondo momento migliore è adesso». E a noi rivolge un appello pressante: è ora che sull'Africa accettiamo di ascoltare il parere degli africani.

Afghanistan: la guerra a Obama, gli affari alla Cina

È il tesoro nascosto dell'Afghanistan. Un'immensa caverna di Ali Babà, il giacimento di ricchezze segrete che può cambiare il corso della storia. Mille miliardi di dollari di minerali rari custoditi nel sottosuolo: cioè ottanta volte il Pil annuo del povero Afghanistan di oggi. È la chance insperata per riscattare un popolo, affrancarlo dal narcotraffico e dalla corruzione o al contrario sarà l'ennesimo scherzo del destino, una beffa atroce che incentiverà il saccheggio, farà precipitare il degrado, aggiungendo carburante all'escalation di violenza? La notizia-shock trapela da uno studio interno del Pentagono, ottenuto dal New York Times che lo pubblica il 14 giugno 2010. Gli esperti militari usano un'immagine forte: «L'Afghanistan può diventare l'Arabia Saudita dei minerali preziosi». Il comandante capo delle forze Nato, il generale David Petraeus, conferma: «C'è un potenziale inaudito». È la conclusione a cui sono giunti gli scienziati dello Us Geological Survey dopo anni di ricognizioni in loco, affiancati dagli ufficiali del Pentagono. Sul loro lavoro mette il timbro finale l'Amministrazione Obama, che ha incaricato della missione Paul Brinkley, sottosegretario alla Difesa con delega su tutti i dossier economico-militari. Lo studio interno parla di «giacimenti di minerali rari mai sfruttati, ben al di là delle riserve finora attribuite al sottosuolo afgano». Elenca le risorse preziose, cominciando dal litio sempre più ricercato per le batterie di computer e telefonini, con un ulteriore incremento dovuto alla diffusione delle auto elettriche o ibride. Poi l'oro, il cobalto. Inoltre imponenti riserve di metalli più umili, come il ferro e il rame, ma le cui quotazioni s'impennano a ogni cenno di ripresa dell'economia mondiale (soprattutto per la domanda cinese). «Sono tutte materie prime essenziali per diversi settori dell'industria mondiale» prosegue il rapporto del Pentagono «e di conseguenza possono cambiare le fondamenta dell'economia afgana, nonché gli stessi destini della guerra.» Gli esperti dello Us Geological Survey disegnano un futuro in cui l'Afghanistan verrebbe trasformato in «una delle più grandi potenze minerarie del mondo», entrando nel club esclusivo di Russia, Canada, Australia. È uno scenario da sogno che rievoca quell'Afghanistan di mezzo secolo fa che brevemente si candidò a essere «la Svizzera dell'Asia centrale», un'oasi di benessere, stabilità, istruzione.

Un tesoro invisibile di cui i russi, trent'anni fa, intuirono la presenza sotto la crosta montagnosa, può far cessare per sempre le sofferenze di guerre interminabili, dell'intolleranza religiosa, degli oppiacei? Stavolta la rivelazione sulle ricchezze minerarie ha dei supporti solidi. «Ci sono incognite, certo» insiste il generale Petraeus. «Ma questa scoperta è immensa.» Anche un esperto afgano del ministero delle Miniere, Jalil Jumriany, conferma che «queste risorse diventeranno la colonna portante dell'economia afgana». Che il Paese potesse custodire risorse tanto preziose, i geologi lo immaginavano da tempo. È dal 2004 che gli scienziati americani setacciano l'Afghanistan. Proprio quell'anno misero le mani sugli archivi dello Afghan Geological Survey, una mappatura terrestre che giaceva sepolta nella biblioteca statale di Kabul. In quelle carte i geologi americani trovarono la conferma delle loro supposizioni: c'erano allegati gli studi fatti dagli esperti dell'Unione Sovietica nei primi anni Ottanta. Subito dopo l'invasione dell'Afghanistan (1979), Mosca aveva infatti inviato squadre di ricercatori sul luogo, e le prime scoperte erano state promettenti. Poi però tutto venne dimenticato con la débâcle dell'Armata Rossa nel 1989. Ora c'è la prova che l'Urss stava per mettere le mani su un bottino pregiato. È proprio seguendo le mappe tracciate dagli scienziati russi che, a partire dal 2006, lo Us Geological Survey ha lanciato sistematiche perlustrazioni aeree, fino a coprire il 70% del territorio afgano, con gli Orion P3 dotati di apparecchi a risonanza magnetica e gravitazionale. A posteriori, c'è di che alimentare a Kabul ogni sorta di dietrologia: chi toglierà agli afgani il sospetto che il «tesoro segreto» del loro sottosuolo sia la vera causa degli appetiti di tante potenze imperiali, dalla Gran Bretagna in poi?

Per gli Stati Uniti la preoccupazione immediata è un'altra. «Questo Paese non ha la minima tradizione nell'industria estrattiva» avverte Jack Medlin dello Us Geological Survey. E non esita ad agitare lo spettro di un disastro ambientale, se queste scoperte daranno il via a uno sfruttamento selvaggio delle materie prime. Il sottosegretario alla Difesa Brinkley conferma: «Non sono preparati, noi li aiuteremo a cogliere questa opportunità». Ma per scacciare l'ombra di operazioni alla «Cheney-Halliburton» (la tentata lottizzazione del petrolio iracheno sotto l'Amministrazione Bush), Brinkley si affretta a precisare che «il presidente Karzai e il suo governo sono stati messi al corrente di tutto». E anche questa è una notizia a doppio taglio. Già nel 2009, quando la consistenza dei giacimenti sotterranei era considerata ben più modesta, il ministro delle Miniere fu accusato dagli americani di avere intascato una tangente di 30 milioni per assegnare alla Cina i diritti di sfruttamento delle riserve di rame ad Aynak nella provincia di Logar. Il ministro è stato cacciato, ma la miniera è rimasta ai cinesi.

È un precedente inquietante. L'annuncio che il sottosuolo custodisce 1000 miliardi di dollari di minerali, lungi dal rilanciare lo sviluppo, può scatenare una nuova spirale di corruzione. Tanto più che i pretendenti non mancano. La Cina ha già mostrato una notevole capacità di penetrazione nell'economia afgana, sotto gli occhi delle forze Nato. I talebani, anziché diventare più disponibili al dialogo, potrebbero trovare nel «tesoro segreto» una motivazione aggiuntiva per scardinare il fragile governo Karzai. Anche le faide etnico-tribali rischiano di trarne nuovo alimento: per quanto riguarda i giacimenti d'oro, lo Us Geological Survey li situa nelle regioni meridionali controllate dai capi pashtun. Gli sforzi della Nato per costruire un'amministrazione pubblica credibile a livello centrale possono essere vanificati se si scatenano le contese tribali per il controllo delle miniere. «Potrà esserci uno sviluppo sostenibile, dal punto di vista ambientale e sociale? Questa è la grande incognita» ammette il sottosegretario Brinkley. L'alternativa è nota: l'Afghanistan potrebbe raggiungere il lungo elenco degli Stati rovinati, moralmente e politicamente, da una maledizione che si chiama «rendita del sottosuolo».

Non sarà questo a fermare la penetrazione cinese. In molte zone del Paese ormai le truppe americane sono ridotte a fare da guardie del corpo per manager, tecnici e operai cinesi. Proprio così. Il lavoro di lunga lena su cui gli Stati Uniti fanno affidamento per stabilizzare l'Afghanistan – il *nation-building*, la costruzione di una nazione civile ed economicamente autosufficiente – è «fisicamente» subappaltato a grandi imprese cinesi. Sono le più vicine e le più economiche. Per costruire strade, ponti, gallerie in zone remote, i cinesi sono i più bravi, o almeno i più competitivi. Comunque vada a finire la guerra, di loro ci sarà bisogno.

La cacciata di Google

«Il nostro obiettivo è cambiare il mondo» è uno slogan di Eric Schmidt, il chief executive di Google. Lo stesso Schmidt nel 2006, all'inaugurazione del motore di ricerca in mandarino, con l'indirizzo locale segnato dal suffisso «.cn», dichiarò: «Siamo qui in Cina per rimanerci sempre». Quattro anni dopo quelle due affermazioni – cambiare il mondo, rimanere in Cina – si sono dimostrate tra loro inconciliabili. Poiché Google non ha accettato le regole di Pechino, e la censura delle autorità locali, la sua avventura cinese si è chiusa.

Lo scontro epico fra la più grande potenza di Internet e la più grande nazione del pianeta può ridefinire nei prossimi anni l'architettura globale del web, i limiti geopolitici della libertà d'informazione e il nuovo concetto di sovranità nello spazio online.

Il precipitare degli eventi ha colto tutti di sorpresa, almeno in Occidente. Questo copione non è stato scritto né a Mountain View, il quartier generale di Google nella Silicon Valley californiana, né tanto meno a Washington nelle sedi del potere politico. Negli scenari più pessimisti elaborati dal Pentagono, quando l'Esercito Popolare di Liberazione centrò in pieno un proprio satellite in un test di guerre stellari, fu detto che la conquista dello spazio sarebbe stata la prossima sfida tra l'America e la Cina. Nessuno aveva messo in conto l'improvviso gelo tra i soci del G2 per il controllo del cyber-spazio.

Eppure quando Google lanciò la sua versione in mandarino nel 2006 la censura di Stato esisteva già. Come Microsoft, come Yahoo, come Rupert Murdoch, anche il colosso di Mountain View accettò il patto con il diavolo: collaborare con il regime facendo propri i suoi tabù, interiorizzarne i limiti alla libertà di espressione, autocensurarsi con dei filtri di software automatici approvati dalle autorità locali. Sembrava logico. Google si comportava come tante altre multinazionali «normali», separava le regole universali del business capitalistico dal contesto politico locale. Come un qualsiasi fabbricante di auto o di jeans, Schmidt pensò di poter chiudere gli occhi sugli abusi contro i diritti umani e partire alla conquista del più vasto mercato mondiale. Nel 2006 la questione di coscienza per gli americani sembrava risolta una volta per tutte dalle parole ottimiste di Bill Gates: «Per quanti limiti possano mettere all'attività di Microsoft, l'avvento di Internet introduce nella società cinese un volume d'informazioni senza precedenti. La Cina sarà comunque migliore di prima, grazie a noi». Ai vertici di Google, a onor del vero, non tutti la pensavano così. Sulle condizioni dello sbarco in Cina aveva dei forti dubbi uno dei due cofondatori dell'azienda, Sergey Brin. Per la sua biografia personale – nato nell'Unione Sovietica, emigrò in America da bambino con i genitori – aveva intuito un'incompatibilità insolubile tra la «natura» profonda del business di Google e quella della Repubblica Popolare.

La casistica dei conflitti tra i regimi autoritari e la libertà online è ricca di precedenti, dall'Iran alla Birmania. Ma la questione cambia completamente quando la posta in gioco è un mercato di 330 milioni di utenti Internet, il più grosso del pianeta. Il comunicato del governo cinese che nel gennaio 2010 stigmatizzava Google e ribatteva alle critiche di Hillary Clinton, annunciando il clamoroso cyber-divorzio tra le superpotenze, conteneva un esplicito riferimento alle «regole della rete cinese». Nessuno immagina che possa esistere un «Internet iraniano». Ci sono solo le barriere che Teheran frappone per l'accesso locale alla rete, che resta una, indivisa e globale. Ma l'idea che la Cina possa organizzarsi come un cyber-universo autonomo da noi è altrettanto impensabile?

In Occidente diamo ormai per scontato da anni che la superficie terrestre sia scandagliata minuziosamente da Google Maps. Ricordo il divertimento con cui mi accorsi, quando abitavo a San Francisco, che dalle foto satellitari si poteva vedere non solo casa mia ma anche la targa della mia auto. Non appena mi trasferii a Pechino nel 2004 scoprii che intere zone della capitale cinese invece erano oscurate, a cominciare dal quartiere di Zhongnanhai dove risiede la nomenklatura comunista. Ciò che a noi appare naturale o inevitabile, cioè che la mappatura terrestre sia fatta da un'impresa privata americana, non è accettabile a Pechino. È un'intrusione virtuale nella sovranità: un valore per il quale gli Stati scendono in guerra da secoli. E visto da Pechino, il confine che separa un colosso privato come Google dal governo di Washington è labile.

Ken Auletta, autore del saggio *Googled* (il passivo del verbo «googlare»), osserva che «poche altre tecnologie – la stampa di Gutenberg, il telefono – hanno avuto effetti sociali rivoluzionari come questo motore di ricerca, che ha sconvolto il nostro modo di produrre informazione, selezionarla, consumarla». Ma essendo Internet nato in America, tutta l'organizzazione del *World Wide Web* ha un'impronta made in Usa. Porta i segni inconfondibili di un «sistema»: regole e valori nati negli Stati Uniti, per estensione occidentali, non necessariamente percepiti come universali a Pechino. Dove noi parliamo di «architettura aperta», altri capiscono «egemonia americana».

La «Grande muraglia di fuoco» è il nome che i dissidenti hanno affibbiato alla censura online della Repubblica Popolare. È il più moderno e sofisticato apparato di controllo dell'informazione, con almeno 15.000 tecnici informatici in servizio permanente presso il ministero dell'Interno. Eppure il governo di Pechino ha avuto bisogno per anni di appoggiarsi sul «collaborazionismo» di Google, Yahoo, Microsoft. I dissidenti, o anche i giovani cinesi più curiosi e dotati per l'informatica, hanno appreso ad aggirare la Grande Muraglia. Usano metodi simili a quelli degli hacker: per esempio dissimularsi attraverso domicili online all'estero. Sono esattamente i metodi mutuati dai cyberpirati al servizio del governo, nelle incursioni denunciate da Google il 12 gennaio 2010. Hanno violato la privacy della posta elettronica Gmail di numerosi militanti dei diritti umani, nonché di un grande studio legale di Los Angeles impegnato in un processo contro aziende di Stato cinesi per violazioni di copyright. E hanno profanato le email di trentaquattro aziende hi-tech nella Silicon Valley, un grave episodio di spionaggio industriale che ha gettato un'ombra sulla sicurezza di tutto l'impero Google, costringendo la multinazionale americana a irrigidirsi di colpo nei confronti del governo di Pechino.

L'esperto d'informatica Holman Jenkins evoca l'analogia con un precedente poco noto. «All'inizio degli anni Novanta ci fu un'escalation di episodi di pirateria navale nel Mare della Cina meridionale. Hong Kong, che era ancora una colonia inglese, raccolse le prove che i pirati erano in realtà al servizio delle forze armate cinesi. Era un modo per rivendicare la sovranità di Pechino su rotte di comunicazione strategiche.» I cyber-pirati che la Cina ha scatenato contro Google hanno avuto un ruolo simile. Come il corsaro Francis Drake al servizio di sua maestà Elisabetta I contro l'Impero spagnolo. In palio stavolta c'è uno spazio virtuale, perfino più strategico delle rotte marittime. La Cina punta molto in alto se ha sentito il bisogno di intimidire Google fino a mettere in discussione la privacy dei suoi clienti industriali, tutti ormai potenzialmente spiati. I dirigenti della Repubblica Popolare possono immaginare un Trattato di Jalta del terzo millennio, con cui l'America prenda atto della loro sovranità su una parte di Internet. Se passa il loro piano, il discorso visionario di Hillary Clinton, che ha esaltato Internet come «il grande egualizzatore», si applicherebbe solo al di là della Grande Muraglia.

Quel pianeta che cresce

L'economia va fin troppo bene, scoppia di salute, si surriscalda. Riparte l'inflazione. La moneta è più che solida. Il risparmio abbonda, i consumi pure, i conti dello Stato sono in ordine. La banca centrale deve alzare i tassi d'interesse per evitare che il boom sfugga di mano. Questi sono i titoli dei giornali che ogni mattina danno il polso della situazione nella maggioranza dei Paesi sulla faccia della Terra, nell'anno di grazia 2010. Sembrano appartenere a un altro pianeta: quello che cresce vigorosamente ed è un mondo molto più ampio del «nostro». Dall'India fino alla Nuova Zelanda, passando per Taiwan, Corea del Sud e Australia, in tutto quel vasto arco di nazioni che va dall'Asia meridionale all'Estremo Oriente all'Oceania, nell'estate del 2010 le banche centrali rialzano il costo del denaro perché i prezzi hanno ripreso a salire. Da quelle zone del mondo giunge l'eco di una formidabile ripresa. È l'immagine speculare, rovesciata, di quel buco nero della crescita che è l'Euro-America. Abituato a considerarsi il centro del mondo, l'Occidente proietta il suo pessimismo su scala universale. Senza rendersi conto di essere ormai minoranza: chi fa tendenza sono gli altri, il pianeta che cresce.

Lo sganciamento della parte più grossa della popolazione mondiale, partita su una traiettoria di sviluppo che ignora i nostri problemi, spiega le contraddizioni che si insinuano anche nel cuore dell'America. Mentre negli Usa la crescita langue, la disoccupazione è altissima e lo Stato è paralizzato da una montagna di deficit pubblico (il 10% del Pil), la grande industria americana sta seduta su una montagna di *cash*: nel 2010 ci sono 1800 miliardi di dollari di liquidità inutilizzata nelle tesorerie delle grandi imprese. Allora perché non ripartono le assunzioni? E come fanno a essere così ricche le aziende se l'economia langue? La spiegazione è tutta in quell'altro pianeta. È da là che giungono i profitti del capitalismo Usa. Il colosso farmaceutico americano Pfizer calcola che le sue vendite di medicinali in Occidente nel prossimo quinquennio cresceranno appena del 3%, ma in India e in Cina l'aumento del fatturato è tra il 15% e il 17%. Il numero uno della grande distribuzione, Wal-Mart, è tutto concentrato sull'espansione in India e Cina (dove ha aperto sessanta nuovi ipermercati solo nel 2009). Yum! Brands, società a cui fa capo Kentucky Fried Chicken, ha aggiunto 1800 nuovi fast-food in Estremo Oriente. Quasi il 50% delle multinazionali americane riconoscono nei bilanci che le loro filiali asiatiche danno profitti molto superiori rispetto agli Stati Uniti e all'Europa.

Il pianeta che cresce ormai non è più solo Cindia. Una propaggine del boom asiatico ha messo radici profonde in Sudamerica. Uno degli indicatori più efficaci di un cambio nei rapporti di forze è il celebre Big Mac Index messo a punto dall'Economist: paragona i poteri d'acquisto usando il prezzo di un hamburger da McDonald's in diversi Paesi. Nel giugno 2010 per la prima volta il Big Mac a Sao Paulo e Rio de Janeiro costa più caro che a Manhattan. Il Brasile ha avuto una crescita del Pil del 9%, il magazine Time ha scelto il suo presidente Luíz Inácio Lula da Silva come «il leader più influente del mondo». Lula, alla vigilia della pensione, ha potuto permettersi di snobbare il G20 di Toronto mandando un vice a rappresentarlo fra i Grandi. Questo Brasile non ha nessun bisogno di riconoscimenti, ha perso ogni complesso d'inferiorità, si considera a tutti gli effetti una superpotenza. Perfino la marea nera nel Golfo del Messico lo aiuta: il blocco delle trivellazioni deciso da Obama ha aumentato la domanda di petrolio brasiliano. È un Paese che in otto anni di politiche moderatamente socialdemocratiche è riuscito a fare arretrare i confini interni della miseria, il numero di brasiliani che vivono sotto la soglia della povertà è sceso da 50 a 30 milioni. L'unica cosa che preoccupa le autorità di Brasilia è che il boom rilancia l'inflazione, già salita al 4,2%. Ma la stabilità della moneta attira gli investimenti stranieri, e non sono solo capitali speculativi. Il giovane imprenditore Julio Vasconcellos, ventinove anni, è ritornato a Sao Paulo dopo avere esordito nella Silicon Valley californiana, perché ha fiducia nel futuro del suo Paese: «Le imprese straniere stanno cominciando a guardare al Brasile proprio come scommettevano sulla Cina negli anni Novanta».

I confini del pianeta che cresce sono così vasti da lambire il Medio Oriente. È una sorta di beffa per l'Unione Europea assistere al formidabile decollo della Turchia. Nel primo trimestre 2010 il Pil turco ha avuto un balzo dell'11,4%. È la migliore performance mondiale subito dopo quella della Cina. Appena dieci anni prima Ankara aveva un deficit pubblico pari al 16% del Pil e l'inflazione galoppava al 72%, livelli da Repubblica di Weimar. Fu in parte anche per motivi di fragilità economica – oltre ai più radicati sospetti di ordine politico e religioso – che l'Unione Europea sbatté la porta in faccia alla richiesta di adesione turca. Ankara si prende una bella rivincita: il suo debito pubblico (al 49% del Pil) è sceso sotto il livello della Germania, il deficit sotto il 3% rispetta i criteri di Maastricht. Se fosse stata ammessa, la Turchia sarebbe l'economia più «ortodossa» dell'Eurozona. Ma nel frattempo il baricentro dei suoi interessi si è spostato altrove: è il boom asiatico che ha consentito ad Ankara di sganciarsi dalla depressione europea. «Sui mercati finanziari» dice Husnu Ozyegin che è il più ricco banchiere turco «il costo delle assicurazioni contro la bancarotta (i *credit default swaps*) nell'estate del 2010 dava il debito pubblico del mio Paese più solido di quello italiano. Se me lo avessero detto dieci anni prima avrei pensato a uno scherzo.»

Al centro resta naturalmente la locomotiva cinese, la più grossa fra le economie emergenti. Ormai il ruolo trainante della Cina è percepito in ogni angolo del mondo. In Spagna i titoli del Tesoro hanno avuto una boccata d'ossigeno insperata quando è arrivata la notizia che la banca centrale cinese avrebbe comprato 400 milioni di euro di Bot decennali emessi da Madrid. Commenta così Mike Amey, gestore del grande fondo americano Pimco: «Per l'Eurozona un gesto di fiducia cinese è diventato fondamentale». La presidente dell'Argentina, Cristina Fernández, è andata a Pechino a firmare un accordo di finanziamento per 10 miliardi di dollari: la Cina è di gran lunga il maggiore acquirente di soia argentina.

L'Asia intera, con i suoi «satelliti» economici Australia e

Nuova Zelanda, secondo il Fmi entro il 2015 avrà aumentato del 50% il suo peso economico sul pianeta. Ed entro il 2030 al massimo, il Pil dei Paesi asiatici (Giappone escluso) avrà superato quello del vecchio G7 che raggruppava i Paesi di antica industrializzazione. Nuovi protagonisti si affacciano, oltre a quelli di cui già si parla da tempo. Dopo i Bric (Brasile, Russia, India, Cina), i banchieri in cerca di acronimi ora parlano dei Civets, che in inglese vuol dire «zibetti». Sono le iniziali di Colombia, Indonesia, Vietnam, Egitto, Turchia e Sudafrica. Molti di questi Paesi sono apparsi solo di recente sugli schermi radar degli investitori occidentali. L'attenzione che si conquistano è meritata. Secondo i calcoli della J.P. Morgan, per la prima volta nella storia nel 2010 i consumatori dei Paesi emergenti hanno speso più dei loro omologhi americani. Le spese delle famiglie nelle nazioni emergenti sono state il 34% dei consumi globali; mentre i consumatori americani hanno pesato solo per il 27% del totale. Vent'anni prima i consumatori americani pesavano per il 30% di tutte le spese mondiali, mentre quelli dei Paesi emergenti appena il 23%. Il nuovo ruolo dell'Asia non riguarda solo Cina e India ma anche economie più piccole, che erano state colpite pesantemente dalla recessione e ora rimbalzano a una velocità considerevole. La Thailandia ha avuto una crescita del 15,3% nell'ultimo trimestre 2009, il Pil di Taiwan è aumentato del 18%. I Paesi dalla crescita più vigorosa – Malesia, Taiwan, Singapore – sono tutti economicamente dei «satelliti» del mercato cinese. Le vendite di auto in Malesia sono cresciute del 33% a gennaio. In India sono aumentate ancora di più, del 50%.

La virtù a Oriente

C'è una parte del mondo dove i famigerati parametri di Maastricht – indicatori di «virtù» economica fissati alla nascita dell'euro per volontà della Germania – resistono impavidi, ben rispettati dai governi. È una zona ampia: include quasi tutta l'Asia e gran parte dell'America Latina. Proprio quando l'Occidente ha perso ogni virtù finanziaria, gli «allievi» emergenti danno lezioni di rigore e buona gestione delle finanze pubbliche. Col risultato che il trasferimento del potere economico da Ovest verso Est si fa ancora più rapido. La scoperta è bruciante non solo per l'Eurozona ma anche per gli Stati Uniti.

Un grafico ripreso in prima pagina sul Wall Street Journal produce un effetto-shock. Illustra il rapporto deficit/Pil nel 2010. Nell'Asia emergente (escluso il Giappone che è più simile a noi) e in America Latina la media è 2,8%. Proprio quella parte del mondo che per decenni fu sinonimo di instabilità e alti rischi per gli investitori, si colloca al di sotto del «sacro» limite codificato nel Patto di stabilità dell'Unione Europea, cioè il 3% di deficit/Pil. Gli Stati Uniti sono al 10%, la Spagna a quota 11,4%, la Grecia raggiunge il 12,7%.

Il New York Times pubblica un grafico la cui fonte è il Fondo monetario internazionale, dedicato al rapporto deficit/Pil. È l'altro indicatore importante per la solidità delle finanze pubbliche di un Paese. Lo shock visivo è altrettanto forte. Il debito pubblico italiano misurato dal Fmi (116%) risulta sei volte maggiore di quello cinese (20%), in proporzione al Pil. Filippine, Vietnam e Indonesia risultano nazioni dai bilanci statali ben più floridi della Germania. L'India ha il debito pubblico più elevato in quell'area (sempre escludendo l'anomalia giapponese), ma in realtà arriva alla pari con gli Stati Uniti: ambedue a quota 85%. E la situazione indiana per certi versi è più stabile di quella americana, perché il 90% del debito pubblico di New Delhi è finanziato dal risparmio interno, elevatissimo. La Malesia, che nel 1997 insieme alla Thailandia fu all'origine dell'ultima grande crisi finanziaria iniziata in un Paese emergente, oggi ha un debito pubblico che in proporzione al Pil è un terzo dell'Italia e metà della Germania.

La scoperta che la virtù finanziaria è emigrata a Oriente

spazza via antichi stereotipi sulle «piazze finanziarie esotiche». Costringe ad aggiornare le mappe. Un editoriale del Wall Street Journal si chiede: «Com'è possibile che i mercati finanziari americani siano turbati dai problemi di un piccolo Stato come la Grecia che ha meno abitanti della città di Los Angeles?». È una domanda retorica alla quale lo stesso quotidiano dà una risposta autocritica. La piccola Grecia è in grado di creare un simile sconquasso mondiale «perché è solo una delle tante nazioni, inclusa l'America, che escono dalla crisi finanziaria gravate dal peso di debiti immensi». Quand'anche sia scongiurato il rischio di bancarotta sovrana in Grecia o in Spagna o in Portogallo, i mercati finanziari vedono dietro i guai di quei Paesi un problema più esteso: il risanamento dei deficit richiederà sacrifici severi e prolungati, da poter azzoppare la ripresa economica dell'Occidente. La Grecia, osserva lo stesso editoriale del Wall Street Journal, rappresenta meno del 3% del Pil di tutta l'Unione Europea, ma una crisi debitoria analoga minaccia la California che pesa il 10% di tutto il Pil americano.

Intanto Wall Street osserva con qualche apprensione quel che accade sull'altra sponda del Pacifico. La Cina ha rimborsato tutto quel (poco) debito pubblico che aveva verso gli investitori stranieri. Il bilancio statale della Repubblica Popolare è in attivo. Le riserve valutarie ufficiali accumulate nei forzieri della banca centrale di Pechino superano i 2300 miliardi di dollari. Preoccupati per quella che a loro appare la dissipatezza dell'Amministrazione Obama, non vedendo all'orizzonte una *exit strategy* credibile che riduca il deficit pubblico degli Stati Uniti, i dirigenti cinesi hanno cominciato a diversificare i loro investimenti in dollari. Anziché puntare tutto sui titoli del debito federale (i *Treasury Bonds*), perché non cominciare la scalata all'economia reale, ai bastioni del capitalismo Usa? La Cic (China Investment Corporation), il fondo sovrano di Pechino, ha annunciato all'organo di vigilanza sulla Borsa americana di avere investito i primi 9,6 miliardi di dollari in una serie di grandi aziende americane: in cima alla lista Apple, Coca-Cola, Johnson & Johnson, Visa.

Loro studiano di più

Per Barack Obama è un'ossessione, la gara tra gli studenti americani e quelli asiatici. Non si stanca di ripeterlo: se le ragazze e i ragazzi cinesi e indiani imparano la matematica e le scienze meglio dei nostri figli, il futuro apparterrà a loro e il nostro declino sarà irreversibile. Gli studi internazionali Ocse-Pisa, i più autorevoli nel misurare i risultati d'apprendimento, danno un verdetto severo: in cima alle classifiche mondiali ci sono le nazioni asiatiche, più qualche Paese scandinavo. Gli americani sono molto indietro. Loro cominciano finalmente a rendersene conto. Come non potrebbero? Oggi basta girare nel campus di una delle loro università più prestigiose – la Columbia di New York o Harvard a Boston, Berkeley e Stanford in California – per cogliere visivamente l'evidenza di un'invasione asiatica. E se si guarda ai voti ottenuti, ai punteggi di laurea, alle borse di studio vinte, la supremazia orientale avanza inesorabilmente.

Dov'è la spiegazione, il segreto di questa superiorità? Gli esperti di didattica hanno pareri diversi, le dispute tra loro a volte sono incomprensibili per un profano. I genitori si preoccupano per il futuro dei figli, in un mercato del lavoro già tanto difficile, ma non capiscono dove stia la soluzione. Chester Finn, il presidente del Thomas B. Fordham Institute, propone di cominciare da una constatazione di elementare buonsenso. Prima ancora di preoccuparci di metodologie didattiche, programmi e contenuti, discipline, perché non proviamo anzitutto a misurare quanto tempo i ragazzi stanno a scuola? Si scopre che i giovani cinesi hanno quarantuno giorni di scuola in più all'anno, rispetto ai loro coetanei americani. Misurato in ore, il tempo che trascorrono davanti ai professori è più lungo del 30%. Sarà perché i cinesi vengono da un passato di sottosviluppo e hanno la determinazione degli ex poveri? Ma anche nella opulenta Singapore – quella città-Stato che è la Svizzera dell'Estremo Oriente e nelle classifiche internazionali primeggia per i risultati di apprendimento – le scuole sono aperte per quaranta settimane all'anno, il record mondiale di durata. Nella ricca Corea del Sud, come in quasi tutte le nazioni asiatiche, si va a scuola anche il sabato. Si parla tanto di investire nella qualità dell'insegnamento ma pure la quantità conta. Chi ha il 30% di lezioni in meno sicuramente parte svantaggiato nella competizione. «Il tempo aggiuntivo che dedicano all'apprendimento» dice Finn «è una delle ragioni principali per cui gli studenti asiatici sorpassano sistematicamente i loro coetanei americani in tutti i test di matematica e scienze.» Finn rivela un altro dato sconcertante: «Un giovane americano medio, arrivato all'età di diciotto anni, avrà speso soltanto il 9% della sua vita a imparare qualcosa in un'aula scolastica, e il 91% altrove». Com'è possibile? È presto detto: «Trascorre cinquantatré ore a settimana davanti a tv, Internet, telefonini e videogame, contro trenta ore a scuola. Poi dalle ore di frequenza scolastica bisogna sottrarre quelle dedicate a ricreazione, pranzo e merende, il trasferimento da una classe all'altra, le assemblee, e tutte quelle enormi perdite di tempo che rubano attenzione alle lezioni e che invece nelle scuole asiatiche sono ridotte ai minimi termini». Per non parlare delle vacanze estive, una vera e propria fabbrica dell'ignoranza: «Quando tornano a scuola a fine agosto o ai primi di settembre, i ragazzi americani in media hanno dimenticato l'equivalente di un mese di studio. Alla fine della loro carriera scolastica la somma delle vacanze ha lo stesso effetto che se avessero perso un anno e quattro mesi per malattia». E la presenza nelle aule di scuola non è tutto. «La metà dei liceali giapponesi» aggiunge il presidente del Fordham Institute «alla fine dell'orario pomeridiano invece di andare a casa frequenta gli "juku", i corsi supplementari di approfondimento e di ripasso.» Che la quantità di tempo sia importante lo sanno perfino gli scienziati. Dietro le grandi scoperte, è una celebre massima, «c'è il 10% di ispirazione e il 90% di traspirazione».

Ma l'esperto americano conclude su una nota pessimista: ogni tentativo di allungare le ore di scuola, accorciare le vacanze o rimettere in discussione la sacralità del weekend, si scontra con la dura opposizione delle famiglie. E questo apre un altro squarcio nelle differenze abissali tra Oriente e Occidente... Nell'Asia confuciana (Cina, Corea, Giappone) come in quella induista o buddista, il rispetto degli anziani resta un valore sociale dominante, l'autorità parentale e quella professorale non sono messe in discussione. Le famiglie fanno sacrifici enormi per l'istruzione dei figli, ma in cambio pretendono molto. Un ragazzo che non rende abbastanza non ha diritto all'indulgenza dei genitori. Madri e padri cinesi o indiani si schierano sempre con i professori, se questi hanno delle lamentele sul rendimento dei figli. Forse non c'è indicatore più lampante di una civiltà in declino: quando mette i propri teenagers su un piedestallo, e adotta come primo articolo della propria costituzione materiale «il pupo ha sempre ragione».

E ora tocca a noi imparare da loro?

When China Rules The World (Quando la Cina governerà il mondo). Un titolo che è un pugno nello stomaco. O un incubo. Sarà per questo che il saggio di Martin Jacques, uscito in Inghilterra e negli Stati Uniti, ha avuto più successo in Cina, Taiwan, Giappone, Indonesia? È troppo faticoso per noi confrontarci con le tesi di Jacques? «L'Europa» sorride lo studioso britannico «ha abbandonato lo sforzo di elaborare un'idea del futuro. Ai cinesi sa esprimere solo una lunga serie di lamentele che si possono riassumere in una sola: perché non siete come noi?» Nel sottotitolo Jacques evoca *The Rise of the Middle Kingdom and the End of the Western World*, la fine del mondo occidentale e la nascita di un nuovo ordine globale. La classe dirigente degli Stati Uniti è a sua volta sotto accusa: «Gli Stati Uniti sono gravemente impreparati di fronte all'ascesa della Cina. Non l'hanno veramente capita, ne hanno sottovalutato la portata e le conseguenze. Solo a partire dall'ultima crisi finanziaria le élite americane hanno cominciato ad avvertire seriamente il declino del loro Paese. È davvero tardi. Non molto tempo prima, si cullavano ancora in un'idea d'invincibilità: il trionfalismo degli anni Novanta, l'idea che il XXI secolo sarebbe stato the New American Century, tutto questo accadeva pochi anni fa. E ha dimostrato da parte delle élite americane una diabolica incomprensione della storia». Che cosa fa velo a queste classi dirigenti, chiedo a Jacques, per capire la Cina? «Il fatto di averla considerata finora come una nazione destinata a un futuro come il nostro, cioè a diventare una società simil-occidentale. È stata dedicata scarsa attenzione alla possibilità che la Cina, pur trasformandosi, rimanga profondamente diversa da noi. L'America per sua natura non è attrezzata ad accettare una diversità così radicale.»

Il viaggio di Barack Obama in Cina nel novembre 2009 fu preceduto da enormi aspettative, si parlò della nascita di un G2. Da quel momento in poi tutto è andato storto, sembrano esserci state solo delusioni, dal clima ai diritti umani. Copenaghen, Google, Taiwan, Tibet: la Cina, agli occhi dell'Occidente, è diventata «la potenza che dice no». «Le reazioni a quel viaggio» mi dice Jacques «sono emblematiche di quanto la classe dirigente e l'opinione pubblica americana siano impreparate. Obama è stato accusato di essere troppo educato, troppo cauto. Invece è stato realistico, ha tenuto conto dei nuovi equilibri di potere. Inoltre sul Tibet, Taiwan, il clima, a un'analisi più attenta, la posizione cinese è la stessa da molti anni. Le priorità dei dirigenti di Pechino sono chiare. Al primo posto c'è la crescita economica, indispensabile per sradicare la povertà ancora estesa in ampie aree del Paese (dovremmo piuttosto definirlo un continente). Al secondo posto, e di conseguenza, la Repubblica Popolare deve garantirsi le relazioni internazionali più favorevoli per perseguire il primo obiettivo inclusa una relazione positiva con gli Stati Uniti.

È vero che la Cina si è fatta più sicura di sé, più determinata, più consapevole dei nuovi rapporti di forze ma non c'è nessuna sterzata, nessun ripensamento drastico. La loro strategia funziona da trent'anni, perché mai dovrebbero abbandonarla? I cinesi sono straordinariamente pazienti. Hanno una visione a lungo termine. Anzi, lunghissimo. Il vero rischio sta nella reazione americana. L'espansione dell'influenza cinese sui cinque continenti è inevitabile, ma crea delle rivalità con gli Stati Uniti in ogni angolo del mondo.»

Nel suo saggio Jacques proietta un'ascesa della Cina ben oltre la sfera economica, politica, militare. Lui evoca una «egemonia» nel senso che Antonio Gramsci diede a questo termine. Ma perché la Cina possa davvero dominare il mondo, dovrà competere con l'America anche sul terreno culturale. Su questo io sono decisamente scettico, Martin Jacques no: «La Cina» mi ribatte «ha una civiltà ben più ricca degli Stati Uniti. Il punto di forza nell'egemonia americana è la cultura popolare ma per il resto l'America parte da un Ground Zero molto recente, che risale allo sbarco dei *Pilgrim Fathers* sul *Mayflower* nel 1620. La Cina giace su un tesoro culturale. La sua tradizione di uno Stato centrale ha duemila anni di storia e altri aspetti della sua civiltà sono molto più antichi. Ha una delle lingue più ricche e più antiche del mondo. Per proiettarsi all'esterno con una capacità egemonica occorrono risorse culturali e modernità. Fino a un'epoca recente la civiltà cinese s'incarnava in un Paese povero e sottosviluppato, che nessuno avrebbe voluto imitare. Oggi questo è cambiato. La cerimonia inaugurale delle Olimpiadi di Pechino nell'agosto 2008 fu un interessante esempio di come la Cina adesso possa rielaborare la propria storia, proponendola attraverso le tecniche di comunicazione e di spettacolo più moderne».

Per noi resta una diversità irriducibile, che ci rende così difficile accettare la prospettiva di un'egemonia cinese: abbiamo valori incompatibili, la democrazia liberale e i diritti umani. Su questo Jacques è d'accordo con me e osserva: «Per questa ragione l'Occidente sarà il più refrattario alla penetrazione culturale cinese, e cercherà di resistere. La Cina ha meno da offrirci. Ma ha già compiuto delle avanzate notevoli in tutto il resto del mondo. Nei Paesi emergenti la Cina rappresenta una valida alternativa a quel modello che fu definito il "consenso di Washington". In particolare durante l'ultima crisi economica, Pechino ha dato ulteriori prove di avere uno Stato molto efficiente, più efficiente dei nostri. L'egemonia è fatta anche di questo: istituzioni che danno risultati».

Un'ultima osservazione dello studioso inglese è su come dovrebbe comportarsi l'Occidente: «L'Occidente vede se stesso come la più cosmopolita fra tutte le culture. È un curioso rovesciamento: in realtà siamo i più provinciali. Tutte le altre civiltà, dal XVIII secolo in poi, hanno dovuto confrontarsi con un avversario più forte. La colonizzazione europea prima, l'americanizzazione poi, hanno costretto tutti gli altri a uno sconvolgimento. Sono stati costretti, anche con la forza, a "diventare cosmopoliti". Noi non siamo passati attraverso quest' esperienza. Di conseguenza siamo profondamente ignoranti. L'ascesa della Cina sarà per noi un processo di apprendimento. Ci saranno aspetti che non amiamo affatto di quella civiltà, altri che scopriremo interessanti. In ogni caso lo spostamento del potere dagli Stati Uniti verso la Cina è un processo secolare, inevitabile. Non dipende più di tanto dalle singole scelte, o dai singoli errori, che questa o quella Amministrazione americana può fare in un quadriennio di governo. Sono in movimento forze più profonde, che vanno al di là dell'influenza dei nostri leader».

III
Mai più come prima? Valori post-crisi

Meno e meglio: la nuova etica del lavoro

Anche voi vi sentite sfiniti, oppressi da una montagna d'incombenze. In ufficio non rendete mai abbastanza. Le email, gli sms e le telefonate di lavoro v'inseguono la sera a casa, nel weekend, in vacanza. In deficit di sonno, gli errori sono sempre in agguato. Consolatevi: non siete soli. Anche i leader, i capi di Stato o d'azienda, sono prigionieri della stessa logica, vittime di un'alienazione simile. Costretti a rendere sempre di più, accumulano sviste e girano a vuoto, senza uno scopo. Crisi dei mutui *subprime*, Eurozona sull'orlo della bancarotta, o disastro petrolifero della Louisiana, le catastrofi del nostro tempo hanno un elemento in comune: tante istituzioni sofisticate e organizzazioni complesse si avvitano in una spirale di errori. È tutta colpa di un'ossessione produttivista scolpita in tre parole: *More, Bigger, Faster*, sempre di più, sempre più in grande, più velocemente.

Ma è un modello che ha le ore contate. Con l'ultima crisi economica è svanita la fiducia in quel sistema. Un nuovo paradigma s'impone. E parte proprio dagli Stati Uniti, la patria dei *workaholic*, i drogati del lavoro. Qui esplode il successo di un best-seller che rovescia il modello americano. S'intitola *The Way We're Working Isn't Working*. La traduzione letterale è: il modo in cui lavoriamo non funziona. Ma un'altra traduzione forse è ancora più fedele al gioco di parole in inglese: il modo in cui «funzioniamo» non rende più. Chi lo scrive non è un guru qualsiasi. Tony Schwartz, con i suoi collaboratori Jean Gomes e Catherine McCarthy, è il fondatore della società di consulenza The Energy Project. Si rivolgono a lui per ripensare la propria organizzazione dei colossi come Google, Ford, Sony, l'ospedale universitario di Cleveland e perfino il Dipartimento di polizia di Los Angeles. Il suo saggio riceve la benedizione entusiasta della sacerdotessa del pensiero di sinistra sulla West Coast: Arianna Huffington, creatrice del blog Huffington Post, lo seleziona come il libro dell'anno e lo definisce «il manuale di sopravvivenza per la nuova era».

Schwartz parte dalla diagnosi impietosa di un disastro. All'uscita dalla recessione, osserva, l'America nel suo insieme ha ridotto del 10% le ore lavorate perché hanno perso il posto 8 milioni di persone. Eppure oggi si producono la stessa quantità di beni e servizi che nel 2007, l'ultimo anno prima della crisi. «Il banchiere centrale Ben Bernanke si esalta per questo che definisce un miracoloso aumento della produttività» scrive Schwartz «ma la verità è molto più dura. C'è una semplice, viscerale spiegazione per questo guadagno di produttività: si chiama paura. Se i colleghi attorno a noi vengono licenziati o prepensionati, l'istinto di sopravvivenza ci spinge a spremerci ancora di più, sperando di non essere il prossimo sulla lista. Ma così come una famiglia indebitata coi mutui finisce per andare in bancarotta seguitando a indebitarsi, allo stesso modo gli esseri umani vanno verso la bancarotta delle loro risorse, se le spendono senza rinnovarle.»

I segnali di uno stress patologico abbondano. Il deficit di sonno (meno di sei ore e mezzo per notte, in media) affligge la popolazione americana. Oltre la metà dei dipendenti non usa le ferie a cui avrebbe diritto, eppure uno studio di Ernst & Young dimostra che «più sono lunghe le vacanze, più si misurano miglioramenti nella performance sul lavoro». Dilaga il *multi-tasking*, l'abitudine di effettuare due o tre operazioni contemporaneamente: partecipare a una riunione e al tempo stesso consultare le email sul BlackBerry o sull'iPhone; telefonare e navigare su Internet davanti allo schermo del computer. A danno della concentrazione, del saper fare. «Quella che tecnicamente si definisce una crescita della produttività» osserva Schwartz «non è creazione di vero valore.» Un esempio su scala aziendale lo offre la Toyota. La corsa sfrenata della casa giapponese per accelerare la produzione e aumentare il volume delle vendite negli ultimi anni è andata a scapito della qualità e affidabilità delle sue auto. Il bilancio finale: una débâcle, incidenti mortali, processi, milioni di vetture richiamate in America e in Europa per controlli sui difetti di fabbricazione. Una reputazione che era stata costruita in tanti anni di lavoro è stata compromessa in pochi mesi. Lo stesso vale per le banche di Wall Street: la cultura della competizione aggressiva e arrogante è sfociata in un'immensa distruzione di ricchezza.

Spremere l'essere umano fino ai suoi limiti estremi, ha delle conseguenze micidiali. Lo dimostra lo studio delle più grandi catastrofi industriali. Una costante unisce la marea nera della superpetroliera Exxon Valdez, l'esplosione in volo della navetta spaziale Challenger, l'incidente alla centrale nucleare di Three Mile Island. In ognuno di questi casi furono coinvolti manager e tecnici che soffrivano di deprivazione di sonno, colpiti da improvvisi cali di attenzione e concentrazione. «Quando operate ad alta intensità,» spiega Schwartz «quando siete sotto pressione per lunghe ore consecutive, inesorabilmente bruciate le vostre risorse migliori, esaurite il vostro serbatoio di energia. Dovete raschiare il fondo attingendo all'adrenalina e al cortisolo, ma la vostra prospettiva si restringe, diventate prigionieri di istinti primitivi.»

C'è una nuova crisi energetica nel mondo: è quella che colpisce noi stessi. «La velocità di ogni transazione aumenta in modo esponenziale, viviamo in un senso di permanente urgenza. Sregolate, le tecnologie prendono il sopravvento su di noi.» Proseguendo nella stessa direzione ci condanneremo a essere «i dinosauri del futuro», una specie avviata all'estinzione per collasso.

Ma dalla sua attività nel mondo delle imprese, Schwartz raccoglie dei segnali positivi, gli indizi di una presa di coscienza, l'inizio di una svolta. «In un ampio arco di civiltà e di culture diverse» scrive «si fa strada la scoperta che il vecchio modo di lavorare non funziona più. Si diffonde l'intenso desiderio di uno stile di lavoro e di vita più appagante e sostenibile. Le stesse aziende devono ammettere che la vecchia cultura manageriale ha sacrificato la creatività, l'impegno, la riflessione, e in ultima istanza hanno perso efficienza.»

L'errore di un'intera epoca è stato quello di credere che possiamo operare come i computer: ad alta velocità, per periodi di tempo prolungati, eseguendo simultaneamente programmi molteplici. Schwartz ci ricorda che invece la fisiologia umana procede «a corrente alternata» come il battito cardiaco. Nel rivedere l'organizzazione di grandi imprese innovative come Google, suggerisce di prendere esempio dai musicisti e dai campioni di atletica leggera: le regole dell'esercizio e dell'allenamento impongono degli sforzi limitati a sessanta/novanta minuti al massimo, seguiti da intervalli di riposo, distensione, riflessione. Nel mondo del lavoro, così come nella vita personale, Schwartz ci esorta a tenere presente che ci sono quattro forme di energia essenziale per l'equilibrio umano: l'energia fisica (il principio di sostenibilità), quella emotiva (sicurezza), quella psicologica (espressione di sé) e quella spirituale (ricerca di significato). Sono i «serbatoi» che vanno controllati e riforniti sistematicamente, per non arrivare al punto di rottura.

«Un vero leader» insegna Schwartz ai top manager che cercano la sua consulenza «smette di misurare la qualità degli esseri umani dal numero di ore lavorate, e sposta l'attenzione sulla qualità dei risultati. Incoraggiate i vostri collaboratori a prendere delle pause, così che quando lavorano, stiano lavorando al meglio.» Le vacanze perdute, come il sonno sacrificato, non si rinnovano più, ci impoveriscono e ci rendono meno lucidi nelle decisioni.

Schwartz non si rivolge solo alla classe dirigente. Ai singoli individui propone di «inserire dei nuovi riti specifici all'interno dei nostri programmi quotidiani, per bilanciare i momenti di sforzo intenso con le fasi in cui ci rinnoviamo e ci rigeneriamo». Qualche consiglio dettagliato: «Alternate le esperienze emotivamente più stressanti con delle pratiche abitudinarie che vi danno conforto; alternate la risposta ai bisogni urgenti con la riflessione più strategica e creativa; bilanciate il dovere di breve termine con un impegno umanitario per il bene comune». È infatti una specie di nuovo umanesimo che si affaccia nelle pieghe di una teoria rivoluzionaria dell'organizzazione del lavoro. Per una coincidenza che non è casuale, anche Barack Obama, dopo un biennio di stress acuto alla guida degli Stati Uniti, sembra giunto alla conclusione che il vecchio modo di lavorare non funziona più. Il presidente, noto per la frequenza ossessiva con cui consulta il suo BlackBerry per controllare i messaggi urgenti, nel discorso ai neolaureati dello Hampton College in Virginia nel maggio 2010 ha detto: «Voi diventate adulti in un'epoca in cui siete bombardati ventiquattr'ore su ventiquattro e sette giorni su sette dagli impulsi elettronici di ogni genere, siete sommersi dalla quantità di informazioni, rischiate di smarrirvi. È urgente imparare a discernere, a selezionare, per emanciparsi. È in gioco il vostro potere, e la qualità della nostra democrazia».

Capitalismo zen

È viaggiando in Birmania che a Randy Komisar venne in mente il titolo del suo libro, *The Monk and the Riddle* (*Il monaco e l'enigma*). Nella campagna vicino a Rangoon diede un passaggio in motocicletta a un monaco buddista. Arrivato nel luogo che il religioso gli aveva indicato, quello si fermò solo pochi istanti, poi tornò in sella pronto a tornare al punto di partenza. La verità è che gli piaceva girare in moto. L'enigma del monaco si scioglie così: il viaggio è la meta, la ricompensa è il tragitto.

È una delle lezioni che Komisar insegna ai suoi studenti di Palo Alto: «Alla fine di tutto, quando fai un bilancio, ti accorgi che il tuo premio è nel viaggio. Non c'è altro alla meta». È grazie a un personaggio come Komisar che in California si è affermata l'idea di un capitalismo zen. Sembra una contraddizione in termini, prima di incontrare lui. Ex cervello della Apple e della casa di videogiochi Lucas Arts, fondata da George Lucas, regista di *Guerre stellari*, investitore di *venture capital* nella Silicon Valley, Komisar con il suo cranio pelato e le tuniche orientali potrebbe essere lui stesso un monaco buddista. Quando uscì la prima edizione di *The Monk and the Riddle*, dieci anni fa, il suo capitalismo zen fu sommerso nel chiasso eccitato della New Economy. La bolla di Internet, allora al suo apice, prefigurava altri eccessi speculativi che avrebbero portato al collasso della finanza nel 2008-2009. Oggi invece i corsi di management di Komisar fanno il pieno alla Business School di Stanford, dove un anno d'iscrizione costa 50.000 dollari. A quel pubblico, tra cui pullulano gli aspiranti successori di Bill Gates e Steve Jobs, Komisar non esita a somministrare una lezione scomoda: «Qui nella Silicon Valley» dice «domina la logica che io chiamo il "Piano di vita differito". Prima devi diventare ricco. Poi passi alla seconda fase: fare quello che vuoi veramente, realizzare la tua personalità più profonda. La verità è che pochissimi arrivano alla seconda fase. E anche quei pochi fortunati hanno speso così tanto di sé nella prima fase, che non sanno più quello che vogliono». Il suo consiglio: non sprecate la vostra vita inseguendo un traguardo impossibile, adottate un «Piano di vita integrale», cominciando a fare qui e ora qualcosa per cui ne valga la pena.

Non è un revival di New Age, Komisar non è la reincarnazione di uno spirito tardo-hippy sulla West Coast. La tentazione del capitalismo zen è un'eredità dell'ultima grande crisi economica. Mette radici in luoghi insospettati. Sull'altra costa degli Stati Uniti, a poche miglia da Wall Street, l'indiano Srikumar Rao tiene uno dei seminari più popolari alla Columbia Business School. S'intitola «Creatività e padronanza di sé», il successo è tale che i corsi si tengono anche la domenica. Eppure non insegna strategie d'investimento finanziario. Il testo più citato da Rao è la *Bhagavad Gita*, l'antico libro sacro dell'induismo. Tra la saggezza che distilla ai suoi studenti c'è questo ammonimento: «Puoi avere un certo livello di controllo sulle tue azioni ma quasi nessun controllo sui loro risultati. Se condizioni la felicità ai risultati, ti condanni alla frustrazione». Affiancato da Gautam Jain, istruttore Vedanta, e dallo psichiatra Sharad Wagle, ai futuri leader del capitalismo americano Rao insegna «l'importanza di esprimere gratitudine e apprezzamento a chi condivide il nostro cammino».

Nelle fasi di declino, nelle grandi transizioni, sotto gli shock di una depressione o di una guerra, spesso l'Occidente ha cercato una risposta nella saggezza orientale. L'ironia della sorte è che la ricerca del capitalismo zen oggi avviene proprio quando il vigore economico si sposta in Asia. Stavolta non è una moda confinata a qualche élite intellettuale americana. Sull'altra sponda dell'Atlantico, in Inghilterra l'ultimo convertito è Lord Robert Skidelsky, il più autorevole biografo di John Maynard Keynes nonché suo erede teorico. Dopo la rivincita del keynesismo – le cui ricette sono state decisive per uscire dalla recessione – Skidelsky lavora a un saggio intitolato *How Much is Enough: the Economics of the Good Life* (*Quanto basta: l'economia della vita buona*). La sua tesi è che «in tutte le religioni e in tutte le filosofie etiche, la ricchezza è un mezzo per raggiungere un fine: una vita decente e appagante. Oltre un certo livello di accumulazione la ricerca di ulteriore ricchezza è semplicemente irrazionale. Però le nostre società sono organizzate proprio per spingere alla ricerca della ricchezza oltre ogni limite». Lord Richard Layard, altro grande economista inglese, da anni cerca di dimostrare che le politiche fiscali e di bilancio dovrebbero occuparsi di promuovere il benessere sociale, non la ricchezza materiale. *The Spirit Level* (*La misura dell'anima*) di Richard Wilkinson e Kate Pickett è il manifesto di un nuovo egualitarismo, il saggio che dimostra come le società dove le distanze tra ricchi e poveri sono più ridotte sono quelle dove tutti quanti si sentono più a loro agio, meno stressati e angosciati. Esaurita la spinta propulsiva del vecchio modello, quello materialista e ipercompetitivo, l'arte della crescita seduce solo nella versione zen.

L'America impara a staccare la presa

David Unger quest'anno ha approfittato del ponte festivo del Memorial Day per portare i suoi due figli, la sedicenne Jessica e Alex, di otto anni, al Walt Disney World Resort di Orlando, in Florida. Quel che c'è di eccezionale in questa notizia, lo confessa lo stesso Unger: «Era da dieci anni che non mi prendevo una vacanza. Jessica non si ricorda neppure l'ultima volta. Mio figlio Alex non sapeva che fosse possibile per un papà smettere di lavorare». David Unger non fa parte dell'esercito dei nuovi poveri, i *working poors*. A cinquantun anni, come insegnante in un istituto privato (Kids for Peace), è un tipico rappresentante del ceto medio. E il suo rapporto con la vacanza è perfettamente indicativo di una tendenza generale. Anche se l'America ha inventato i primi parchi nazionali e di divertimento, anche se ha costruito per prima negli anni Cinquanta una gigantesca rete autostradale, anche se ha esportato nel mondo intero il concetto di weekend e di *leisure*, cioè il tempo libero da occupare con hobby e sport, paradossalmente negli ultimi decenni le vacanze sono diventate un lusso sempre meno diffuso proprio nella nazione più ricca del pianeta. Le spiegazioni? Un misto di etica calvinista del lavoro, corsa alla produttività, competizione sfrenata, selezione darwiniana dei più efficienti, aveva trasformato gli americani in un popolo di workaholic, tossicodipendenti del lavoro. Gli Stati Uniti avranno pure inventato la vacanza come business, ma non l'hanno mai considerata un diritto. I *congés payés*, le ferie retribuite, furono una conquista del Fronte Popolare nel 1936, col premier Léon Blum, poi dalla Francia si estesero all'Europa socialdemocratica. Tuttora gli Stati Uniti sono l'unica nazione sviluppata a non avere una legislazione nazionale che garantisce le vacanze retribuite. Come media di giorni di riposo goduti all'anno si collocano al centoventisettesimo posto mondiale. Perfino le laboriose «formiche operaie» della Cina si concedono più ozio degli americani: la Repubblica Popolare riconosce tre settimane di feste nazionali all'anno.

Tutto questo però sta finalmente cambiando. All'uscita dal tunnel della recessione, l'America scopre di colpo i vantaggi delle vacanze. Dietro il caso di David Unger ci sono cambiamenti profondi che investono il mondo delle aziende, i sistemi di valori, le scelte personali. Il primo ad avere interpretato la nuova tendenza è Joe Robinson, l'autore del saggio *Work to Live* (*Lavorare per vivere*), un'affermazione che nell'ethos americano sembra quasi rivoluzionaria. Le idee di Robinson sono diventate il manifesto programmatico di un nuovo movimento, «Take Back Your Time»: riprendetevi il vostro tempo. Dietro c'è l'avallo di studiosi autorevoli come l'economista John Schmitt, del Center for Economic Policy Research. Nel suo studio *No-Vacation Nation*, Schmitt denuncia: «È una vergogna nazionale che 28 milioni di americani non abbiano il diritto alle ferie. Ci consideriamo un Paese opulento eppure il 25% dei nostri connazionali non gode di un solo giorno di ferie all'anno, il 43% ha meno di una settimana annua di riposo». Complice lo shock del terribile triennio 2007-2009, per la prima volta il mondo delle aziende ha cominciato a dare ascolto a questi allarmi. Ai vertici delle grandi imprese circola un'indagine realizzata dalla State University of New York: analizzando un campione rappresentativo di dipendenti a vari livelli di stipendio e di responsabilità, la ricerca dimostra che due settimane di vacanze all'anno riducono del 50% il rischio di infarto tra le donne e del 32% tra gli uomini. Abbassando di altrettanto il costo dell'assicurazione sanitaria a carico dei datori di lavoro.

La riscoperta della vacanza ha molte facce ed è alimentata da motivazioni diverse. La grande crisi ha innescato, almeno in una parte della società americana, un riesame dei propri valori. C'è una presa di distanza rispetto all'iperconsumismo materialista – una delle molle che costringeva a lavorare sempre di più. C'è un atteggiamento più critico verso le star del capitalismo, gli Alfa-maschi, egomaniaci del profitto che, ai vertici di Goldman Sachs e Lehman Brothers, hanno portato il Paese sull'orlo del baratro: ora che il re è nudo, anche l'ideologia dell'ipercompetizione sul mondo del lavoro è in calo di prestigio. E così si verificano degli slittamenti graduali nelle priorità della vita. Secondo un sondaggio del Pew Research Center il 56% degli americani afferma di avere «più bisogno delle vacanze di quanto ne aveva mai provato prima». E il 36% dice di «sentirsi più tranquillo, a proprio agio, senza complessi di colpa», nel godersi le vacanze a cui ha diritto. (Nell'era del workalcolismo i manager in carriera rinunciavano anche alle ferie maturate pur di dimostrarsi meritevoli di stima.)

A questo cambiamento culturale diffuso, che nasce dal basso, si accompagna una svolta dei datori di lavoro. Le imprese scoprono che le vacanze sono un buon investimento. Da una parte, come dimostrato dall'indagine della State University of New York, il riposo dei dipendenti ha l'oro in bocca: tornano dalle ferie freschi, motivati, più produttivi. Poi c'è un uso della vacanza che si addice a questi tempi di austerità: molte aziende scoprono che il riposo è il regalo meno costoso per premiare i propri dipendenti. Con una ripresa economica ancora gracile, molti imprenditori non hanno le risorse per distribuire gratifiche, promozioni, aumenti di stipendio. Ecco l'alternativa. *Sempre più numerose*, intitola «Usa Today», *sono le aziende che premiano i migliori regalandogli vacanze*. È un vero scossone ai paradigmi valoriali precrisi. C'era un'epoca non lontana, in cui «i migliori» rifiutavano viaggi-premio e vacanze-studio con una riserva mentale evidente: erano convinti che i top manager volessero avere sempre attorno a sé gli uomini e le donne più stimati. L'assenza era considerata letale per chi volesse far carriera. «Lontano dagli occhi, lontano dal cuore» del grande capo: un errore da non commettere. Adesso è il top management a incoraggiare un cambio di atteggiamento. La Maritz Travel, agenzia viaggi specializzata in convention aziendali, registra un aumento del 63% di viaggi organizzati offerti dalle stesse aziende ai propri dipendenti. Torna di moda anche quel costume «paternalista» che è la vacanza con i familiari e con tutti i colleghi d'ufficio in un resort: metà riposo metà convention, ha effetti motivazionali innegabili. «Sembra incredibile» dice Brenda Anderson che dirige l'agenzia di turismo aziendale Site «ma i nostri clienti sostengono di recuperare 3 dollari di maggiore fatturato per ogni dollaro speso portando le famiglie dei dipendenti in vacanza.» Poi c'è la versione superaustera di questa riscoperta delle vacanze, in vigore nelle amministrazioni pubbliche locali, le più colpite dai tagli di bilancio. Si chiamano *furloughs*: sono vacanze obbligatorie ma non remunerate. È il sistema con cui lo Stato della California ha ridotto del 10% gli stipendi ai professori universitari. Anche tra di loro, però, l'impatto non è stato del tutto negativo. Certo, nessuno vorrebbe subire quel sacrificio in busta paga, però la compensazione in natura, sotto forma di tempo libero, comincia a raccogliere adepti. Il weekend lungo, con tanto tempo libero dal venerdì alla domenica, diventa una nuova «Californian way of life», per chi ha coltivato gli interessi giusti con cui riempirlo.

Pastorale americana

Un giorno le immagini sullo schermo tv diventano verdastre e devo chiamare un tecnico di Time Warner, la società di cable-tv a cui sono abbonato. Un temporale mi stacca il collegamento Internet e ho bisogno di riattivarlo d'urgenza. Un bonifico estero è andato smarrito e mi tocca andare all'agenzia della Bank of America per rimediare il guaio. Piccole emergenze della vita quotidiana, che mi mettono a contatto con i «mestieri» più diffusi nella nostra società: gli addetti ai servizi. Banche, telecom, tv. A New York questi contatti sono invariabilmente fonte di stress, delusione, disperazione. L'incompetenza regna sovrana nei «nuovi mestieri». Il tecnico della tv, l'addetto al call center di Internet, l'impiegato bancario sono ragazzi o ragazze inesperti che, dopo aver ricevuto una patina sottile di formazione, frettolosa e grossolana, sono stati lanciati allo sbaraglio. La prima impressione che danno è di non aver la più pallida idea di quel che dovrebbero fare. Generalmente questa è anche la seconda, terza e quarta impressione. Cominciano sempre col dire che «non si può». Quello che l'utente sta chiedendo è impossibile, sostengono, invariabilmente. È la loro prima linea di difesa, per mascherare la disarmante inettitudine. Oppure dicono che non dipende da loro. Cercano di scaricare il problema altrove, su un'altra ditta, su altre squadre. Se insisto, di fronte alla tenacia del cliente hanno un ultimo ricorso: mi fanno parlare con il loro «supervisor», una figura onnipresente nelle imprese americane. Quest'ultimo è semplicemente il superiore gerarchico, una sorta di caporeparto che ha l'incombenza di gestire le grane coi clienti. Spesso è anche lui, o lei, giovane e alle prime armi. In banca, la direttrice dell'agenzia non ha raggiunto i trent'anni di età. Ogni sei mesi nell'agenzia cambia tutto il personale: non fanno in tempo a imparare i rudimenti del mestiere che vengono spostati da un'altra parte, o se ne vanno loro.

Queste frustrazioni quotidiane mi fanno tornare in mente *Pastorale americana*, romanzo capolavoro del newyorkese Philip Roth. Il protagonista è un piccolo imprenditore che ha ereditato la fabbrica paterna: un'antica manifattura di guanti a Newark, nel New Jersey. Roth descrive con ammirazione le ultime figure di tagliatori di pelli e cucitori: artigiani fieri della loro abilità manuale, un'aristocrazia operaia piena di talento, tradizione, amor proprio. È gente attaccata al lavoro, un mestiere che si è tramandato di padre in figlio quasi che si trattasse di una bottega d'arte. La voce del narratore rimpiange questo amore della professionalità. Descrive una società che si sta popolando di un esercito di poveri mercenari dequalificati e demotivati, interessati solo a cambiar posto pur di guadagnare qualche spicciolo in più.

La prima volta che mi trasferii in America, tutto questo era già ben visibile. Allora ne coglievo l'aspetto positivo, che esiste. Venendo dalla vecchia Europa mi colpiva nella California un mercato del lavoro dinamico. Vedevo in questi mestieri di servizio il primo gradino di una mobilità sociale in ascesa. Notavo l'alta percentuale di immigrati, spesso ispanici con una conoscenza approssimativa dell'inglese. Gli perdonavo l'incompetenza, mi sembrava un prezzo da pagare per la capacità dell'America di assorbire una manodopera poco istruita e dare opportunità a tutti.

Al mio secondo trasferimento in America sono meno tollerante. Forse perché in mezzo a questi due periodi ci sono cinque anni di vita in Asia. A Mumbai come a Shanghai, se avevo un problema di compatibilità tra il software del mio computer portatile e il sistema Internet dell'albergo, arrivava un cameriere diciottenne che sembrava un laureato di Harvard. E mi risolveva ogni emergenza con una velocità record (tanto più sconcertante in Cina: spesso il giovane non parlava una sillaba d'inglese e il software del mio laptop non è certo in mandarino).

Oggi ho perso l'ingenuità del 2000, dieci anni dopo nella mia nuova vita a New York mi vedo circondato da un mare di pressapochismo. In questa metropoli postindustriale, postmoderna, post tutto, dove trovare una persona che ha un «mestiere», lo padroneggia, lo coltiva? Nelle mega-aziende bisogna spingersi molto in alto, ai vertici della piramide. Alla base invece c'è l'alienazione del precariato perenne, e una forma di neoanalfabetismo di massa.

Il ritorno dell'Homo Faber

Non mi funziona più la Nespresso. Telefono al numero verde. Dall'altra parte un povero essere umano ridotto ad automa mi dà istruzioni, col tono rassegnato di chi legge per la millesima volta un elenco. Riconosco gli stessi consigli del manualetto che avevo già consultato a casa. È una lista di ovvietà per consumatori all'ultimo stadio di Alzheimer. Controllare che non sia staccata la presa elettrica è il suggerimento più sofisticato. Quaranta frustranti minuti al telefono, una spirale del cretinismo in cui ci avviamo a vicenda io e quella voce, servono solo a concludere che l'apparecchio è guasto. Dove lo riparano? La domanda suona surreale, sento il vuoto dall'altro lato. Il servizio assistenza manderà il FedEx a ritirare la macchinetta e sostituirla con un'altra. La fabbrica si trova oltreoceano. L'idea che dietro l'angolo – magari nel mio quartiere! – possa esserci un artigiano-riparatore è risibile. Ancora più grottesca è l'illusione che io stesso possa metterci le mani «dentro», aggiustarmi da solo l'oggetto misterioso: una macchinetta del caffè.

Ognuno di noi subisce queste mortificazioni quotidiane. Per un rumore sospetto al motore apriamo il cofano dell'auto e scopriamo che sotto c'è un altro cofano: strati di elettronica sigillati, che neppure il meccanico capisce più. Una cultura del design industriale si adopera a nascondere, dissimulare. Perfino la Toyota ha perso la capacità di padroneggiare i labirinti di software a cui aveva delegato la sua «qualità totale». I più semplici elettrodomestici ormai non si aprono col cacciavite, il loro cuore è diventato una «scatola nera».

Un'intera civiltà consumistica è stata costruita sulla morte dell'*Homo Faber*, e ce l'hanno spacciata per una liberazione.

Ma quest'epoca sta per chiudersi. Si moltiplicano i segnali di una rivolta dal basso, il ritorno della competenza artigiana, del saper fare con le nostre mani. A New York pullulano le scuole di maglia e uncinetto, il neochic è indossare il golf fatto in casa. Si cambiano i regolamenti condominiali per consentire l'allevamento di polli in terrazza negli appartamenti di Manhattan. Michelle Obama lancia la moda dell'orto in casa. E dalla California al Wyoming è un boom di scuole tecnico-professionali, le uniche che garantiscono un lavoro immediato al 98% dei diplomati. Un convincente profeta di questa nuova tendenza è il filosofo-meccanico Matthew Crawford, il cui saggio *Il lavoro manuale come medicina dell'anima* (Mondadori) è uscito recentemente in Italia. La sua storia personale è fantastica. Dopo un dottorato in filosofia politica alla University of Chicago, Crawford era finito a dirigere un think tank di Washington. Un incarico intellettuale di élite e ben pagato, a contatto con la classe dirigente della più grande potenza mondiale. Unico problema: si sentiva inutile, non riusciva a vedere, a toccare i risultati del suo lavoro. Dopo cinque mesi si è licenziato e ha aperto un'officina di riparazione di motociclette. «Quando vedo una motocicletta» scrive «che, arrivata pochi giorni prima col carro attrezzi, lascia la mia officina muovendosi sulle sue ruote, improvvisamente non mi sento più stanco, anche se sono rimasto in piedi su un pavimento di cemento per tutto il giorno.» Crawford non è un guru, non prende una posa mistica. La sua è, per così dire, l'arte della manutenzione della moto senza lo zen. Il rapporto che descrive con la manualità è fisico, gioioso, naturale. Non rinnega la sua passione per la cultura: nello spiegare la nobiltà del gesto artigiano si appoggia su Omero (per il quale «sophia» era l'abilità del fare), su Alexandre Kojève e Hannah Arendt, cita il teorema di Gödel e Michael Polanyi. Con la stessa disinvoltura passa a raccontare come si aggiusta il vaso di recupero dei vapori di una Honda CB 350 quando si è staccato dal telaio. Attraverso l'etica della riparazione si riscopre il rapporto con gli oggetti che ci circondano, torniamo a essere noi i padri-padroni delle cose. È un tirocinio affascinante, e con più d'una valenza politico-morale. In tempi di consumo frugale – dettato da ristrettezze economiche e tutela dell'ambiente – imparando ad aggiustare riduciamo la produzione di rifiuti tossici.

L'Homo Faber del terzo millennio è libero dall'alienazione della classe operaia, il suo ideale è un moderno artigianato, che padroneggia tutte le fasi della costruzione di un oggetto. L'economia di mercato non lo spaventa: è la stessa logica della concorrenza quella che fa lievitare il compenso di un bravo idraulico ben al di sopra di un neolaureato condannato al precariato. La delocalizzazione ha decimato i colletti blu in tutto l'Occidente, «ma se vi occorre che qualcuno vi stenda un parquet o vi aggiusti la macchina» scrive Crawford «i cinesi non vi saranno di alcuna utilità». Il basso prestigio sociale che abbiamo associato all'apprendimento tecnico è ormai una scoria del passato. Risale all'epoca in cui imparare un mestiere manuale voleva dire predeterminarsi gli sbocchi. La formazione universitaria doveva essere il biglietto d'ingresso per un futuro aperto a tutte le potenzialità. Oggi invece è il sistema di formazione dei futuri colletti bianchi a rivelarsi superficiale, vacuo, ipocrita. E non solo per il lavoro d'ufficio più dequalificato e massificato. Anche attività di prestigio come il *trading* di Wall Street sono messe a nudo, rivelano la loro essenza parassitaria: «Meta-lavoro prodotto col sovrappiù scremato dal lavoro altrui». In quei non-mestieri per farsi strada sono richieste delle doti che sono state variamente definite «flessibilità, polivalenza, adattabilità» ma che spesso mascherano comportamenti distruttivi: dei mix ambivalenti di opportunismo e cinismo, aggressività e spirito gregario. Dedicarsi a un lavoro manuale invece significa scoprire finalmente dei criteri di valutazione oggettivi, misurabili, concreti.

Si torna a esser parte di una comunità di utilizzatori, in cui i rapporti personali hanno un senso. Abbiamo tutti conosciuto almeno un artigiano interessante, con cui si ha voglia di passare ore a parlare del suo lavoro. L'agire manuale di cui si riappropria il filosofo americano è un antidoto per certe malattie dell'anima: il narcisismo della società dello spettacolo; il delirio di onnipotenza da superuomo. Vuoi mettere l'appagamento concreto di un lavandino che non perde più? E un motore che torna a ruggire felice?

Sull'edizione americana del Financial Times è finito il caso di una signora dell'Upper East Side di Manhattan che al suo compleanno ha chiesto come regalo al marito – invece del solito «banale» gioiello di Tiffany – un kit completo da muratore-idraulico-elettricista. Perforatrice Black & Decker, astuccio con cacciaviti di ogni misura, martello, chiave inglese, pinze. Sarà un effetto dell'ultima crisi economica, che ci ha resi tutti più attenti alle spese. Sarà il fatto che gli artigiani a domicilio sono sempre più rari, esosi, spesso incompetenti. Ma c'è dietro qualcosa di più importante. In America ti accorgi che una tendenza sta diventando «cultura dominante» quando conquista la dignità dell'acronimo. Ed ecco che il vecchio «do it yourself» (fai da te) improvvisamente si dice Diy. Ti accorgi che una nuova generazione se n'è impadronita quando a quest'attività sociale viene consacrato un sito Internet che comincia con «wiki». Ed ecco WikiHow, il manuale universale di consigli online su come costruire, modificare, aggiustare. Sul modello di Wikipedia, è fatto dal basso, corretto, aggiornato costantemente da una miriade di collaboratori entusiasti, volontari e gratuiti. Nel 2009 WikiHow ha avuto 177 milioni di visitatori da 241 Paesi. In America non poteva mancare la dimensione religiosa: è nata la chiesa apposita, con sito churchofcraft.org, perché il recupero della manualità ha anche una dimensione spirituale, diventa un modello etico.

Il fai da te è sempre esistito. All'origine era l'unica dimensione dell'attività umana. Tutti facevano un po' tutto per millenni, prima che le civiltà si diversificassero fino a raggiungere quella struttura complessa per mestieri e quella stratificazione di specialismi che Adam Smith, nel Settecento, battezzò «la divisione industriale del lavoro». Anche dopo, il fai da te è rimasto nelle consuetudini, per necessità: nelle società contadine, fino all'Italia degli anni Cinquanta, la scarsità di risorse e la parsimonia obbligata dei nostri progenitori contribuivano a mantenere in vita un *know how* artigianale in ogni nucleo domestico. Poi è arrivato il benessere diffuso, la società dei consumi. Il fai da te è stato conservato in una nicchia: un hobby fra tanti, come i collezionismi o la caccia, con i suoi appassionati, i suoi negozi, le sue riviste. A rilanciarlo culturalmente ci provarono gli hippy negli anni Settanta, in segno di rivolta contro il capitalismo e per una voglia di ritorno alla natura.

Oggi però il Diy diventa «mainstream», come si dice qui in America: cioè tendenza di massa, dominante. Le massime fondamentali sono «Grow your own, make your own, make do and mend» (coltiva da te nell'orto domestico, fabbrica da te, arrangiati e aggiusta). La novità è nelle fasce sociali e generazionali che si avvicinano al fai da te: da una parte i ceti medioalti, inclusi manager e liberi professionisti in cerca di una valvola di sfogo antistress; d'altra parte i ventenni e trentenni che abbracciano questo stile di vita per motivi ideologici (l'ambientalismo) e per necessità, perché le loro aspettative di reddito non sono opulente.

Il futuro è dei dilettanti eccellenti

Cinque milioni di aderenti, più di tutti gli iscritti ai partiti democratico e repubblicano: se diventassero un movimento politico, cambierebbero la faccia dell'America. Se unissero i loro fatturati, sarebbero una delle imprese più grandi. Sono i membri di Etsy, il nuovo mercato online che offre *the very best*, tutta la produzione di un esercito di inventori indipendenti, artigiani del tempo libero, dilettanti eccellenti. Con

724 milioni di visitatori al mese, è un pezzo dell'economia americana con cui tutti devono fare i conti. Che non coincide per forza con il mondo del non-profit: in realtà Etsy sta per quotarsi in Borsa, e chi vende i suoi prodotti su questa «piazza virtuale» non disdegna il profitto, se è un riconoscimento alla qualità del suo prodotto individuale. A raccontare questo fenomeno ora c'è anche un film: *Handmade Nation* (*Una nazione fatta a mano*), il documentario di Faythe Levine che descrive nei loro atelier «una generazione di nuovi creatori». Hanno la loro manifestazione-simbolo, la Renegade Craft Fair di Chicago, la fiera degli «artigiani ribelli». Là vendono abiti, gioielli, scarpe, oggetti originali che sembrano nascere nelle botteghe di maestri rinascimentali. Nella patria di Apple e Nike, quella che racconta la Levine è «una rivolta dal basso per riprendersi il diritto a essere inventori, creativi, geni del design e del marketing, senza obbedire agli ordini di una Big Corporation».

Il fenomeno supera di molto i confini di un neo-artigianato. Investe la produzione culturale, la tecnologia, la politica. Fa parte della rivoluzione «Pro-Am», abbreviazione di *professional amateur*. Dilettanti eccellenti, o professionismo da amatori? La teorizza la società di ricerche Demos, secondo la quale il XXI secolo appartiene a questo modo di inventare, produrre, vendere. Tre modelli pionieristici hanno già una bella storia alle spalle, e indicano l'immenso potenziale della Pro-Am Revolution, secondo gli autori Charles Leadbeater e Paul Miller. Sono la musica rap, il software Linux, e la campagna Jubilee Debt. «Il rap» scrivono Leadbeater e Miller nel loro saggio «ha infettato la cultura popolare dei giovani. La campagna del giubileo ha imposto la cancellazione di miliardi di debiti dei Paesi poveri. Linux è il più grande rivale di Microsoft nei programmi operativi. Tutti e tre sono nati da gruppi Pro-Am dei dilettanti innovativi, capaci di associarsi in rete, impegnati a raggiungere altissimi standard professionali.» I Pro-Am possono scardinare i poteri costituiti. Nell'economia, sfidano il monopolio delle grandi imprese come laboratorio di innovazioni. Nel mondo politico, il fenomeno MoveOn nato nel 1998 da due giovani di Berkeley, e cresciuto quasi esclusivamente su Internet, condiziona Barack Obama e i vertici del Partito democratico.

Etsy è lo specchio di questo fenomeno sul versante commerciale. I suoi avversari sono eBay e Amazon: mercati online dominati dai logo delle grandi marche, i colossi editoriali o i big dell'elettronica di consumo. Su Etsy invece non troverete mai il best-seller pubblicato da Random House né i computer iMac usati. Etsy vende solo oggetti originali, prodotti da una miriade di artigiani indipendenti, ma spesso di altissimo livello. L'ha fondato Rob Kalin, sui trent'anni anni, la cui prima invenzione fu un personal computer con un raffinato corpo fatto in legno. Un capolavoro per amatori, per il quale non esisteva un mercato. Così nacque Etsy, dal latino et si (e se...) che Kalin ha preso da *Otto e mezzo* di Fellini. Su Etsy potete comprare un bottone fatto a mano da un dollaro, o un'opera d'arte che ne vale decine di migliaia, ma il cui autore rifiuta di passare attraverso la mafia dei galleristi di Soho e Tribeca. «Finora» spiega il fondatore «erano i grandi poteri economici a dettare i gusti e le scelte dei consumatori, noi restituiamo a una comunità di liberi individui il potere di orientare il mercato.» Kalin, nel suo ufficio di Brooklyn con una cinquantina di dipendenti, è bombardato di richieste per tenere conferenze nelle università. «Tra gli studenti» dice «c'è un immenso spirito imprenditoriale, una voglia d'indipendenza che ha bisogno di essere sprigionata.»

Il film *Handmade Nation* descrive questa esplosione di creatività come «un progetto politico, una contro-rivoluzione industriale». Riscopre antichi filoni della contro-cultura, ma evitando gli errori del passato. «Negli anni Settanta per protesta contro la produzione massificata nacque un artigianato hippy, purtroppo la qualità era scadente. Negli anni Ottanta le ondate di creativi di avanguardia furono catturate dai mercanti d'arte e manipolate dalla speculazione. Ora le nuove tecnologie ci consentono di bypassare il potere dei grossi intermediari.»

Nel frattempo artigiani, artisti e inventori si sono agguerriti, evoluti, organizzati. Anche quando l'attività creativa è un secondo lavoro o un'occupazione del tempo libero – come spesso accade – non per questo si può catalogare con l'etichetta diminutiva degli hobby. «Chiamarli dilettanti non è solo un insulto, è un errore», spiega il manifesto della «Pro-Am Revolution» di Leadbeater e Miller. Che si tratti della botanica o dello sport, del design di moda o della gioielleria, della fotografia o del software, questi professional amateur fanno molto sul serio. Secondo la Demos, l'esplosione di creatività indipendente ha cinque caratteristiche che le consentono di sfidare il «professionismo» tradizionale: «Hanno un forte senso della loro vocazione. Adottano standard trasparenti per verificare la qualità e misurare il talento. Formano delle comunità all'interno delle quali si trasmette il sapere. Producono beni e servizi che hanno un mercato. Infine le loro conoscenze avanzate danno vita a un forte senso d'identità, creano una tradizione».

IV

La vita al tempo delle tecnologie estreme

Tecniche di autodifesa dal «rumore»

Internet: motore di diffusione di voci incontrollate, credute ciecamente da un'opinione pubblica polarizzata, divisa in bande, esposta a derive estremiste. È una visione sinistra. Soprattutto se a dipingerla è uno dei più autorevoli giuristi americani, consigliere di Barack Obama per le leggi sull'informazione.
Rumor: diceria, voce, pettegolezzo. Tra le varie traduzioni è meglio «voce», il termine più neutrale, perché a volte le voci sono vere. Sottoponiamoci a una prova. Quanti di noi credono che i primi casi di Aids in Africa siano nati da contatti sessuali fra esseri umani e scimmie? Quella tesi resiste. Pur smentita da decenni, ha una sua vita autonoma, imperturbabile. Cos'è che rende certe voci invincibili? Quanto siamo vulnerabili a questa particolare forma di diffusione dell'informazione? Secondo lo studioso americano Cass Sunstein, non solo i *rumors* possono rovinare tante vite individuali, ma costituiscono una minaccia mortale per la democrazia. Dobbiamo imparare a difenderci. Perciò è essenziale capire la forza di questo formidabile fenomeno. È il tema del suo saggio *On Rumors*. Nel sottotitolo spiega: *How Falsehoods Spread, Why We Believe Them, What Can Be Done* (Come si diffondono, perché ci crediamo, cosa si può fare). Sunstein finì di scriverlo quando ancora era docen-

te alla Harvard Law School. In seguito Obama lo ha voluto alla Casa Bianca in un ruolo chiave: dirige l'Office of Information and Regulatory Affairs, un organo cruciale per le regole sull'informazione.

Le voci sono antiche quanto la storia umana. Siamo immersi quotidianamente in questo rumore di fondo. Dal pettegolezzo falso di un collega malevolo che vuole rovinarti sul lavoro, fino alle indiscrezioni pilotate per nobili motivi, per cause altruistiche, per fare avanzare un'agenda politica. Internet, avverte Sunstein, le rende più insidiose, pervasive, ubique. E impermeabili ai fatti. Ne sa qualcosa Obama: dall'inizio della sua campagna presidenziale lo insegue la voce che lui non è nato in America ed è di religione islamica. Le confutazioni fattuali non sono servite. Tuttora una fetta di popolazione americana resta convinta che lui sia un usurpatore, un alieno, un sovversivo che se la intende con i terroristi. E se un giorno questa voce dovesse armare un fanatico, deciso a uccidere il primo presidente afroamericano?

Sunstein analizza la forza micidiale delle voci attingendo a una mole di studi scientifici, compresi alcuni esperimenti condotti su focus group. Guai a credere che solo i più ingenui, gli sprovveduti, o le frange fanatiche, siano facili prede dei *rumors*. A seconda delle nostre convinzioni, «credere nelle voci è perfettamente razionale».

L'universo online non ci rende necessariamente più informati. Possiamo usare la rete per isolarci in tante «camere acustiche», ognuna delle quali è frequentata da comunità che hanno gli stessi valori, la stessa visione del mondo, i medesimi pregiudizi. All'interno di una di queste comunità, per esempio, vige il negazionismo sul cambiamento climatico: lì le teorie sul riscaldamento dovuto alle emissioni di CO_2 sono considerate come delle congiure di scienziati disonesti che manipolano i dati per promuovere un'agenda verde. Un'altra comunità esemplare è quella che considera l'11 settembre 2001 come una congiura del Pentagono, falsamente attribuito a terroristi islamici: questa ha seguaci in un ampio schieramento di opinioni pubbliche antiamericane, dai Paesi arabi alla Francia. In ognuna di queste camere acustiche, è irrilevante l'eventuale accumulazione di prove che smentiscono il *rumor*. La fede in quella determinata voce è rafforzata dal meccanismo di polarizzazione di gruppo: quando si riuniscono persone che hanno le stesse idee, il dialogo li radicalizza nelle loro convinzioni. È la conclusione di un test effettuato proprio stimolando dibattiti tra gruppi di persone dalle ideologie affini. Al termine dell'esperimento, anche coloro che all'interno di un gruppo erano in partenza moderati, alla fine sposavano posizioni estreme. Quella che Sunstein definisce «la catena del conformismo» produce all'interno di ogni gruppo un'accettazione acritica delle voci che rafforzano pregiudizi e avversioni preesistenti. Coloro che hanno dei dubbi su un *rumor*, poiché lo trovano inverosimile, finiscono per aderirvi pur di non sfidare la sanzione sociale del gruppo. «Su Internet» scrive l'autore «processi di questo tipo accadono ogni giorno. Coloro che credono a certe voci, finiscono per esserne ancora più convinti anche dopo essere stati esposti a un ventaglio contraddittorio di pareri, alcuni dei quali dovrebbero smentire quella voce.» È il meccanismo dell'assimilazione selettiva: una corazza mentale respinge le rettifiche, rende irrilevanti le controprove e le confutazioni oggettive.

Le false voci sono distruttive non solo quando sono orchestrate per diffamare singoli individui; alla lunga possono minare la stessa democrazia. «Senza un fondamento valido» scrive Sunstein «l'opinione pubblica può perdere fiducia nei leader, nelle loro politiche, nell'idea stessa di governo.» L'autore immagina lo scenario futuro di una società «distopica» in cui «i propagatori di false voci, non importa se mossi da interessi di parte o sinceramente idealisti e altruisti, sono premiati per il loro ruolo, nel dispregio della verità». In una simile società «le convinzioni collettive sono il prodotto di network sociali che funzionano da camere di risonanza in cui le voci divampano come gli incendi di foresta; in cui ogni diceria viene accettata se mette in cattiva luce coloro che sono percepiti come avversari».

Pur essendo giurista, Sunstein è convinto che l'antidoto non può essere la censura né tantomeno la guerra giudiziaria alla diffamazione. Al contrario, lui difende il Primo Emendamento e la massima libertà di cui godono i mass media americani. «La soluzione non ha nulla a che vedere con le leggi. Può essere trovata solo in un impegno di lotta al pregiudizio. Attraverso la comprensione dei meccanismi dell'informazione, occorre costruire una cultura che prevenga la distruzione delle vite individuali e delle istituzioni che hanno valore.» Un futuro diverso rispetto alla società distopica è quello in cui «i diffusori di false voci sono marginalizzati da gruppi preparati a pensare in modo autonomo; la polarizzazione è contrastata grazie a un'ampia consapevolezza sociale dei suoi danni». Un mondo di cittadini adulti «umili e consapevoli della propria fallibilità, pronti ad accettare delle verità anche quando non rafforzano i loro preconcetti». La conclusione è un invito a coltivare un moderno scetticismo e a maneggiare Internet con la stessa lucidità con cui osserviamo le copertine dei tabloid.

Wikipedia o il potere del non-profit

È nata solo nel 2001 e in meno di dieci anni è arrivata a contenere 12 milioni di voci, o articoli, in 250 lingue. Ha 11 milioni di utenti registrati, che occasionalmente vi collaborano, e centinaia di milioni di fruitori «passivi»: ormai non c'è ricerca scolastica o tesi universitaria che non vi attinga a piene mani. Giornalisti e scrittori, docenti o scenaggiatori di tv e cinema, messi di fronte all'imperativo di verificare delle informazioni con rapidità, sono diventati suoi utenti regolari. È Wikipedia, l'enciclopedia online «fatta dal basso», uno dei più influenti fenomeni culturali del nostro tempo. Ambisce nientemeno che a offrire lo scibile umano. Nella versione inglese (la più consultata) le sue due milioni di voci spaziano da Aa! (il nome di un gruppo rock giapponese) a Zzyzx, frazione della contea di San Bernardino, California. Stupefacente fenomeno di cooperazione collettiva, continua a crescere alla velocità di 30.000 parole al mese. Consultata al ritmo di 60 milioni di letture al giorno, è uno degli 8 siti Internet più visitati nel mondo. Eppure solo una minoranza del pubblico sa che Wikipedia nasce da un esercito di volontari: lavorano gratis e quasi sempre nell'anonimato. È l'unico fra i grandi siti Internet che non ha dietro di sé un'azienda a scopo di lucro; la Wikimedia Foundation è una non-profit. Ora grazie ad Andrew Lih, un insider che ha condiviso un bel pezzo di storia di quest'impresa, è possibile ricostruire dall'interno quest'enciclopedia e la sua vera natura: un fenomeno sociale prima ancora che tecnologico e culturale. Lih è uno degli «amministratori» dell'edizione inglese di Wikipedia, appartiene cioè al gruppo dirigente che deve organizzare e disciplinare una costruzione in continuo cambiamento. È cinese e a Pechino è impegnato contro la censura su Internet. Ha lavorato come esperto di software ai Bell Labs, ha insegnato giornalismo alla Columbia University ed è tuttora docente alla University of Southern California. Il suo libro *La rivoluzione di Wikipedia* (Codice Edizioni) è il primo a descrivere dall'interno i protagonisti del progetto, i dibattiti sulle regole, il funzionamento concreto di quest'opera colossale che ha eclissato ogni altra enciclopedia. Come si conviene al metodo Wikipedia, il finale del libro è «aperto», scritto dai lettori stessi.

Attraverso una galleria di personaggi, Lih ricostruisce il percorso di Wikipedia, i dibattiti anche aspri tra i suoi fondatori, le battaglie interne, com'è giunta a essere quello che è oggi. All'origine questa enciclopedia collettiva è segnata dall'impronta della cultura antiautoritaria, libertaria e anticapitalista, tipica dei pionieri di Internet. A differenza dell'*Encyclopédie* illuminista di Diderot e d'Alembert, non ha la pretesa di scalzare un vecchio sapere sclerotizzato e reazionario per sostituirlo con una scienza più avanzata. Ha invece la convinzione che siano superati i confini tradizionali tra cultura alta e cultura popolare, tra gli specialismi e le conoscenze diffuse. Tra i suoi due fondatori più autorevoli, Larry Sanger e Jimmy Wales; il primo ha una formazione in filosofia epistemologica (la ricerca sulla conoscenza), il secondo in economia e finanza. Ambedue sono arrivati a conclusioni analoghe sulla natura profondamente sociale e cooperativa del genere umano. Tra i loro numi tutelari ci sono personaggi molto diversi: da Ayn Rand, la profetessa dell'iperliberismo reaganiano, a Pëtr Kropotkin, l'anarchico-umanista russo che vedeva nella mutua solidarietà un motore di progresso ben più potente della competizione. Le tre regole d'oro che Sanger e Wales concordarono all'origine di Wikipedia sono la neutralità, la verificabilità e il rifiuto delle ricerche originali (le voci non debbono contenere notizie inedite). Rispettarle è una battaglia permanente, che ha portato l'enciclopedia a cambiare notevolmente rispetto alle sue origini.

Raccontando «come» funziona Wikipedia, Lih finisce per rispondere alla domanda ancora più importante: «perché» funziona. Questa enciclopedia infatti ha dovuto resistere ad attacchi formidabili. Errori grossolani hanno fatto scandalo: soprattutto quando qualche vip della politica, della cultura o dello spettacolo ha scoperto strafalcioni nella propria biografia e li ha denunciati urbi et orbi. Il mondo accademico ha storto il naso di fronte a questo «sapere diffuso» e alcune delle obiezioni dotte sono diventate senso comune. È possibile applicare le regole della democrazia alla scienza? È credibile un'enciclopedia fatta perlopiù da non addetti ai lavori? Non è profondamente ingenuo illudersi che l'accumularsi di correzioni collettive punti verso la verità? Chi di noi accetterebbe di sottoporsi a un'operazione chirurgica guidata da un «voto a maggioranza» a cui partecipano anche i non-medici? Per i detrattori più severi Wikipedia è diventata un'arma di distruzione di massa, spappola la credibilità scientifica e impone alla nostra era la dittatura della pop-culture.

Questo libro di Lih è prezioso perché sfata alcuni di questi miti e restituisce la dimensione ben più complessa di Wikipedia. In realtà, da molto tempo il nucleo fondatore ha preso le distanze da una versione acriticamente democratica dell'enciclopedia. Fu chiaro ben presto il rischio che si correva, se la compilazione e correzione delle voci fosse stata affidata alla regola che «la maggioranza ha ragione». È facile immaginare come il regime di Pechino potrebbe mobilitare masse di giovani nazionalisti e fanatici per manipolare le voci dell'enciclopedia su temi sensibili (come la storia del Tibet). In realtà Wikipedia oggi combina una partecipazione volontaria di massa con un sistema di filtri e di «correzioni esperte», sicché gli errori non sono più frequenti di quelli dell'Enciclopedia Britannica. Il vero limite è un altro. I «wikipediani» (il 70% dei quali ha meno di trent'anni) sono sproporzionatamente dipendenti dalle informazioni disponibili online. Perciò la mole di dati e notizie che confluiscono a formare una voce di Wikipedia è molto più ricca se riguarda fatti e personaggi recenti, dagli anni Novanta ai nostri giorni. Per i periodi precedenti, ancora oggi il grosso dell'informazione è offline, affidato a depositi di carte. Se un giorno andrà in porto il progetto di Google di digitalizzare tutto lo scibile umano, incluse le biblioteche più antiche, anche questo limite potrà essere superato.

L'amico robot

Un popolo di amici simpatici e sensibili, comprensivi e indulgenti renderà più sereno il nostro futuro. Intelligenti, e molto, anche se dotati di un cervello artificiale. Sono finiti gli incubi di una vecchiaia solitaria: l'evoluzione sentimentale del robot varca una nuova frontiera, quella dell'empatia. L'ultima generazione dei robot riempirà i vuoti inevitabili che si aprono con la perdita delle persone care. Questa è già una realtà in alcune case di riposo per anziani. L'esperimento pilota avviene in due istituti pubblici per pensionati dell'esercito: il Knollwood Military Retirement Residence e il Veterans Affairs Medical Center. Molti anziani di quegli istituti non possono più separarsi dal loro Paro (abbreviazione di Personal Robot), una specie di peluche di foca.

Eileen Oldaker ricorda che gli ultimi mesi di vita di sua madre Millie sono stati addolciti dalla compagnia di Paro. «Datele Paro, per favore» implorava la figlia al telefono quando le infermiere la chiamavano per un'improvvisa crisi di panico della mamma, affetta dai primi sintomi di demenza senile. Con Paro tra le braccia, l'anziana si placava. Perché la piccola foca ti fa sentire indispensabile: apre gli occhi e si dispera se non ti trova, piange se è trascurata, mugola di affetto e sprizza felicità se ti occupi di lei. Come un bambino piccolo o un cagnolino, anzi meglio: non ha gli stessi bisogni fisiologici, non può ammalarsi. Ma l'emozione, l'affettività? Chi può davvero accontentarsi di una macchina come compagnia? Gli esperimenti con Paro danno risultati sorprendenti. «Gli anziani» assicurano i medici del Veterans Center «tendono a dimenticare presto che è solo un robot.» Siamo lontani anniluce dai prototipi, come il cane Aibo e la mascotte Furby: quelli erano banali giocattoli al confronto. Paro è animato da due microprocessori – i suoi cervelli – che rielaborano costantemente le informazioni e gli impulsi ricevuti da chi gli sta di fronte. Percepisce suoni, luci, temperature. Gradisce un rapporto fisico, tattile con gli esseri umani. Con un po' di esercizio impara a ripetere delle parole. «Fa progressi, oggi gli ho insegnato qualche frase nuova»: così Eileen Oldaker ricorda una frase di sua mamma, entusiasta della piccola creatura che stringeva tra le braccia. Diventa un catalizzatore di conversazione che rianima i rapporti tra gli anziani nella stessa casa di cura.

Le applicazioni sono molteplici. Dei cugini lontani di Paro sono utilizzati in un programma di cura dei tossicodipendenti. L'intelligenza artificiale avverte presto i primi segnali di una crisi di astinenza. Reagisce, parlando, con il giusto equilibrio di affetto e severità. Ben presto l'androide sarà dotato di un *lie detector*, la macchina della verità per non lasciarsi ingannare dalle promesse del suo assistito. Potrà consigliare al tossicodipendente un itinerario alternativo, per evitare i luoghi dove si trovano gli spacciatori. Un'altra versione è il robot-mamma che vi aiuta a seguire una dieta dimagrante. Basta tenerlo in cucina e animarlo sfiorando la tastiera che ha sulla pancia. Calcola le calorie che avete consumato, dà consigli, vi incoraggia. È abbastanza flessibile da adottare strategie alternative: «Oggi hai sforato sui tuoi obiettivi. Che ne diresti di uscire a passeggiare un quarto d'ora? Domani ci riparliamo alla stessa ora?». Ha voce femminile, perché la figura materna sembra la più adatta a guidare donne e uomini senza durezze. «Il robot non si spazientisce, non si scoraggia, è sempre al tuo fianco nel momento del bisogno» spiegano alla University of Massachusetts. La descrizione sembra l'identikit dell'amico ideale. Non è nemmeno arrendevole: gli esperti immaginano che in futuro potrebbe diventare la nostra «coscienza portatile», che conosce i nostri punti deboli, le fragilità, ci aiuta a superare i momenti difficili. La *robot-therapy* ha in cantiere ulteriori progressi, non appena i laboratori saranno riusciti a sfornare un'altra generazione: il software del linguaggio sarà in grado non soltanto di decifrare ciò che diciamo, ma di interpretare le inflessioni della voce, distinguendo l'ironia, la tensione, avvertendo che il compagno umano sta per scoppiare in lacrime. È possibile che ci lasceremo ingannare così facilmente, accettando un surrogato artificiale? I medici spiegano che il robot sfrutta la naturale tendenza che noi abbiamo a «umanizzare» l'universo. Dopotutto ci sono appassionati di giardinaggio che parlano con le piante. E alzi la mano chi non ha mai insultato il proprio computer.

Un sospetto però nasce dal fatto che l'uso dei robot possa rappresentare l'alternativa a quello dei «badanti» immigrati. Forse non è un caso che all'avanguardia nella sperimentazione degli androidi ci siano il Giappone e la Corea del Sud: due nazioni che difendono la propria omogeneità etnica e cercano di impedire l'afflusso di lavoratori stranieri, che in quella parte del mondo sarebbero soprattutto cinesi. Il robot come antidoto alla società multietnica?

«Concentrati sull'accento, provaci ancora, la pronuncia è essenziale.» Il professor Engkey non dà tregua ai suoi allievi, una classe di studenti d'inglese in Corea del Sud. Incalza i ragazzi finché la loro padronanza della lingua non migliora. Da Engkey e centinaia di suoi colleghi la Corea del Sud si aspetta il prossimo miracolo scolastico. Già celebre per l'ottimo livello di apprendimento della matematica e delle scienze, questo «dragone asiatico» ha un problema con le lingue. Troppo pochi gli insegnanti inglesi di madrelingua, non abbastanza bravi i professori locali. Un cruccio per la classe dirigente di Seul, dato che un'alta percentuale di studenti sudcoreani si candidano per andare a studiare in America. Ora hanno trovato la soluzione: 8400 scuole materne avviano programmi intensivi in inglese grazie all'arrivo di un'armata di Engkey. Che non è un cognome, ma la fusione di *English* e *Jockey*. A forma di pinguino, questi robot sono docenti instancabili, scrupolosi e severi. Con un prezzo di listino di 8000 dollari, costano molto meno di un insegnante sudcoreano, per non parlare degli stranieri. Per i ragazzi sudcoreani, cresciuti fra computer e smart-phone, Engkey è decisamente *cool*. Fin dai primi test sui robot professori, condotti alla University of California-San Diego, i risultati sono stati incoraggianti: l'apprendimento delle lingue, anche nei bambini piccoli, fa progressi spettacolari con questi androidi. Niente a che vedere con i metodi audiovisivi usati da decenni. Il robot non è semplicemente un ausilio che ripete frasi, ascolta, corregge. È un essere dotato di empatia.

Al software di riconoscimento della voce umana, sempre più sofisticato, la sua intelligenza artificiale unisce nuove capacità di interpretazione della nostra dinamica facciale: coglie le emozioni dai nostri occhi, da una smorfia della bocca. E a differenza degli insegnanti umani «hanno una pazienza infinita», spiega senza ironia la scienziata Patricia Kuhl che dirige l'Institute for Learning and Brain Sciences di Washington. È questa pazienza che rende gli androidi adatti anche a compiti speciali, come le terapie ripetitive usate per affrontare i problemi dello sviluppo nei bambini autistici.

Le potenzialità dei robot nella scuola progrediscono grazie a due nuove discipline. Una si chiama «socio-robotica» e viene praticata dai laboratori di ricerca della Honda a Mountain View, nella Silicon Valley californiana. Questi scienziati hanno creato Asimo, così battezzato in omaggio al grande romanziere di fantascienza Isaac Asimov che stabilì il comandamento più importante per i robot: proibito fare del male agli esseri umani. La socio-robotica si occupa, per l'appunto, delle relazioni sociali tra «noi e loro». L'altra disciplina si chiama «affective computing», che si potrebbe tradurre in «informatica affettiva». Oppure lo studio degli affetti nei computer? (Bisognerebbe chiedere un parere al prof. Engkey.) All'avanguardia in questo settore c'è il neuroscienziato Terrence Sejnowski, impegnato da anni a esplorare quei comportamenti che rendono i robot «più convincenti, più autentici come partner, come assistenti, come docenti».

È grazie ai progressi su questi terreni che la bravura degli androidi-insegnanti garantisce risultati di apprendimento molto migliori rispetto ai vecchi strumenti tecnologici come registratori, video, computer. Il robot, per esempio, sa «catturare l'attenzione» di un bambino. Murphy, androide nato all'Università di Washington, usa un trucco semplice al suo primo contatto con una bambina di due anni. Comincia col salutare la mamma. A quel punto la bambina «registra» l'androide come un essere sociale. Il passo successivo: Murphy guarda un giocattolo, e gli occhi della bambina seguono i suoi. Si è creato «il contatto fra gli sguardi», prima forma d'interazione sociale.

Malgrado l'entusiasmo dei sudcoreani, nel boom dei robot-docenti si può trovare qualche ragione d'inquietudine. Mitchel Resnick, ricercatore del Massachusetts Institute of Technology, pur conducendo esperimenti coi bambini delle materne si interroga sui pericoli. «Se i nostri figli crescono addestrati dai robot, considereranno la tecnologia come il loro istruttore. Il passo successivo è rischioso: potranno pensare che la tecnologia è il loro signore e padrone.» Più prosaicamente ci si può chiedere se in un'era di alta disoccupazione sia benefico introdurre i robot nelle scuole al posto degli esseri umani. Ma questa ricorda l'antica obiezione dei luddisti contro l'introduzione delle macchine industriali. Si sa com'è finita, hanno vinto le macchine.

La civiltà dell'empatia

Nel nuovo saggio di Jeremy Rifkin, *La civiltà dell'empatia* (Mondadori), c'è un primo messaggio che in apparenza è rassicurante. Sulla scorta di una robusta evidenza scientifica, l'autore spiega che noi siamo una specie animale «empatica», allenata a provare compassione, partecipazione, solidarietà. Il secondo messaggio però è decisamente allarmante. La nostra empatia per millenni si è esercitata entro cerchie ristrette, dalla famiglia alla comunità agricola fino allo Stato-nazione, e non è commisurata all'estensione globale della nuova comunità umana. Riprogrammare la nostra coscienza, applicare l'empatia su scala planetaria, è urgente se vogliamo evitare la distruzione della nostra specie (e di molte altre). Una terza componente interessante del libro è un piano ambizioso per risolvere l'equazione energetica. Si tratta di applicare all'energia il modello Internet, nel senso di una rivoluzione dal basso, un sistema di produzione e di consumo diffuso, capillare, decentrato e flessibile. Presidente della Foet (Foundation on Economic Trends) di Bethesda, docente alla Wharton School of the University of Pennsylvania, autore già popolare con saggi di successo come *La fine del lavoro* (1995) o *Economia all'idrogeno* (2002), Rifkin mi interessa da tempo e lo interrogo sull'avvertimento della sua ultima opera: «Siamo davvero vicini a una sorta di implosione globale, lo stadio finale e autodistruttivo delle varie rivoluzioni industriali?» gli domando. «Non voglio suonare come l'ennesimo profeta dell'Apocalisse» mi risponde «ma troppi segnali indicano che siamo a un punto di svolta nella storia delle specie umana, il nostro destino può giocarsi in modo fatale entro pochi decenni. Due segnali recenti lo confermano. Uno è stato la grande crisi alimentare del 2008, che precedette (e in realtà provocò) il collasso della finanza globale: sotto la pressione della crescita cinese e indiana il petrolio toccò 147 dollari al barile, i rialzi delle derrate agroalimentari provocarono tumulti del riso e del pane in tante nazioni emergenti. Il secondo segnale è stato il fiasco del vertice di Copenaghen sull'ambiente: gli stessi leader che non avevano saputo prevedere il disastro del 2008, sono stati incapaci di affrontare il cambiamento climatico.»

Sotto accusa finisce la cultura attraverso cui noi, e le nostre classi dirigenti, interpretiamo il mondo. «Siamo ancora prigionieri della tradizione illuminista» dice Rifkin «del pensiero di Locke e Adam Smith: quello che ci rappresenta l'uomo come un essere razionale, materialista, individualista, utilitarista. Se continuiamo a usare questi strumenti intellettuali del XVIII secolo, siamo davvero condannati. Entro quella cornice culturale è impossibile per 6 miliardi di persone affrontare la scarsità delle risorse naturali. Un esempio: a fine 2009 il vertice internazionale di Copenaghen sulla lotta al cambiamento climatico è fallito perché dei leader come Obama e Hu Jintao hanno continuato a pensare in termini geopolitici tradizionali, secondo gli interessi degli Stati-nazione anziché quelli della biosfera.»

L'empatia può avere anche effetti perversi, distruggendo l'energia disponibile. Rifkin sostiene questa tesi con l'aiuto di un esempio storico: l'Impero romano fu capace di espandere l'empatia dei suoi cittadini, creò infatti una comunità molto vasta, unita dallo stesso destino. Ma al tempo stesso spinse lo sfruttamento della sua base agricola all'estremo, fino a provocare un esaurimento che fu la vera causa del declino, prima delle invasioni barbariche. La storia si ripete. Oggi, su scala ben più ampia. Più le civiltà diventano complesse, più si moltiplicano le connessioni fra gli esseri umani; ma, al tempo stesso, vengono richiesti maggiori flussi di energia e questi aumentano l'entropia. «La Terza rivoluzione industriale che io disegno» spiega «nascerà dalla necessità di mitigare l'impatto entropico delle prime due. Come le altre rivoluzioni industriali, sarà trainata da una convergenza tra le nuove tecnologie della comunicazione e dell'energia. Le prime civiltà idraulico-industriali si fondarono sull'invenzione dell'alfabeto; la Seconda rivoluzione industriale dall'Ottocento al Novecento fu l'incontro fra corrente elettrica, telegrafo, radio, tv.»

Per questo lui è un tecno-ottimista, vede in Internet una benefica opportunità e ha fiducia nei giovani che sono cresciuti dentro questo nuovo universo della comunicazione. «La generazione che si è affacciata alla conoscenza nel terzo millennio dà per scontato che il mondo è fatto di condivisione e cooperazione. Le vecchie generazioni hanno ancora un'idea del cambiamento dettato dall'alto verso il basso, i giovani vivono in una dimensione decentrata, sono interconnessi orizzontalmente, senza gerarchie. La mia generazione ammirò le foto della Terra prese dall'Apollo nella spedizione sulla Luna, fu la nostra prima esperienza di empatia verso l'intero pianeta visto da fuori. I nostri figli ogni giorno attraverso Google Maps si percepiscono come cittadini del pianeta Terra. Disastri come i terremoti ad Haiti e in Cile, con Twitter si trasformano nell'occasione di un'immediata solidarietà umana su scala globale.

Questi ragazzi abituati a usare Skype per parlare col compagno di Tokyo intuiscono che siamo un'unica famiglia planetaria, per loro è più facile comprendere che ogni gesto quotidiano in ogni angolo del mondo ha un impatto in tempo reale sulla biosfera e colpisce la specie umana ovunque essa si trovi. Lì si è già avviata la transizione verso una nuova forma di coscienza.»

In questa Terza rivoluzione industriale che è alle porte, il modello Internet può salvarci anche dalla crisi energetica se le nuove tecnologie della comunicazione convergono con le energie rinnovabili. È il modello dell'energia distribuita o diffusa. Perché le fonti rinnovabili – sole, vento, energia biotermica, biomasse da rifiuti – si trovano in mezzo a noi, equamente ripartite su ogni metro quadro della superficie terrestre. A differenza delle energie fossili come il petrolio e il carbone, la cui concentrazione territoriale è stata fonte di enormi problemi geopolitici.

In pratica, ecco che cosa succederebbe ad abbracciare il modello dell'energia diffusa: «Convertire ogni singola casa, ogni palazzo, in una piccola centrale energetica che usa il sole, il vento, i rifiuti, li immagazzina e li redistribuisce. Significa che l'energia non consumata per i propri bisogni andrebbe ripartita secondo una logica di cooperazione e di solidarietà. Non è socialismo bensì un'economia di mercato ibrida. Proprio come Internet, con fenomeni come i software "*open source*", ha prefigurato un superamento del capitalismo puro ibridandolo con elementi di socialismo. Tutto questo sta già cominciando ad accadere, ed è più vicino a voi di quanto crediate».

V
L'Oriente nel cuore dell'America

Il mondo è una grande Chinatown

Le minacciose Triadi, i cui tentacoli mafiosi si estendono da Hong Kong verso ogni angolo della Terra. Le fumerie d'oppio clandestine e le bische del gioco d'azzardo nascoste nei sotterranei di equivoci ristoranti cantonesi. Le polverose botteghe di antichi vasi Ming che fungono da copertura per il traffico delle concubine. Le sale di massaggio che promettono piaceri proibiti. La farmacopea a base di ginseng e funghi miracolosi venuti dalle montagne dello Yunnan. Sono le immagini che evocano in noi da più di un secolo le misteriose Chinatown di tutto il mondo, questi ghetti storici che hanno accolto oltre 70 milioni di cinesi della diaspora, territori separati dove le nostre leggi non arrivano, che obbediscono a precetti e credenze di un mondo esotico. Il loro fascino ha ispirato fin dalle origini il cinema «noir» americano e la letteratura erotica, la loro impenetrabilità ha frustrato le indagini delle polizie internazionali. Ci attirano e ci spaventano, si sono gonfiate nel cuore delle nostre città eppure sappiamo pochissimo di loro.

La più grande Chinatown fuori dell'Asia, quella di San Francisco, è la meta di un pellegrinaggio continuo di turisti che si aggirano incantati in un universo dove il tempo si è fermato. Tra la Stockton e la Grant Street rivive un pezzo di Cina eterna, più tradizionalista di quella globalizzata di Pechino e Shanghai: bancarelle di verdure dalle forme stravaganti, infinite varietà di pesci e molluschi essiccati, anatre laccate, musi e orecchie di maiali che galleggiano nei pentoloni di brodo grasso, una folla densa che negozia concitatamente in mandarino o in cantonese, bettole dai tavoli unti dove ci si serve da carrelli fumanti di raviolo-ni al vapore. È un mondo di viuzze strette che non sembra California: l'agenzia della Bank of America è una pagoda, il filobus della linea 1 in quella zona di San Francisco ha passeggeri solo asiatici, le insegne sono ideogrammi, i medici praticano l'acupuntura, gli avvocati e gli assicuratori sono tutti cinesi come i loro clienti, al mattino i vecchi fanno il tai-chi nel giardino del tempio buddista e dalle finestre aperte della scuola esce la cantilena corale dei bambini che scandiscono gioiosamente in quattro toni le sillabe del linguaggio più complicato del genere umano.

La Chinatown delle cartoline e delle visite guidate ne nasconde molte altre, strati di memorie infami che nessuno ha voglia di rivangare. Bisogna uscire dai percorsi noti, spingersi per esempio verso Baker Beach, dove una stele commemora i tanti pescatori cinesi morti in questo mare, gli operai caduti a centinaia per costruire la ferrovia tra la East e la West Coast degli Stati Uniti. Quando nel 1848 il piroscafo *Eagle* deposita a San Francisco i primi tre immigrati cinesi, li chiamano ancora «coolies», un nome dal suono coloniale. L'anno dopo scoppia la febbre dell'oro sulla Sierra Nevada, verso Sacramento, e l'improvviso benessere californiano attira migliaia di disperati che fuggono dalla Cina delle carestie, dei signori della guerra, della decadenza imperiale. Manovali, facchini e muratori, cuochi, lavandaie, fanno tutti i lavori più umili e pesanti. Il 1859 è l'anno che segnala la tensione, viene istituita la prima Chinese School d'America per impedire che i loro figli vadano nelle scuole dei bianchi. Nel 1862 arriva l'*anticoolie tax*, due dollari e mezzo pro capite all'anno su ogni individuo di «razza mongola»: così vengono definiti senza troppe sottigliezze tutti quelli con «gli occhi a mandorla», sbattuti in un solo mucchio (ma i più numerosi restano naturalmente i cinesi). Nel 1870 la legge «contro l'importazione di prostitute asiatiche» e il divieto di portare il tradizionale codino nelle capigliature maschili. È un'escalation di ostacoli: nel 1880 diventano fuorilegge i matrimoni misti, nel 1882 un editto tenta di bloccare completamente l'immigrazione. Nel 1899 appare la peste bubbonica a San Francisco, si dice portata da topi su un bastimento proveniente da Hong Kong. È la caccia all'untore, l'intera Chinatown viene messa in quarantena, un cordone di polizia impedisce agli abitanti di uscirne (la psicosi della peste ha provocato di peggio a Honolulu, là il quartiere cinese è stato incendiato facendo una strage). Nel 1910 l'isolotto Angel Island di fronte ad Alcatraz viene convertito in centro di quarantena obbligatoria, dove i cinesi in arrivo vengono detenuti per mesi dalle autorità di polizia. Sono date che sembrano lontanissime nella California multietnica e tollerante di oggi; eppure accadeva soltanto tre generazioni fa. Una traccia invisibile è rimasta, come un velo di diffidenza, nel carattere dei vecchi di Chinatown. Scontrosi e chiusi, sono l'ombra incupita degli anziani spontanei e calorosi di Pechino.

Dopo San Francisco, tra le maggiori Chinatown d'Occidente c'è a sorpresa quella di Parigi. È gigantesca, si stima che abbia almeno 350.000 abitanti, ma è nascosta nel tetro grigiore di una modernità precocemente invecchiata, i brutti grattacieli popolari del 13ᵉ Arrondissement, fra la Place d'Italie e l'Université de Tolbiac. Quello che fu un vecchio quartiere della classe operaia francese, la sede della fabbrica di automobili Panhard, epicentro di lotte del movimento sindacale, è stato silenziosamente occupato dai cinesi, isolato dopo isolato. Basta superare le facciate anonime dei palazzi per trovare dei retrobottega animati da uno spettacolo familiare: club di pensionati che giocano al mah-jong, templi buddisti, scuole confuciane. È lì, nel rancore di un proletariato francese lentamente «espulso» dalla marea dei nuovi venuti, che nacquero le prime voci sui cinesi che fanno scomparire i cadaveri per riciclarne le identità a profitto di nuovi immigrati. Loro sono andati avanti imperturbabili, e dopo il 13ᵉ si sono annessi anche Belleville, la *banlieue* di collina cara allo scrittore Daniel Pennac, dove il cinese ormai soppianta il maghrebino. Anche la Chinatown francese racchiude un ricordo doloroso, suggerito dalle tante insegne «restaurant chinois-vietnamien»: l'ondata di piena fu negli anni Ottanta con i *boat-people*, molti di loro erano la minoranza etnica cinese del Vietnam, cacciati o scappati per paura delle persecuzioni quando scoppiò la guerra tra Pechino e Hanoi nel 1979. Andarono in Francia perché era più facile, per i legami preferenziali rimasti in piedi dai tempi della colonizzazione dell'Indocina.

È nella parabola dei cinesi della California che i cambiamenti della diaspora si sono compiuti fino all'estremo. La Chinatown storica di San Francisco è ormai un museo vivente, autentica e ingannevole allo stesso tempo. Riunisce una strana mescolanza antropologica fatta di vecchie generazioni, ostinate a coltivare la loro diversità, e recentissimi immigrati poveri ancora spaesati nell'ambiente americano. Ma il guscio di quelle viuzze si è rotto da tempo, un esercito di cinesi è fuoriuscito ed è dilagato altrove. L'idea stessa dell'enclave-Chinatown, di quel «territorio etnico», le nuove generazioni l'hanno superata. Sono i giovani studenti che da anni vincono a maggioranza le borse di studio in matematica e informatica, e hanno trasformato Berkeley nel campus universitario più asiatico d'Occidente. Sono i tecnici, i manager, gli imprenditori che formano la più grossa comunità etnica della Silicon Valley a parità con gli indiani. Yahoo, una delle aziende simbolo della rivoluzione di Internet, è stata fondata da un sinoamericano con dottorato a Stanford, Jerry Yang. Che naturalmente non abita a Chinatown e dal mercante dell'anatra laccata di Stockton Street si farebbe estorcere un prezzo da turista. Da questa mutazione è fiorito anche un filone cinematografico brillante, imperniato sullo scontro di culture e mentalità tra le generazioni della diaspora: un classico è *Il banchetto di nozze* di Ang Lee, la storia di un giovane sinoamericano gay che assolda una ragazza americana come finta fidanzata per far contenti gli anziani genitori. È cambiato completamente anche il colore politico di questa diaspora. Finché prevaleva la memoria storica delle generazioni fuggite dal comunismo di Mao, la Chinatown di San Francisco era una roccaforte della lobby proTaiwan. Negli ultimi anni i maggiorenti della comunità cinese hanno spostato nettamente le loro simpatie verso il regime di Pechino, un po' per interessi d'affari e un po' per l'orgoglio nazionalista lusingato dai trionfi della nuova Cina. Del resto che senso ha professarsi filotaiwanesi nel momento in cui anche «l'isola ribelle» viene risucchiata nella sfera d'influenza economica della Repubblica Popolare?

Gli antichi pregiudizi americani che circondavano la Chinatown dell'Ottocento hanno lasciato il posto a sospetti di segno ben diverso. L'Fbi si dice certa che fra i tanti cervelli cinesi al lavoro nelle multinazionali della Silicon Valley ci siano fior di spie al servizio di Pechino, che trafugano segreti industriali e anche tecnologie di interesse militare. Lo scandalo più grosso ha avuto come protagonista Ho Lee, scienziato cinese (originario di Taiwan) che lavorava al centro di ricerca nucleare di Los Alamos, accusato di aver passato segreti militari a Pechino. Lee ha perso il posto ma l'Fbi non è riuscita a dimostrare la sua colpevolezza, tirandosi addosso l'accusa di voler alimentare una nuova caccia alle streghe di stampo maccartista contro il «pericolo giallo».

I tetti a pagoda e le statue dei leoni, le processioni col dragone e i fuochi d'artificio nel giorno del Capodanno lunare conservano intatta e preziosa quella Chinatown che ricorda un altro «pericolo giallo»: le navi a vapore che arrivavano dall'altra sponda del Pacifico cariche di carne umana; l'esercito disperato che si accalcava nei tuguri fetidi del ghetto malfamato; la massa di manovra analfabeta e docile con cui il capitalismo americano spezzava la schiena al sindacato, faceva fallire gli scioperi, beffava le leggi sul lavoro.

Triadi e patriottismo

«Se devi uccidere, uccidi uno dei tuoi.»

Per secoli questa è rimasta una regola sacra delle mafie cinesi in tutto il mondo. Tra i cinesi della diaspora la criminalità è riuscita quasi sempre a rimanere un «circuito chiuso». Potente, ricca, spietata ma attenta a non travalicare i confini etnici, per non provocare una reazione di rigetto da parte del Paese ospitante. Affascinati dal mondo misterioso delle Triadi – antiche società segrete trasformatesi in «cupole» mafiose – gli sceneggiatori di Hollywood hanno spesso situato le gesta dei loro poliziotti-eroi nelle Chinatown d'America. Un classico di questo genere è *L'Anno del Dragone* di Michael Cimino con Mickey Rourke, ambientato nel quartiere asiatico di New York. Nella realtà invece gli «incontri» tra le polizie occidentali e le mafie cinesi sono più rari di quanto si creda. I cadaveri spariscono, le prove mancano, l'omertà ostacola le indagini, neppure le vittime e i loro parenti si fidano della giustizia locale. In campo cinematografico resta ben più realista la conclusione del film *Chinatown* di Roman Polanski: il poliziotto di Los Angeles consiglia di lasciar cadere le indagini sull'omicidio finale «perché siamo nel quartiere cinese».

Gioco d'azzardo clandestino. Droga (all'origine l'oppio). Prostituzione. Usura. Questi sono stati storicamente i quattro business controllati dalle mafie cinesi, all'interno delle loro comunità di emigrati. In tempi più recenti l'evoluzione economica ha aperto altri due settori di attività trainanti: il traffico di immigrati clandestini destinati a lavorare come schiavi nelle minifabbriche del sommerso; e lo smercio globale di prodotti contraffatti, dalle griffe del lusso fino ai medicinali. C'è di che gestire un impero economico multinazionale. Ciononostante, con qualche eccezione le mafie cinesi sono riuscite a mantenersi sotto gli schermi radar dei governi. Non hanno attirato un'attenzione paragonabile a Cosa Nostra o ai narcos latinoamericani. La chiave di spiegazione sta in quel codice di comportamento che ha ridotto al minimo gli «incidenti» con le popolazioni straniere dei Paesi ospitanti. Cruciale è stata una scelta politica originaria, che ha differenziato la mafia cinese da quella siciliana nelle rispettive infiltrazioni delle comunità di emigrati in America. I mafiosi siciliani di Chicago e New York inizialmente si assunsero un compito di difesa delle proprie comunità etniche: contro altri gruppi di stranieri (irlandesi, polacchi), contro la polizia locale e perfino contro il padronato industriale che sfruttava gli immigrati italiani (molti sindacati operai subirono infiltrazioni mafiose e le gang si misero al servizio degli scioperanti contro le milizie padronali). Le mafie cinesi sono state più caute, quasi sempre si sono tenute alla larga dalla guerra etnica, per non suscitare la controreazione. «Se devi uccidere, uccidi uno dei tuoi...»

Non è solo per il rispetto di questi confini territoriali che la criminalità cinese è sempre stata più difficile da perseguire. La proteggono barriere culturali alte quanto la Grande Muraglia. La prima è la lingua: mandarino, cantonese e infinite varianti dialettali costituiscono un labirinto idiomatico impenetrabile per le polizie e le magistrature d'Occidente. Questi ostacoli sono rafforzati dal carattere chiuso delle comunità di immigrati cinesi. Paradossalmente la lentezza della loro integrazione deriva anche dal successo economico. Rispetto ad altre etnie, i cinesi della diaspora sono una élite: la loro produttività ed efficienza li rende autonomi, finanziariamente solidi, raramente bisognosi di assistenza da parte delle autorità locali. Questa forza alimenta l'autoreferenzialità delle Chinatown. Dalle scuole di mandarino ai templi buddisti, dai corsi di tai-chi alla medicina tradizionale (erboristeria e acupuntura), a San Francisco o a Sidney questi quartieri riproducono una sorta di universo comunitario autosufficiente nei valori e nelle regole, tanti esempi di «Cina in miniatura». Oggi questa autoreferenzialità riceve un sostegno nuovo: mentre all'origine i nonni e i bisnonni fuggirono da una nazione povera e comunista, ora la diaspora cinese è orgogliosa del nuovo status di superpotenza conquistato dalla Repubblica Popolare. Il governo di Pechino ricambia quest'affezione, offrendo la sua protezione politica: si ricorderà il duro intervento dell'Ambasciata cinese in difesa dei cinesi di via Paolo Sarpi, quando si scontrarono con la polizia milanese.

Tuttavia l'isolamento delle Chinatown non è un fenomeno eterno. È istruttiva l'esperienza degli Stati Uniti, dove l'immigrazione cinese iniziò a metà dell'Ottocento. A partire dalla terza generazione, l'anglofonia e i matrimoni misti aumentarono nettamente. L'America contemporanea ha gestito il problema della mafia cinese con una ricetta collaudata: la cooptazione delle élite. Una classe dirigente espressa dalle comunità cinesi ha avuto accesso a responsabilità di governo, locali e nazionali (l'ultimo caso è il ministro dell'Energia nell'Amministrazione Obama, Steven Chu). Figli e nipoti di immigrati cinesi entrati nelle forze dell'ordine e nella magistratura hanno abbattuto le barriere dell'isolamento che proteggevano la mafia cinese. È emblematico il fatto che nella città americana che ha la più antica Chinatown d'Occidente, San Francisco, il capo della polizia è stata per molti anni una donna cinese.

Se la mafia cinese è riuscita quasi sempre a non sconfinare dal suo territorio etnico tradizionale e a rimanere dentro le comunità immigrate, evitando così di suscitare allarme per l'ordine pubblico, non altrettanto si può dire dell'allarme economico-sociale. È su questo versante che i cinesi fanno più notizia, e più paura. I fatti di sangue, che solo occasionalmente diventano di dominio pubblico, attirano di rado sulle Chinatown l'attenzione che invece viene suscitata da vari fenomeni di concorrenza sleale: minifabbriche clandestine che non rispettano le norme ambientali e di sicurezza del lavoro; invasione di commercianti cinesi che comprano in contanti negozi dismessi dalla popolazione locale. Conosciamo i casi di Prato, di via Paolo Sarpi a Milano, di piazza Vittorio a Roma, dove i confini della comunità cinese si espandono a vista d'occhio. Anche questo fenomeno, relativamente recente in Italia, è accaduto molto prima nelle Chinatown di New York e San Francisco: dove Little Italy e il quartiere italiano di North Beach si rattrappiscono da decenni, mentre dilagano le insegne dei negozi e ristoranti in mandarino. La mafia può occultare i regolamenti di conti, può far sparire i cadaveri. Le è impossibile invece nascondere il successo economico delle comunità cinesi. Ed è su questo fronte che le Chinatown diventano potenziali poli di tensione rispetto ai Paesi d'accoglienza.

Anche questa è una storia antica. La capiamo meglio guardando a Oriente. Le più grandi Chinatown del mondo non sono in Europa e neppure in America bensì in tutta l'Asia: a Saigon, Giacarta, Kuala Lumpur, Manila, e in quella parte del mondo sono sempre state dei ghetti di relativo benessere. Da secoli i cinesi sono «gli ebrei del Sudest asiatico», in molti sensi. Sono le minoranze più istruite, imprenditoriali, corteggiate per i loro talenti. Ed esposte a improvvise fiammate di aggressività. Dall'Indonesia alla Malesia, nelle crisi economiche spesso la gente ha cercato un capro espiatorio nei mercanti cinesi, accusati di arricchirsi sulle spalle della popolazione locale. Sono esplose le violenze, i pogrom, le stragi, gli stupri di massa. Se oggi questi fenomeni non si ripetono, è perché sono cambiati i rapporti di forza. Da quando la Repubblica Popolare è la locomotiva dello sviluppo che traina tutta l'Asia, i Paesi vicini hanno imparato che conviene rispettare chi abita a Chinatown.

L'Occidente ha dovuto aprire gli occhi sul ruolo politico dei suoi quartieri cinesi in occasione delle Olimpiadi del 2008. Nella primavera di quell'anno, una nuova generazione di immigrati cinesi, patriottica e sciovinista, ha raccolto gli appelli della propaganda ufficiale di Pechino contro le presunte «offese» occidentali alla fiaccola olimpica, trasformata in un simbolo della dignità nazionale. Dopo le contestazioni contro la fiaccola avvenute in occasione del suo passaggio nelle vie di Londra e Parigi, dove gruppi di militanti occidentali avevano manifestato in difesa del Tibet, nel mondo intero si è mobilitata una formidabile forza in difesa delle Olimpiadi: le comunità dei cinesi all'estero, trasformate in quinte colonne di Pechino. Da San Francisco a Canberra, da Giacarta a Seul, studenti cinesi appena trasferitisi nei campus stranieri e immigrati di antica data delle Chinatown sono scesi in piazza insieme, sventolando le bandiere della Repubblica Popolare, per proteggere i «loro giochi» dalle aggressioni straniere. La diaspora cinese per il regime di Pechino è una risorsa in più.

I cinesi che puliscono Manhattan...

La Grande Mela deve ancora scoprire la raccolta differenziata dei rifiuti. Perlopiù si butta tutto in un sacco unico: una vergogna. Ma a questa inciviltà dei newyorkesi rispondono delle microiniziative, comportamenti spontanei che s'infilano negli interstizi della metropoli. Come i topi, gli scarafaggi e le formiche, un popolo seminvisibile di cinesi gestisce in proprio una forma di raccolta differenziata. Non uso quel paragone animale con tono spregiativo. In inglese le due categorie vengono unificate in una parola sola: *scavenger*. A seconda del contesto in cui viene usato, quel termine può indicare chi raccoglie i rifiuti (spazzino, netturbino) ma anche un animale o organismo vivente che si nutre di cadaveri, tessuti in decomposizione (come appunto batteri, scarafaggi, avvoltoi, iene, procioni, certi roditori). Questa confusione semiologica la dice lunga sul rapporto nevrotico che abbiamo con le nostre scorie.

A Manhattan gli addetti alla raccolta differenziata «spontanea» sono effettivamente seminvisibili, o si rendono tali, proprio come i topi che corrono lungo i binari del metrò o i bacherozzi che infestano le case di mezza città. Solo dopo il tramonto o alle prime luci dell'alba, entra in azione quest'armata discreta di piccoli cinesi. Omini minuti, che sembrano appena sbarcati dalle campagne dello Sichuan e parlano il dialetto della loro regione, vagano per la città di notte frugando nelle pattumiere pubbliche. Non sono dei vagabondi, non sono *homeless* a caccia di qualcosa da mangiare. Cercano una cosa precisa: lattine e bottiglie, che abbondano soprattutto nelle vicinanze di cinema e teatri. Per premiare il riciclaggio esiste infatti una ricompensa di un centesimo per ogni contenitore di liquido che viene restituito. L'americano medio evidentemente lo considera un incentivo troppo modesto, non basta un centesimo per togliergli il pigro vizio di buttar via la bottiglia in un cesto di rifiuti indifferenziati. Veri seguaci dell'economia di mercato, entrano in azione i cinesi per supplire alla mancanza di coscienza ambientale della popolazione locale. Dopo ore di lavoro, nel cuore della notte, il loro bottino si fa sempre più cospicuo. Vedo questi esseri minuscoli muoversi, come le formiche, trasportando fardelli molto più grossi di loro: immensi sacchi di plastica con dentro un ammasso di lattine e bottiglie. Mi ricordano i contadini della Cina povera, donne e uomini che ancora oggi come bestie da soma si caricano sulla schiena dei pesi immani. Un altro mestiere che a Manhattan vedo in mano agli asiatici si svolge al mattino prestissimo: dai fiorai di Chinatown, di Soho e del Village, ragazze cinesi con le loro dita delicate ripuliscono i mazzi di fiori della sera prima, spulciando via i petali appassiti. I fiori all'apparenza tornano come freschi, li si può rimettere in vendita invece di doverli buttare via troppo presto: ecco un altro spreco evitato grazie all'intervento oculato e preciso dei cinesi, in mezzo allo spreco indifferente di New York.

Il rapporto con i rifiuti è un indicatore cruciale per capire l'essere umano, i popoli, la cultura delle civiltà. Noi occidentali ci scandalizziamo perché in India il contatto con le latrine è riservato alla casta più disprezzata, gli intoccabili, i paria. Ma quante volte a noi è capitato, quasi per un automatismo, di evitare lo sguardo dell'addetto alle pulizie di una toilette pubblica? A New York il Dipartimento municipale della nettezza urbana ha alle sue dipendenze una nota antropologa, Robin Nagle, che da quell'osservatorio studia la nostra relazione tormentata e nevrotica con le scorie che produciamo quotidianamente. «Gli addetti alla raccolta della spazzatura» dice la Nagle «sono ignorati, la gente non li guarda, segretamente li disprezza, quasi che li odiasse perché ricordano l'esistenza di questa montagna di roba che noi stessi abbiamo scartato e buttato via.» Robin Nagle è una donna colta, capace di condire le sue riflessioni sulla spazzatura con citazioni di Italo Calvino (dalla *Poubelle agrée*). «In fondo i netturbini sono i veri sacerdoti del consumismo, solo la loro esistenza garantisce che la nostra folle corsa verso l'uso delle cose materiali possa continuare. Immaginiamo di essere costretti a tenerci quello che abbiamo, di non poter più buttare via nulla. È chiaro che si fermerebbe tutto.» I netturbini, senza saperlo sono anche la nostra coscienza medica, psicologica: «Guardando nei sacchi della spazzatura potremmo imparare tante cose sulle nostre patologie, alimentari o sessuali. Non c'è nulla di più intimo del cassonetto davanti a casa».

... e quelli che invadono Wall Street

«Il dragone accovacciato ascolta le onde.» È la frase in ideogrammi illustrata su un antico rotolo di calligrafia cinese, appeso nell'ufficio di Wu Bin al numero 725 della 5th Avenue, Manhattan. Non è un indirizzo qualsiasi: si trova al ventesimo piano della Trump Tower, il grattacielo che sta giusto a fianco del celebre gioielliere Tiffany. Wu Bin è il direttore generale della Icbc (Industrial and Commercial Bank of China), attualmente la banca più redditizia del mondo. I suoi utili del 2009, pari a 19 miliardi di dollari, sono stati il triplo di quelli della Bank of America. Nonostante la sede prestigiosa sulla 5th Avenue, la sigla Icbc resta sconosciuta agli americani. La sua *name recognition*, come si usa dire, cioè la notorietà del marchio, è pressoché nulla. Proprio come un dragone accovacciato, in attesa di scattare all'attacco, il colosso del credito cinese riesce a passare quasi inosservato e a nascondere la propria forza. Eppure in America è in atto una vera e propria invasione delle banche cinesi. Le date sono significative. La Icbc ha inaugurato la sua succursale newyorkese nell'ottobre 2008, esattamente quando sembrava che il sistema finanziario mondiale fosse entrato in un coma profondo.

Segno dei tempi: mentre l'analoga espansione delle banche nipponiche negli anni Ottanta provocò clamore, controversie, allarmi nella classe dirigente americana, l'avanzata cinese nel cuore di Wall Street viene subìta quasi con rassegnazione. Qualcuno spera che sia un fuoco di paglia, c'è chi scommette che i giganti della finanza venuti dalla Repubblica Popolare entro qualche anno se ne torneranno a casa con le ossa rotte proprio come accadde ai loro predecessori nipponici. Magari per effetto dello scoppio di una bolla speculativa, alla Borsa di Shanghai o sul mercato immobiliare di Pechino. Ma per ora questo è *wishful thinking*, un auspicio poco giustificato dai fatti. Comunque sia, gli americani assistono alla penetrazione cinese nel loro settore finanziario perché non hanno alternative. A pochi metri dall'ufficio di Wu Bin, la sala trading della Icbc tratta freneticamente ogni giorno grosse partite di *Treasury Bonds*, i titoli del debito pubblico americano che hanno un disperato bisogno di acquirenti stranieri. E non è solo per il loro ruolo come finanziatori del Tesoro di Washington, che i cinesi sanno rendersi indispensabili. Una delle operazioni più importanti da quando si è insediata a Manhattan, la Icbc l'ha realizzata a vantaggio di un gruppo privato. La Ge

Capital, filiale finanziaria della General Electric, nella crisi aveva dovuto ricorrere agli aiuti di Stato, come gran parte delle banche americane. Ge Capital ha potuto restituire gli aiuti pubblici e riconquistare la propria indipendenza dall'Amministrazione Obama, grazie a un ricco prestito di 400 milioni di dollari concesso dalla Icbc.

«Siamo sbarcati a New York nel momento più buio» ha dichiarato Wu Bin al Wall Street Journal. La Icbc è la punta avanzata di un piccolo esercito. Tra le bandierine rosse stellate che sono appuntate sulla mappa di Manhattan c'è anche la Bank of China con due sedi, una sulla Madison Avenue e l'altra a Wall Street. C'è la Bank of Communications, quinto gruppo per dimensioni in Cina, nel grattacielo Exchange Plaza che sta a pochi passi da Ground Zero. E c'è la China Construction Bank con sede Usa sulla Avenue of the Americas. Tutte hanno come azionista di controllo il governo di Pechino. Tutte sono banche quotate in Borsa ma a partecipazione statale. La loro strategia di espansione internazionale è frutto di una regia centralizzata. Nel caso della Icbc, per esempio, la Repubblica Popolare è azionista per il 70%.

L'appetito degli istituti di credito cinesi è cresciuto proprio mentre i loro concorrenti occidentali s'indebolivano, diventavano più cauti, in certi casi si ritiravano dai mercati stranieri. L'ascesa cinese è simmetrica e speculare, rispetto all'indebolimento del sistema bancario americano. Sulla finanza di Wall Street gravano incognite serie: nel 2010 l'Amministrazione Obama e il Congresso hanno varato nuove regole per limitare la presa di rischio delle grandi banche commerciali. I requisiti di capitalizzazione si fanno più stringenti. Gli ex «padroni dell'universo» di Goldman Sachs e J.P. Morgan sentono sul collo il fiato delle autorità di vigilanza, hanno l'opinione pubblica contro. Nessuno di questi vincoli impaccia le banche cinesi. Al contrario, i loro bilanci sono usciti relativamente indenni dal biennio della recessione. È possibile, forse probabile, che quei bilanci siano opachi. Sulla qualità della *corporate governance* cinese ci sono seri dubbi. La collusione tra i banchieri di Pechino e di Shanghai e le loro autorità di governo non garantisce che i conti siano affidabili. E tuttavia il fatto che l'economia cinese abbia mantenuto una crescita vigorosa durante il terribile biennio 2008-2009 aiuta anche il sistema bancario: non c'è stata nella Repubblica Popolare un'epidemia di bancarotte come quella che ha colpito imprese e famiglie negli Stati Uniti.

Forti del sostegno pubblico, gli istituti di credito cinesi esibiscono spalle robuste e possono permettersi operazioni ambiziose. La Bank of Communications nel solo 2009 ha aumentato del 55% i suoi attivi americani, con 1,4 miliardi di dollari di impieghi. La Bank of China, terzo istituto in Cina, vanta la più antica presenza negli Stati Uniti: è insediata dal lontano 1981 ed è l'unica finora ad aver ottenuto dalla Federal Reserve l'autorizzazione a raccogliere depositi presso i risparmiatori negli Stati Uniti. La China Construction Bank, che ha aperto la sua prima filiale operativa a New York solo nel giugno 2009, da allora ha già compiuto investimenti per 370 milioni di dollari. China Merchant Bank si è insediata a Manhattan proprio come la Icbc, nell'ottobre 2008, in coincidenza con il fallimento di Lehman Brothers e il quasi-crac di Aig (American International Group): da allora ha compiuto investimenti per 200 milioni. Per il momento la natura delle loro attività non è particolarmente sofisticata. Nessuno di questi istituti si sogna di sfidare la Goldman Sachs sul *trading* dei derivati o nei più complessi montaggi finanziari. «Quelli sono mestieri troppo complicati per noi» dichiara con confuciana modestia Wu Bin. «Non saremmo capaci di controllarne i rischi.» Però la ricchezza di mezzi consente alle banche cinesi di offrire fidi all'industria americana proprio mentre i banchieri Usa sono diventati più prudenti nell'erogare credito. Per gli imprenditori del Midwest, a caccia di nuove fonti di finanziamento, gli uffici delle filiali bancarie cinesi sono sempre aperti.

Il caso della Icbc è il più interessante. Oltre alla General Electric, la principale banca cinese vanta già tra i suoi clienti americani il gruppo informatico texano Dell, il gigante della logistica Ups, la compagnia aerea Southwest Airlines e la Harvard University. Harvard? Perbacco: l'università col più alto numero di premi Nobel per l'Economia al mondo si appoggia allo sportello unico di una banca i cui azionisti sono i leader del Partito comunista cinese. Un bello scherzo della storia. Sistematicamente, i banchieri venuti da Pechino setacciano la lista *Fortune 500*, l'elenco delle maggiori società americane quotate in Borsa.

L'altra faccia della loro penetrazione è l'attività al servizio degli investimenti cinesi in America. Le banche sono il sostegno naturale per le aziende della Repubblica Popolare a caccia di acquisizioni. Nel dicembre 2008, per esempio, la Icbc ha finanziato per 307 milioni di dollari il gruppo Shanghai Jin Jiang International Hotels, nell'acquisizione della catena alberghiera americana Interstate Hotels and Resorts. Nel marzo 2010 la China Merchants Bank ha aiutato l'ente petrolifero di Stato China National Petroleum ad acquisire la Ion Geophysical Corporation di Houston. Industria e finanza procedono appaiate e sostenendosi a vicenda. Anche questo ricorda da vicino la parabola del Sol Levante ma non è detto che la conclusione debba essere la stessa.

La Cina ha deciso di non nascondere nulla: almeno per quanto riguarda i suoi investimenti a Wall Street. In un'operazione-trasparenza, il fondo sovrano della Repubblica Popolare Cic (China Investment Corporation) ha pubblicato la lista di tutte le partecipazioni azionarie che ha comprato nella Borsa Usa. Ne viene fuori una mappa significativa della penetrazione del governo di Pechino nei più bei nomi del capitalismo americano. Al primo posto le banche: Morgan Stanley, Bank of America e Citigroup. Ma anche gruppi che producono beni di largo consumo: dalla Motorola (telefonini) alla Coca-Cola, da Johnson & Johnson (prodotti per la casa e cosmesi) alle carte di credito Visa. In tutto sono 9,6 miliardi di dollari di acquisizioni compiute fino al 31 dicembre dell'anno scorso. Pochi spiccioli, in realtà, rispetto ai mezzi finanziari di cui dispone la Cic. Il fondo sovrano ha una dotazione di 300 miliardi di dollari, una parte dei quali sono investiti nel capitale di aziende cinesi (soprattutto banche), il resto in titoli del debito pubblico americano o altre obbligazioni semi-pubbliche (incluse quelle emesse da Fannie Mae, il gigante dei mutui immobiliari).

Ma è proprio l'eccessiva esposizione verso i *Treasury Bonds* ad avere innescato un inizio di diversificazione in favore delle azioni. A più riprese il premier cinese Wen Jiabao ha espresso il timore che la montagna di debito pubblico americano finisca per essere «deprezzata» in una spirale di inflazione futura. Le partecipazioni nel capitale di società quotate possono rappresentare un'alternativa, se l'andamento della Borsa fa da scudo contro l'inflazione. In passato però erano stati gli americani a elevare barriere contro la penetrazione cinese nelle loro aziende. Il caso più importante fu, nel 2006, il veto politico di Washington contro l'ingresso di Pechino nella Unocal, una compagnia petrolifera californiana. Oggi forse l'Amministrazione Obama non potrebbe permettersi un gesto analogo: la Cina è diventata il suo principale creditore, grazie ai 2500 miliardi di dollari di riserve valutarie controllate dalla sua banca centrale.

Gli stessi dirigenti cinesi però sembrano aver voluto prevenire i sospetti degli Stati Uniti. L'operazione-trasparenza compiuta con la pubblicazione del portafoglio azionario della Cic forse sarebbe stata evitabile: altri fondi sovrani stranieri riescono a sottrarsi. La Cic invece ha preferito dare prova del massimo rispetto delle regole. I dirigenti del fondo cinese hanno compilato nei dettagli il modulo 13F della Sec (Securities and Exchange Commission), l'autorità di vigilanza sulla Borsa. Morgan Stanley vi figura come la partecipazione più importante (1,7 miliardi di dollari), seguita da BlackRock (650 milioni). Alcuni di questi investimenti risalgono al 2007 e furono decisi poco prima che Wall Street crollasse per il crac della

Lehman. All'epoca lo scarso tempismo della Cic provocò dure polemiche in Cina. I dirigenti del fondo sovrano furono accusati di aver sperperato denaro pubblico per venire in aiuto alle grandi banche americane e di aver fatto degli investimenti dissennati comprando le azioni ai massimi. In seguito, nel corso del 2008 e 2009, però il fondo sovrano ha continuato a comprare approfittando della caduta delle Borse: così oggi molti dei suoi investimenti risultano in attivo. Non è comunque la grande industria americana il suo bersaglio prioritario. Tra gli investimenti azionari della Cic al primo posto figura (per 3,5 miliardi) il gruppo canadese Teck Resources, un colosso del settore minerario. Energia, materie prime e risorse naturali sono gli obiettivi privilegiati per «riciclare» la ricchezza che la Cina ha accumulato con i suoi attivi commerciali verso il resto del mondo.

In California una Tav made in China

I loro antenati arrivarono negli Stati Uniti centocinquant'anni fa, trasportati sui piroscafi come bestiame. Erano semischiavi, carne umana da mandare al macello in una delle più colossali imprese dell'epoca: la costruzione della grande linea ferroviaria transcontinentale, dalla East Coast alla West Coast nordamericana. Fu un'epopea leggendaria, un'opera che dovette scavalcare o forare catene di montagne, tagliare foreste, traversare deserti, affrontare pericoli costanti in un tempo dove non esistevano leggi per la sicurezza sul lavoro, né sindacati per proteggere quei poveri manovali venuti da lontano. Morirono a centinaia gli operai cinesi che unirono l'Atlantico al Pacifico. È grazie a loro, si può dire, se gli Stati Uniti divennero davvero uniti, perché il viaggio da New York a San Francisco non fu più un'avventura interminabile per diligenze a cavallo su piste polverose e pericolose.

Centocinquant'anni dopo, i cinesi tornano per costruire la ferrovia. Questa volta sono molto meno numerosi. Sono manager, ingegneri e banchieri. Si sono candidati per il progetto dell'alta velocità che deve unire San Francisco a Los Angeles. È un progetto di cui si parla da decenni. Stava quasi per partire quando è scoppiata la crisi finanziaria del 2008-2009 e la California è stata travolta dai debiti. Ora l'alta velocità torna all'ordine del giorno perché Obama ha finalmente sbloccato un po' di fondi federali. Ma non bastano. E allora si sono fatti avanti i cinesi. Una delegazione di alto livello fa la spola dal 2009 tra Pechino e Sacramento, la capitale amministrativa della California. La guida il signor Zheng Jian, direttore delle ferrovie cinesi ad alta velocità. «Siamo i più avanzati in molti campi» dice Zheng «e siamo felici di offrire le nostre capacità agli Stati Uniti.» Zheng ha lo stesso tono che un tempo gli americani usavano verso i Paesi del Terzo mondo, e verso la stessa Cina. Un misto di superiorità e condiscendenza. In questo settore, come in altri, i rapporti di forze si sono rovesciati. Tutta l'America in fatto di ferrovie è regredita alla preistoria: ha poche linee, vecchie e scassate. Quella che viene chiamata «alta velocità» – il servizio Acela dell'ente pubblico Amtrak che collega Boston, New York, Philadelphia, Washington – è un ferrovecchio arrugginito e rumoroso. In confronto ai Tgv francesi e perfino agli Eurostar italiani, l'Acela viaggia come una lumaca. La California, se si guarda al suo settore privato, resta uno Stato opulento e una culla di innovazioni tecnologiche (basti pensare a Google e Apple), ma infrastrutture e servizi pubblici sono in decadenza da anni. I californiani sono costretti a usare l'automobile – su autostrade piene di buche – o l'aereo – con aeroporti sempre più congestionati – perché da San Francisco a Los Angeles l'opzione del treno non esiste: bisognerebbe cambiare tre volte, viaggiare a 50 km orari in media, e metterci dalle dodici alle diciotto ore per un tragitto equivalente a Milano-Napoli.

Zheng esagera quando dice che i cinesi sono i più avanzati nell'alta velocità. In realtà ci sono anche i giapponesi e i francesi, i tedeschi e i sudcoreani, gli italiani, gli spagnoli. Molte aziende di questi Paesi si sono candidate per costruire l'alta velocità californiana. I cinesi sono arrivati ultimi ma per certi versi hanno superato gli altri. Anzitutto per i tempi record con cui costruiscono nuove linee nel loro Paese. Hanno inaugurato il primo tratto da Shanghai a Hangzhou, che proseguirà a nord verso Pechino. Sono stati capaci in un solo anno di inaugurare 2000 km di nuove linee con una velocità di punta di 300 km orari. C'è chi dice che hanno copiato la tecnologia giapponese e tedesca. Magari sarà vero, ma ormai la padroneggiano perfettamente e i loro treni sono made in China. Idem per la capacità di realizzazione delle linee sopraelevate o dei tunnel. Soprattutto, i cinesi hanno quello che oggi manca agli Stati europei e al Giappone: capitali pubblici in abbondanza. Possono finanziare tutto loro. Inoltre, per non provocare reazioni protezioniste in America, Mister Zheng ha promesso: «A parte gli ingegneri e i top manager cinesi, per il resto useremo solo manodopera locale. E pagheremo salari alti. Rispettando i vostri contratti sindacali».

Yoga to the People

La storia d'amore fra l'élite colta americana e lo yoga non è nata ieri. Nel 1896 i vip di San Francisco prendevano lezioni di hatha yoga da uno dei pionieri di questa disciplina, Pierre Bernard. Un genio nel promuovere la propria immagine di guru. Quel nome francese se l'era inventato, lui si chiamava Perry Baker, originario dello Iowa, ma per i suoi discepoli era «The Great Oom». Quando la sua fama raggiunse la East Coast, una ricca ereditiera della famiglia Vanderbilt, Margaret, finanziò la creazione di uno ashram a Nyack, nello Stato di New York, perché Baker-alias-Bernard potesse diffondere il verbo nell'alta società di Gotham City. A partire dal 1910 molte celebrità della vita mondana newyorkese praticavano regolarmente la disciplina venuta dall'India: dalla star di Broadway Lillian Russell al compositore Leopold Stokowski, dallo scrittore britannico Francis Yeats-Brown a tutta la dinastia miliardaria dei Vanderbilt. Ma nei ruggenti anni Venti quell'infatuazione esotica era riservata all'establishment del denaro o della cultura, il cui stile di vita rimaneva inaccessibile per la maggioranza degli americani. La prima diffusione dello yoga tra le masse avviene invece nel 1968, un'epoca in cui lo star-system si sposa con la società dei consumi. È l'anno del mitico viaggio dei Beatles in India. Al loro seguito c'è Mia Farrow, giovanissima ma già celebre esponente del jet set hollywoodiano. La conversione della Farrow allo yoga segnala un fenomeno di massa: insieme con l'attrazione del movimento hippy e New Age per le religioni esotiche e tutto ciò che viene dall'Asia, anche il «saluto al sole» diventa parte di un rito condiviso da un'intera generazione. Ma quarant'anni dopo, quell'innamoramento ha generato degli eccessi. E contro gli eccessi arriva una salutare rivolta.

Oggi è Jennifer Aniston, la star di *Friends*, a dichiarare al magazine People che «lo yoga ha cambiato completamente la mia vita». Dietro di lei Madonna, Santana e Sting appartengono allo stesso movimento dei «convertiti». Conseguenza inevitabile: lo yoga in America è diventato un *Big Business*. Con 17 milioni di praticanti regolari, e un fatturato annuo di 6 miliardi di dollari. Come scrive Mary Billard nella sua accorata denuncia (*A Yoga Manifesto*) sul New York Times: «Zen is expensive». La ricerca della pace dei sensi è diventata un lusso, una speculazione, con tariffe sovrapprezzo. Nei quartieri «in» di Manhattan si moltiplicano i negozi della catena Lululemon, il massimo dello chic per chi vuole vestirsi «semplicemente» per il tappetino e gli esercizi di respirazione. Un paio di pantaloni tubolari aderenti, modello Groove, costano 108 dollari. Il tappetino stesso, se lo volete nella versione Manduka, che garantisce «spessore, morbidezza, e resistenza alle scivolate», dovrete pagarlo un centone. Anche sul costo dei corsi c'è poco da scherzare. Il club Pure Yoga vi chiede 40 dollari d'iscrizione e un mensile di 185 dollari. Altri vi fanno pagare ogni seduta 20 dollari, e chi veramente ama lo yoga finisce per «versare» molto di frequente il suo pedaggio alla nobile causa. Adesso infuria perfino la moda delle crociere-yoga. Una nave vi porta in un resort tematico a Parrot Cay, nelle Turks and Caicos, per un seminario di sei giorni tenuto da due yogi celeberrimi, Rodney Yee e Colleen Saidman. Costo d'iscrizione minimo 6077 dollari, più tutti gli extra. Non c'è da stupirsi se alcuni yogi arrivati nell'empireo delle star, come Bikram Choudhury e Sharon Gannon, sono miliardari.

La rivolta per fortuna è ormai scoppiata. La guida un'organizzazione che già dal nome è tutto un programma: Yoga to the People. Il leader rivoluzionario si chiama Greg Gumucio. È un allievo dissidente del grande Bikram Choudhury, che sfida il suo maestro, considerandolo ormai traviato dal denaro. «Si sono persi per strada» denuncia Gumucio «gli ideali spirituali.» Si è dimenticato anche da dove viene lo yoga: da quel subcontinente asiatico dove tuttora 300 milioni di persone vivono sotto la soglia della povertà assoluta (cioè con meno di un dollaro al giorno). Per riportare questa disciplina con i piedi per terra, Gumucio ha dichiarato guerra a tutte le sue degenerazioni: il culto della personalità, il feticismo dei vestiti, le alte spese dei corsi. La prima sede di Yoga to the People ha aperto sulla Saint Mark's Place, nello East Village di Manhattan. Un quartiere giovanile, trendy, ma anche trasgressivo e anticonformista. Il suo Manifesto, con le regole di base dell'associazione, è visibile sul sito www.yogatothepeople.com. «Non ci saranno abbigliamenti corretti. Non ci saranno pagamenti obbligatori. Non ci saranno delle risposte giuste. Niente ego, niente sceneggiature, niente piedestalli.» In pratica, chi vuole partecipare alle sedute può farlo gratis. Se ha i mezzi, versi pure un contributo volontario, a suo piacimento. Ci si veste come si vuole e gli indumenti «griffati» rischiano di provocare più fastidio che invidia. Basta con i guru, gli insegnanti-star, mitizzati e venerati dagli adepti. Per contrastare il narcicismo degli yogi, nelle classi offerte da Yoga to the People non è possibile neppure sapere in anticipo il nome del maestro. Impossibile prenotarsi per seguire un corso con tizio o caio. L'anonimato è la ricetta per ritrovare la strada dell'umiltà. Cioè l'aderenza alla nuda terra, così importante simbolicamente e materialmente nella pratica dello yoga.

La rivoluzione democratica e antibusiness lanciata da Gumucio ha successo. Dopo l'esperimento pilota dello East Village, lui ha aperto altri tre centri a New York, uno a San Francisco e uno a Berkeley. Le prossime tappe della sua espansione: il quartiere di Williamsburg (Brooklyn), Austin, Chicago e Los Angeles. I suoi corsi attirano le masse: fino a 900 persone al giorno. Ha inizio una nuova vita dello yoga in America, stavolta partendo dal basso. Questo coincide perfettamente con la sua filosofia, morale e politica. «Sono davvero convinto» dice Gumucio «che il mondo sarebbe un luogo migliore se tutti praticassero lo yoga.» Ha anche fatto proseliti, vi sono altre associazioni che lo seguono su questa strada. A New York nel quartiere di Tribeca è nato Do Yoga and Do Pilates, che non impone pagamenti a chi segue i corsi ma solo offerte volontarie. Tara Stiles è un altro club che ha fatto scendere i costi usando le nuove tecnologie: un'applicazione sull'iPhone che consente di seguire il maestro Deepak Chopra. Alla sede principale del Ymca, il pioniere degli ostelli della gioventù, ci sono agevolazioni per gli studenti.

Non mancano i detrattori. Chi preferisce le piccole classi, l'atmosfera raccolta e intima, accusa Yoga to the People di organizzare sedute di massa troppo intasate, dove si perde la concentrazione e difficilmente si fanno progressi. Ma un vero praticante dello yoga deve essere capace di creare silenzio anche se è in mezzo a una folla. Proprio come in India, dove la solitudine te la devi trovare dentro, per forza.

Mozart dagli occhi a mandorla

Dopo una giornata d'immersione nello stress di Manhattan, non c'è di niente di meglio, per rigenerare lo spirito, che andare all'Avery Fisher Hall, la sala sinfonica del Lincoln Center, per un concerto della New York Philarmonic Orchestra. Mentre mi lascio cullare da Mozart, Boccherini e Schubert, non posso impedirmi di notare due fenomeni interessanti. Il primo è il numero crescente di musicisti asiatici. Soprattutto negli strumenti ad arco (viole, violini violoncelli), ormai la maggioranza sono cinesi, giapponesi, coreani. La filarmonica di New York è una delle migliori orchestre mondiali, chi riesce a entrarvi è al top nella sua professione. I musicisti asiatici – pregevoli orchestrali e grandi solisti – avanzano implacabilmente anche nelle filarmoniche di Berlino e Chicago, Vienna e Londra. Questa invasione non è soltanto la conferma che l'Estremo Oriente produce talenti competitivi in tutti i campi e in tutte le attività umane. Cosa che ormai non ci sorprende più. Ma c'è un altro aspetto che trovo più importante. Una ragazzina cinese non nasce nella civiltà che ha partorito Mozart. La musica classica cinese è fatta di tutt'altro genere di armonie e melodie. La tradizione cinese l'ho assorbita – tardivamente – frequentando per anni l'Opera di Pechino. È una musicalità molto distante dalla nostra, occorre allenare l'orecchio a lungo per poterla apprezzare. Il fatto che dalle accademie e dai conservatori cinesi (o giapponesi, coreani) escano tanti *enfants prodiges* nell'esecuzione di Beethoven e Mahler, è la conferma di un'altra dote asiatica: l'apertura verso le culture occidentali. Quanti bambini italiani, tedeschi o americani in questo momento stanno studiando uno spartito di opera cinese? Forse nessuno. In questa asimmetria noi ci illudiamo di trovare la conferma che la nostra cultura è superiore. Invece è soltanto la prova che siamo meno curiosi di loro, purtroppo.

L'altra sensazione che mi assale – piacevolmente – dentro la Avery Fisher Hall è quella di essere penetrato nell'universo della precisione. Osservo la coordinazione degli orchestrali, l'intesa fra loro e il solista, tra la filarmonica e il direttore d'orchestra, immagino un filo invisibile d'intesa che lega i compositori defunti ai loro esecutori moderni. Qui non c'entra alcuna connotazione etnica, al contrario: una grande orchestra è in perfetta armonia a prescindere dal fatto che i suoi musicisti sono per un quarto americani, un terzo europei, il resto asiatici. La sensibilità artistica si coniuga con la tecnica, è il risultato di una disciplina ferrea. Anche lo spettatore più ignorante è soggiogato da un senso di rispetto, capisce che sono necessari anni di studio e di lavoro per arrivare a dare l'impressione che tutto sia così naturale, spontaneo, automatico. Cerco d'immaginare altre attività umane dove regna lo stesso rigore. Probabilmente alla Nasa, perché riesca il lancio di un'astronave su Marte, o in una sala operatoria di neurochirurgia, il margine di errore tollerabile è bassissimo. Una minima imperfezione sarebbe la causa di una catastrofe, si griderebbe allo scandalo. Anche nel pattinaggio artistico, un millimetro di scarto può fare la differenza tra un'esecuzione coreograficamente perfetta e una caduta rovinosa.

Ma basta uscire dall'Avery Fisher Hall e rientrare nella New York «normale» per immergersi in un mondo dove invece domina indisturbato il pressapochismo quotidiano, dove l'errore marchiano è la norma. Basti pensare a Wall Street, dove i top manager delle più grandi banche hanno trascinato i loro istituti nella bancarotta, hanno perso somme colossali, hanno provocato una crisi economica mondiale. E molti sono ancora ai loro posti. Magari sono la stessa sera all'Avery Fisher Hall, nei palchi d'onore riservati agli illustri mecenati. E la chiamano meritocrazia?

Trasferendo la logica che regola il resto del mondo dentro la sala sinfonica, è come se fosse normale per il primo violino incappare in una serie rovinosa di stecche, per poi attendersi gli applausi e ripresentarsi l'indomani sul palco. È curioso che la stessa comunità umana esiga la perfezione in alcuni campi e tolleri l'imprecisione sistematica in altri. La sera in cui sono al concerto, alcune poltrone sono vuote perché degli amici che dovevano arrivare dall'Europa sono stati bloccati dalla «nube vulcanica». Più tardi si scoprirà che probabilmente non era necessario chiudere i cieli d'Europa per quattro giorni. Nell'economia, nell'attività di governo, l'errore è la regola. Forse dovremmo tutti, come certi bambini cinesi fanno fin dalle elementari, studiare più Mozart e meno Machiavelli.

VI
Green Metropolis

Manhattan ex giungla d'asfalto

Londra ha aperto la strada con il pedaggio d'ingresso in città per tutte le auto. Parigi ha innovato con Vélib, il parco-biciclette da affittare, sistema copiato nel mondo intero. Pechino ha costruito sei linee di metrò nuove per le Olimpiadi. Ora New York è decisa a fare ancora meglio. Adottando progressivamente le «verdi» soluzioni delle sue rivali, la Grande Mela punta al primato in questa gara. La posta in gioco: diventare il modello della metropoli del terzo millennio, nell'era postautomobile. È una competizione che può diventare un business e che trasformerà i megagglomerati urbani nei laboratori della *Green Economy*. Per questo New York prepara una vera rivoluzione del traffico, che deve portare all'emarginazione dell'auto privata dalle sue strade. Ci crede Michael Bloomberg. Questo conservatore illuminato è l'esponente dell'altra destra americana: quella che non ha difficoltà a trovare convergenze con Barack Obama. Sull'ambiente di sicuro.

Al suo terzo mandato come sindaco di New York, il miliardario Bloomberg vuole passare alla storia proprio come un leader della lotta all'inquinamento. La sua formidabile reputazione di uomo d'affari lo aiuta a vincere battaglie che per altri sarebbero ostiche. «Quando ho fatto l'isola pedonale a Times Square» dice Bloomberg «i commercianti della zona erano contrari. Adesso, visto il successo dell'esperimento, con l'aumento del turismo e dello shopping, sono i commercianti di altri quartieri a chiedermi: perché non si fa anche da noi?» Non a caso, le nuove isole pedonali sono uno dei tasselli della rivoluzione verde che cambierà lo stile di vita a Manhattan. Dopo il successo a Times Square, ecco le nuove candidate-isole: nella City finanziaria di Wall Street potranno essere chiuse al traffico Fulton Street e Nassau Street; è possibile che diventino oasi senza auto anche Finn Square, nel quartiere di Tribeca, e Astor Place, vicino ai campus della New York University. Idem per un tratto di Broadway nella zona del Columbus Circle, in modo da facilitare l'accesso alle numerose istituzioni culturali del Lincoln Center che ospita la Metropolitan Opera.

Nel frattempo sono già al nastro di partenza i taxi collettivi. Le prime autorizzazioni riguardano i posteggi di taxi più frequentati come le stazioni ferroviarie Grand Central e Penn Station, il terminale degli autobus di lunga percorrenza Port Authority Bus Terminal. I taxi sono abilitati a raccogliere più passeggeri per destinazioni diverse. Così si abbassano sia i costi per i clienti, sia le vetture in circolazione.

Parigi fa scuola per i Vélib: Bloomberg punta a offrire 10.000 biciclette in affitto con appositi posteggi. E in parallelo bisogna garantire ai ciclisti la sicurezza. Dopo le prime piste ciclabili inaugurate (Broadway, 8th e 9th Avenue tra la 14th e la 23rd Street), delle nuove corsie protette per soli ciclisti saranno aperte sulla 1st e la 2nd Avenue, e in futuro potrebbero essercene anche nelle vie di scorrimento trasversali da fiume a fiume (cioè dalla sponda dell'East River a quella sullo Hudson).

Imitando San Francisco si studia il ritorno dei tram per le vie di New York: il primo progetto riguarda una linea di superficie sulla 42nd Street, che potrebbe allungarsi fino a diventare una circolare di 61 miglia attorno a tutta Manhattan.

Anche i fiumi diventano una risorsa alternativa per decongestionare il traffico. Per trasportare i pendolari fra Manhattan, Brooklyn, Long Island e Coney Island sarà potenziato il servizio di traghetti di linea sullo East River, con un aumento di capienza di 1700 passeggeri al giorno. Nuovi attracchi a Williamsburg, Greenpoint, Long Island City.

Una strada per soli autobus? Potrebbe essere la 34th, seguita poi dalla 42nd, da trasformare secondo questo progetto in due corridoi veloci per il solo transito dei mezzi pubblici.

Bloomberg non ha rinunciato a importare qui anche il modello Londra della tassa anticongestione. Il sindaco ci provò una volta nel 2008 e fu bocciato in consiglio comunale. Eppure torna alla carica. «Il pedaggio non è morto, tutt'altro» annuncia. Le finanze comunali sono in crisi, lui è convinto che riuscirà far pagare l'accesso a tutte le auto private che vogliono entrare a Manhattan. Una formula che a Londra ha contribuito a ridurre l'uso del mezzo individuale. Bloomberg potrebbe unirvi un altro deterrente: l'abbassamento del limite di velocità nell'area urbana, da 30 a 20 miglia orarie. «Con 10 miglia in meno» assicurano gli esperti «la frequenza degli incidenti mortali crolla dal 45% al 5%.» Per la stessa ragione diversi semafori allungano la durata del rosso per le auto e danno più tempo ai pedoni per l'attraversamento. Ecco dunque che New York, da simbolo di un ritmo di vita frenetico, s'inventa un elogio della lentezza. Manhattan, quella che fu la giungla d'asfalto per eccellenza, si sta scoprendo una vocazione tutta diversa: *Slow City*.

La vita al ritmo di Central Park

Se dovete scegliere in quale stagione visitare New York, il momento migliore è quando perde le foglie. È il periodo dell'anno in cui questa città mette in scena la sua cerimonia più maestosa, elegante e serena. Uno spettacolo imponente e gratuito. L'autunno a Central Park. Qui la natura si diverte a ricordarci che i pittori impressionisti erano dei dilettanti, modesti imitatori dei suoi capolavori. La tavolozza cromatica della vegetazione si espande in tutte le direzioni, il manto degli alberi varia su ogni tonalità di verde, giallo, arancione, rosso e marrone; un gentile tappeto di foglie morte si stende nei viali, prima che passino gli spazzini a raccoglierle pigramente disturbando le piroette degli scoiattoli. L'autunno è bello in altre città del mondo: i parchi di Tokyo, Londra e Parigi non sono da meno. Ma Central Park è speciale, per altri motivi oltre allo scatenamento dei colori. Anzitutto per la cornice rettangolare che letteralmente «inquadra» questa foresta nel cuore di Manhattan, lo *skyline* dei grattacieli. È un paesaggio che per antica abitudine noi fondiamo con quello degli alberi, fa tutt'uno: come nelle scene del film *Manhattan* di Woody Allen, e di tanti altri che scelsero Central Park dal *Maratoneta* con Dustin Hoffman a *L'avvocato del diavolo* con Al Pacino. A fare da corona al parco ci sono alcuni dei più bei grattacieli della città, come il Plaza, l'hotel Pierre, o le antiche torri gemelle del Dakota. Due momenti di estasi sono l'alba e il tramonto, in quelle giornate autunnali dal cielo terso e limpido, con l'aria frizzante e il vento dell'Atlantico. Sono le ore in cui le luci vengono esaltate. All'alba il Reservoir può tingersi delle tonalità di un nostro laghetto alpino. Al tramonto di una bella giornata il sole, prima di coricarsi, accende fiammate rosse sui grattacieli più nuovi in vetro-alluminio, che sembrano tanti specchi incendiari.

Central Park è una città nella città. È così grande da contenere i suoi quartieri, con caratteri ben distinti. A sud le zone dei campi da football e da baseball; al centro i laghi; sul versante orientale la «fascia colta» che confina col Museum Mile e da dove si vedono il Metropolitan, il Guggenheim, la Neue Galerie; infine la parte settentrionale che lambisce Harlem. All'interno ci sono i santuari, mete di pellegrinaggi per ogni sorta di passione. Le aiuole ricamate di Strawberry Fields ricordano con discrezione il luogo dove fu assassinato John Lennon. Dall'altra parte, c'è la zona dedicata alle fiabe di Andersen: lì ogni sabato si alternano dei «narratori di storie», potete sentire recitare la piccola fiammiferaia o una leggenda cinese del Quattrocento. Poco distante, delle statue di bronzo rappresentano tutti i personaggi di *Alice nel paese delle meraviglie*. C'è la giostra coi cavalli musicali del 1951. La Loeb Boathouse per affittare barche e remare scivolando sotto il Bow Bridge. Ci sono teatri all'aperto per concerti jazz e rappresentazioni di Shakespeare.

A seconda delle zone e degli orari della giornata, diverse tribù si dividono il parco. I passeggiatori di cani, che conversano amabilmente tra loro. Quelli che vanno in ufficio a piedi, in giacca e cravatta o tailleur, con il cellulare incollato a un orecchio e gli auricolari dell'iPod nell'altro. Le mamme coi bambini nel passeggino. Le scolaresche guidate da maestri e Rangers. I club di calcio per piccoli che iniziano meticolosi allenamenti alle 8.30. E naturalmente la tribù più vasta, il popolo del jogging. Che a sua volta si suddivide in clan ben distinti. Tra le 5 e le 7 del mattino i corridori sono i più competitivi e li immagini facilmente, mezz'ora dopo la doccia, che sfoderano lo stesso testosterone in una sala trading di Goldman Sachs a Wall Street (i più sistematici, i maratoneti, si ritrovano anche la sera per un secondo allenamento). Tra le 9 e le 10 incontri frotte di giovani signore che corrono in tuta, sembrano appena uscite da lunghe sedute di parrucchiere-estetista-manicure. Riescono a conservare una perfetta messa in piega anche correndo, risultato di chissà quante sedute di addestramento. Alcune hanno il personal trainer. Altre si appartano sull'erba in gruppetti che praticano yoga, o tai-chi. Tutto cambia e si confonde il sabato e la domenica quando diventano pedonali anche le poche arterie che traversano Central Park; l'intera popolazione di Manhattan si appropria del suo parco, mescolando etnie, ceti sociali, generazioni. E appaiono le famiglie con le tovaglie a quadri, all'ora del *déjeuner sur l'herbe*.

Non risulta che Bloomberg abbia dato segnali di gelosia. Né che intenda prendere provvedimenti per ristabilire la sua sovranità su tutto il territorio cittadino. Ma è un dato di fatto: nel cuore di Manhattan esiste un altro sindaco, la cui autorità è riconosciuta. È un sindaco popolare e molto amato, almeno dai frequentatori del suo universo. Si chiama Gary dos Santos. Rispetto a Bloomberg è sicuramente più accessibile. Per vederlo non dovete chiedere udienza, fissare appuntamento, superare gli sbarramenti di segretarie, assistenti, guardie del corpo. Basta andare a Central Park, entrando dall'ingresso situato sulla 72nd Street West. Con ogni probabilità lo vedrete lì, seduto su una panchina. A vigilare sul suo regno. Perché Gary dos Santos è noto come «il sindaco di Strawberry Fields». Non sono veri campi di fragole. *Strawberry Fields* è il titolo di una canzone dei Beatles. È il nome con cui è battezzata la piccola area di Central Park dedicata alla memoria di John Lennon. È a pochi passi dall'antico grattacielo Dakota, dove abitava il cantante e dal quale stava uscendo il giorno in cui trent'anni fa fu assassinato da un folle fan, Mark David Chapman. Per terra, un mosaico forma le lettere di *Imagine*, la più politica e impegnata delle canzoni di Lennon, il suo capolavoro dell'era post-divorzio dai Beatles. Intorno ci sono delle aiuole, ben mantenute dal servizio forestale che si occupa di Central Park, ma un po' spoglie durante i geli invernali.

All'età di quarantacinque anni, da tempo Dos Santos è un senzatetto (o lo era: ultimamente ha trovato un alloggio temporaneo al Times Square Hotel). Come altri senzatetto, ama molto oziare a Central Park. Nel 1983 cominciò a frequentare soprattutto i giardinetti di Strawberry Fields. Seduto su una panchina a bere e fumare (allora si poteva) con gli amici, osservava i turisti sempre numerosi in pellegrinaggio nel santuario consacrato a Lennon. A poco a poco sentì crescere un'affezione per quel luogo, una familiarità, infine un senso di responsabilità. Si fece carico di un obbligo morale: il mosaico *Imagine* avrebbe dovuto essere sempre decorato di fiori, in omaggio al Beatle scomparso e per una forma di cortesia verso i suoi tanti ammiratori che vengono da lontano. Cominciò ad assillare tutti i fiorai del vicinato, perché gli regalassero qualche fiore ogni giorno, magari quelli un po' vecchi e non più vendibili. «Contributi alla pace nel mondo» li definisce, in ricordo del pacifismo di *Imagine*. Dos Santos si fece anche una cultura su Lennon, diventando un discreto conoscitore della sua biografia e delle sue opere. In modo da poter rispondere alle domande dei turisti, e talvolta improvvisare vere e proprie visite guidate a Strawberry Fields.

«Poi, otto anni fa» racconta Dos Santos «fratello Lennon mi ha visitato in sogno. Mi ha detto così: "Continua a fare quello che stai facendo, ogni giorno". Da allora non l'ho mai tradito. Ogni giorno, puntuale, anche se piove o nevica, io sono qui a occuparmi di lui. Sindaco di Strawberry Fields.» Quel titolo non se lo è affibbiato da solo. Mica è megalomane, tantomeno un usurpatore. A Central Park tutti gli *habitués* lo conoscono e gli riconoscono quel ruolo. Del resto è stato perfino prodotto un documentario su di lui. S'intitola, per l'appunto, *The mayor of Strawberry Fields*. Con il suo inseparabile cane labrador, potete trovarlo su quelle panchine e interrogarlo a piacimento. Ha buona memoria e vi dirà, per esempio, l'elenco interminabile di celebrità che ha visto sfilare davanti al mosaico *Imagine*.

I fiorai della zona lo conoscono meglio di chiunque altro. Hanno finito per rassegnarsi alla sua questua quotidiana. Come fosse una piccola tassa da pagare per il decoro e il buon nome del quartiere. I commessi di Amaryllis Florist sulla 73rd Street, quelli della Columbus Farm Grocery sulla 71st, all'inizio lo prendevano in giro. «Cos'è questa manìa per John Lennon? Cos'ha fatto lui per te?» Ma Dos Santos li disarmava con una battuta. «Lui ci ha dato la pace, fratello. Se mi dai qualche fiore, ti prendi cura di John.» Capita che i fiorai siano un po' più avari: il sabato sera, nelle festività, quando rose e garofani vanno a ruba tra i clienti paganti, i commessi diventano più avari di omaggi. In quei casi Dos Santos è costretto a rovistare nei cesti dell'immondizia in cerca di qualche petalo, qualche bocciolo andato a male. L'importante, è che *Imagine* non rimanga mai senza fiori.

Poeti a Times Square

Se pensate a Times Square che cosa vi viene in mente? È una delle piazze più celebri del mondo intero. Visitata, fotografata, immortalata all'infinito, dal cinema, dalle riprese televisive. Ciascuno l'associa immediatamente a un'immagine. Spesso la prima cosa a cui si pensa sono le gigantesche pubblicità luminose (un tempo si parlava di New York come della capitale del neon; oggi dubito che tecnicamente sia ancora il vecchio neon a produrre così tanta luce), uno spreco energetico che immagino visibile dalla Luna. I teatri di Broadway. Gli aromi dei pretzel che i venditori ambulanti arrostiscono sui marciapiedi. La massa umana che esce dalle viscere della terra, eruttata dal metrò. I fuochi d'artificio sotto le nevicate a Capodanno, che avete visto anche se non c'eravate perché aprono tutti i tg della Terra. La folla che esulta per qualche elezione presidenziale. Di recente Times Square ha fatto notizia, di nuovo, perché il sindaco Bloomberg ha trasformato in isole pedonali alcuni pezzi di questa piazza, tra la 42nd e la 47th Street all'incrocio con Broadway. Sono apparse le panchine, dove i turisti si fermano ad ammirare... altri turisti, e i cartelloni pubblicitari. Per me, banalmente, Times Square è anche il mio ufficio.

Ma un atelier letterario, un salone di poesia?

Times Square è anche questo. Dal 2006, una volta all'anno, arrivano qui giovani e meno giovani poeti per cimentarsi in un concorso pubblico, leggendo i propri versi in mezzo alla gente. È un'iniziativa promossa dalla Poetry Society of America, e da un'altra associazione che si chiama

Times Square Alliance. Quest'ultima ha una storia particolare. Nacque per migliorare la reputazione della piazza. Sì, nessuno di noi probabilmente può ricordarlo, perché è una storia un po' vecchia, ma ci fu un'epoca in cui Times Square ospitava anche un quartiere a luci rosse, era piuttosto mal frequentata e piena di borseggiatori.

Pur essendosi messa alle spalle da tempo quella cattiva fama, Times Square è ancora oggetto delle amorevoli attenzioni dei suoi benefattori che hanno istituito il concorso di poesia. In palio: 750 dollari di premio, e soprattutto un viaggio a New York. Il premio è modesto ma il viaggio non specifica una distanza massima di partenza. Ragion per cui molti concorrenti speranzosi vengono da lontano. Nell'edizione del 2009 erano ben cinquecento. Se non c'eravate di persona, potete vederli e ascoltarli recitare i loro versi andando sul sito www.timessquarenyc.org. Solo uno dei quattro vincitori del 2009 è newyorkese, Ben Miller. Un altro premiato, Henk Rossouw, viene dal Sudafrica. Una terza, Jehanne Dubrow, vive nel Maryland. Nessuno di loro è un dilettante allo sbaraglio. Questa non è una corrida televisiva. La quarta vincitrice, Mary Jo Bang del Missouri (ma di origini cinesi), con la sua ultima collezione di poemi (*Elegy*) aveva già vinto il prestigioso National Book Critics Circle Award nel 2008. E inoltre insegna scrittura creativa alla Washington University di Saint Louis. Che sensazione ha provato a leggere i suoi versi in mezzo a orde di visitatori distratti, colonne di taxi gialli strombazzanti, le vibrazioni sismiche dei metrò, le luci accecanti e il frastuono di fondo? «Times Square» dice Mary Jo Bang «è il simbolo e l'apice di quell'iper-stimolazione che ci fa sentire vivi.» Quando è toccato a lei salire su quel palco, con gli archi giganteschi e luminosi di McDonald's sullo sfondo, prima di declamare le sue poesie la Bang ha detto agli ascoltatori: «È eccitante stare in piedi in mezzo alla strada a leggere un poema senza fare la figura di una pazza!». Mentre leggeva, a pochi metri di distanza, una giovane sposa in abito bianco posava per la foto di nozze, gli autobus in coda sbuffavano fumate di smog, le sirene delle ambulanze coi loro acuti battevano la gara del chiasso. Jehanne Dubrow prima di leggere la sua poesia ha ricordato una foto «storica» di Times Square: scattata da Alfred Eisenstaedt, ritrae un marinaio che bacia un'infermiera, in mezzo alla piazza, durante le celebrazioni del 1945 per la vittoria contro il Giappone che mise fine alla Seconda guerra mondiale. Per la Dubrow quella celebre foto ha un significato molto personale: lei è sposata con un marinaio della Us Navy, che passa la maggior parte della sua vita in missioni di guerra su mari lontani. Il suo poema s'intitola *Giorno di Vittoria a Times Square*. Ma Jehanne osserva: «Non tutte le storie di Times Square hanno il lieto fine».

Mentre i poeti recitano, nel bel mezzo della piazza è sempre aperto il centro di reclutamento dei marines. C'è proprio tutto a Times Square.

L'isola del tesoro

Di corsari veri Robert Louis Stevenson in vita sua non ne incontrò mai. Quando nasce lui, nel 1850 a Edimburgo, l'epoca leggendaria della pirateria, degli assalti in mare ai galeoni carichi d'oro, è tramontata da un secolo. Da ragazzo la sua fantasia avida deve accontentarsi di fonti libresche: i romanzi di cappa e spada di Walter Scott, i paesaggi tropicali di Daniel Defoe, i racconti di Edgar Allan Poe, i resoconti storici sulle gesta di Sir Francis Drake, il grande predatore al servizio di Elisabetta I d'Inghilterra. Solo quando l'attrazione fatale per una donna lo strappa alla Scozia e lo trascina fino in California, il mondo dei suoi sogni giovanili incrocia le tracce di storie vere. Accade nel 1879: inseguendo un'americana di cui è innamorato, Fanny Osbourne, Stevenson sbarca a San Francisco, città di frontiera, avamposto sul Pacifico, che a quei tempi viene ancora chiamata la Barbary Coast. È un porto impregnato di ricordi di bucanieri e avventurieri, banditi e prostitute, cercatori di pepite sulla Sierra Nevada e Robber Barons, gli affaristi arricchiti con la febbre dell'oro e la costruzione della prima ferrovia intercontinentale. È in quegli anni che l'immaginazione di Stevenson comincia ad accumulare il materiale narrativo per l'*Isola del tesoro*, il suo romanzo più riuscito, la più celebre storia di pirati mai narrata. Ci mette dentro i paesaggi aspri e selvatici del suo viaggio di nozze a Mount Saint Helena, nella Napa Valley (descritto anche negli *Accampati di Silverado*). Da San Francisco, mettendo a dura prova la sua fragile salute, parte sullo yacht Casco in una traversata del Pacifico alla scoperta delle isole più esotiche: Tahiti, le Samoa, le Hawaii, dove fa amicizia con il re Kalakaua.

È in omaggio a Stevenson che quarant'anni dopo la sua morte la città di San Francisco decise di costruire davvero una Treasure Island: nel bel mezzo della sua baia, in quel braccio di mare solcato da navi che fanno la spola con l'Estremo Oriente. Ed è quell'isola del tesoro che oggi, dopo strane vicissitudini e anni di abbandono, sta per rinascere a nuova vita. L'hanno scelta come il laboratorio di un esperimento urbanistico eccezionale. Una terra dell'Utopia, una città del futuro, progettata per vivere in armonia con la natura: niente auto, niente rifiuti, zero inquinamento, consumi d'acqua e di energia ridotti ai minimi termini. Un'idea nata dall'incontro di due emergenze, la recessione e la crisi ambientale.

La prima nascita di Treasure Island è anch'essa legata a una crisi: la Grande Depressione degli anni Trenta. Quando Franklin Delano Roosevelt lancia il New Deal e un'audace politica di lavori pubblici per risollevare l'America dal disastro economico, San Francisco raccoglie la sfida con entusiasmo. La fisionomia della città cambia di colpo, trasfigurata da opere pubbliche monumentali. È in quell'epoca che per dare lavoro a masse di disoccupati si edificano infrastrutture avveniristiche come il Golden Gate Bridge, autostrade, dighe, edifici che mescolano lo stile liberty con influenze spagnolesche o francesi: la Coit Tower, il grattacielo-castello Mark Hopkins. E due isole: Yerba Buena e Treasure Island. Quest'ultima nasce nel 1936, l'anno del film *Tempi moderni* di Charlie Chaplin. È costruita usando terra di riporto, infilata sotto il Bay Bridge che collega San Francisco all'altra sponda della baia, a Berkeley e Oakland. La prima funzione dell'isola artificiale è di accogliere la Golden Gate International Exposition. Nel 1939 San Francisco con quell'expò vuole mettere in mostra proprio le sue grandi opere, una vetrina tecnologica e politica del New Deal progressista. Finita l'expò, Treasure Island si scopre una seconda vocazione: diventa un aeroporto per idrovolanti, nell'epoca in cui quei velivoli sembravano avere un futuro brillante. Vi fa scalo nei suoi voli di linea il mitico China Clipper della Pan American. Dopo Pearl Harbor, con lo scoppio della Seconda guerra mondiale, è la Us Navy a insediarsi nell'isola. La Treasure Island Naval Base diventa un centro di comunicazioni radio-elettroniche puntato verso il Pacifico, e una scuola di addestramento per gli operatori dei radar. Ci lavorano gli indiani Navajos, il cui idioma viene usato come linguaggio segreto per le comunicazioni cifrate. È anche una base di partenza per le navi militari verso l'Asia. E ben presto un punto di ritorno per le salme dei marinai caduti nella grandi battaglie del Pacifico. Dopo la guerra la Us Navy si tiene l'isola ma il suo ruolo strategico declina. Resta potente invece l'attrazione di quel nome, una promessa. Grazie al fascino di Stevenson le major di Hollwyood diventano ospiti frequenti. Gli hangar aeronautici in disuso sono ideali come studios cinematografici. Nel 1988 Steven Spielberg la trasforma in una replica dell'aeroporto di Berlino per *Indiana Jones e l'ultima crociata* che uscirà l'anno dopo. Tra le dozzine di film girati lì ci sono il thriller *Copycat* con Sigourney Weaver, un remake dell'*Ammutinamento del Caine, The Matrix*. Ma gli affitti versati dal cinema alla Us Navy non bastano. Con i tagli di bilancio la marina militare inaugura le dismissioni. L'isola del tesoro è in vendita. Ma chi può volere quel pezzo di terra così glorioso e così scomodo? Nell'era dell'automobile, il boom immobiliare di San Francisco non contagia l'isoletta: è collegata alla terraferma da un solo ponte, perennemente intasato. Ha una vista stupenda su San Francisco e tutta la baia, un panorama da cartolina. È un delizioso ritrovo per innamorati, un luogo magico nelle sere di luna piena, un belvedere tranquillo per appartarsi nell'intimità a osservare lo skyline dei grattacieli che s'illuminano là di fronte. Ma andarci a vivere non attira.

Poi arriva l'ultima crisi. E con Obama il New Deal si chiama Green Economy. San Francisco, come tutta la California, è in bancarotta, ma i fondi federali non mancano per chi ha idee innovative nella difesa dell'ambiente. Si fa avanti la Lennar Corporation, colosso della pianificazione urbanistica. Nasce il Treasure Island Development, un grandioso progetto per ridare vita all'isola di Stevenson come quartiere residenziale. Dovrà accogliere 24.000 abitanti, di cui il 30% in case riservate a famiglie con bassi redditi. Tutta l'energia sarà generata da centrali eoliche e solari, ogni edificio avrà i suoi pannelli fotovoltaici e le sue turbine a vento. Un impianto per il trattamento idrico punta a riciclare fino al 100% delle acque usate. Idem con il ciclo dei rifiuti solidi. L'obiettivo finale: l'indipendenza totale dalla terraferma. Treasure Island deve diventare autosufficiente, non chiederà risorse ai dirimpettai di San Francisco. Perfino dal punto di vista alimentare: sull'isola sorgerà una fattoria agrobiologica. Al bando le automobili per gli spostamenti interni tanto i negozi non disteranno più di dieci minuti a piedi. I trasporti pubblici saranno affidati soprattutto ai traghetti, che non soffrono gli ingorghi del ponte. Per scoraggiare i più pigri e il turismo inquinante, ci sarà un pedaggio d'accesso. Il progetto è già premiato dall'American Institute of Architects e dalla Clinton Climate Initiative. La sfida più seria da vincere sarà proprio contro il cambiamento climatico. Google e l'agenzia per l'ambiente, nelle simulazioni del software satellitare Cal.Adapt, calcolano che, per l'effetto serra e l'innalzamento degli oceani, Treasure Island è uno dei primi terreni che rischiano di finire sommersi. Nell'inaugurare il piano Arnold Schwarzenegger, governatore della California, è venuto su Treasure Island e ha detto: «Tra cent'anni questo posto da cui vi parlo potrebbe essere sott'acqua. Questa è la battaglia che la scienza e la tecnologia del XXI secolo secolo devono riuscire a vincere». Il tesoro da salvare, quello che il pirata Long John Silver indica con la croce sulla mappa segreta, è proprio qui.

La verde capitale dell'auto

L'appuntamento è davanti alla Mount Carmel Missionary Baptist Church di Detroit. L'ex capitale dell'automobile è diventata una terra da missionari. Intorno alla chiesa c'è un quartiere di villette monofamiliari, qualcuna ancora linda e graziosa, con l'erba del prato tagliata di recente, ultimi fortini di resistenza aggrappati al benessere di una volta. Attorno, stringono l'assedio le case coi vetri rotti, le porte sfondate, i tetti pericolanti, i garage incendiati, uno scenario di distruzione violenta, come se un esercito straniero si fosse fatto largo coi tank e i lanciafiamme. «Immagina cosa succede» mi dice il missionario Jeffrey Jones «quando a fianco a casa tua improvvisamente c'è il vuoto, i vicini scompaiono, qualcuno prima di fare le valigie inchioda alle finestre un asse di legno. È un mondo che crolla. Al posto dei tuoi vicini arrivano i senzatetto e gli spacciatori. E pensare che questo era stato per un secolo un quartiere fantastico. Da una parte c'era la fabbrica della Chevrolet, dall'altra una solida middle class nera: tecnici industriali, avvocati, medici. E poi un centro di vita culturale, qui c'era Motown, la casa discografica che fu la culla del *rhythm and blues*, della musica soul. Al sabato sera nei locali si faceva la fila per entrare.» Ora in quest'angolo depresso della Oakland Avenue, tra il Grand Boulevard e la Woodward, Jones con la sua Ndn (Next Detroit Neighborhood Initiative) è il protagonista di un esperimento unico al mondo. Spopolata dalla crisi industriale e poi da quella immobiliare, devastata dalle tensioni razziali e dalla criminalità, proprio quando sembrava condannata a diventare una città-fantasma, Detroit ha avuto un'illuminazione. Il suo nuovo sindaco, l'ex campione di basket e industriale siderurgico Dave Bing, ha capito che Detroit va «ristretta» drasticamente, come i suoi abitanti. Da due milioni negli anni Cinquanta, sono scesi a 790.000. E allora anche la città deve ritirarsi, «ridurre la sua impronta ambientale», dice Bing. «Non avrò mai più i mezzi» dice il sindaco «per distribuire l'acqua potabile, il gas e la luce, i turni di polizia, su una superficie di 139 miglia quadrate. 10.000 case vanno distrutte, rase al suolo. Chi vuole restare nei quartieri disabitati deve accettare di vivere come nelle campagne più remote, senza servizi pubblici.» Questa drammatica ritirata della città, che inverte due secoli di espansione industriale, è l'occasione per rinascere diversi. Jeffrey Jones mi guida a visitare i primi parchi «tascabili» dove il verde pubblico si allarga al posto del cemento e dell'asfalto. Passeggiamo in mezzo agli orti in città dove i pomodori stanno maturando al sole. «Da tre generazioni» dice Jones «noi neri di Detroit non sapevamo più cosa fosse la terra, la natura.» Nel cuore dell'industria dell'auto, il centro di Detroit si trasforma a sua volta in una città-giardino: lungo il delta del fiume che sfocia nel lago vedi solo pedoni e ciclisti, una spettacolare ristrutturazione ha cambiato il volto del quartiere direzionale. Niente motori, è tutta pedonale la grande passeggiata panoramica. Ed è solo l'inizio di un progetto visionario, fatto di giardini pensili e boschi a ridosso dei grattacieli.

La sfida di Detroit è spericolata. Mai nessuna città ha osato immaginare un'«operazione a cuore aperto» così dolorosa. Amputarsi di diversi quartieri, cancellarli dalle carte, è diventato inevitabile. «Noi ci paragoniamo a New Orleans» mi dice Ann Lang che dirige la Dpd (Downtown

Detroit Partnership), un'alleanza di forze sociali e imprenditoriali per salvare la città, «però l'uragano Katrina avvenne in un istante, la nostra distruzione si è prolungata per anni. In un certo senso è peggio.» Se ci fosse stato un uragano, un terremoto, un disastro ambientale, Detroit sarebbe stata sulle prime pagine dei giornali, avrebbe conquistato un posto nelle emergenze nazionali. È vero che la sua crisi è più acuta che a New Orleans. Dopo Katrina il tasso di disoccupazione nella città sommersa raggiunse l'11%, a Detroit è il 28,9%. È un livello da Grande Depressione degli anni Trenta (la media nazionale americana 2010 è il 9,5%). La drammatica ritirata dello Stato annunciata dal sindaco Bing è inevitabile: senza una calamità che faccia scattare i soccorsi della protezione civile, il Comune non ha davvero più i mezzi per fornire i servizi essenziali su tutto il perimetro cittadino. Deve inventarsi un'altra idea di città. Ma se la sua scommessa è vincente, Detroit potrebbe tornare a ispirare l'America, come altre volte nel suo passato.

«Questa città ha avuto una storia gloriosa» mi racconta Ralph Gilles, top manager della Chrysler e responsabile del marchio Dodge sotto la gestione Marchionne, «qui il sogno dell'auto ha unito tutti. Ha funzionato da motore per la costruzione di una middle class multietnica: neri, immigrati dall'Europa, dai Paesi arabi. Fu la terza città più ricca d'America, c'erano più yacht immatricolati qui che a New York e Miami.» Il livello di ricchezza che fu raggiunto non si può immaginare né a Torino né a Wolfsburg. Essere metalmeccanico con il contratto sindacale della Unite Auto Workers voleva dire guadagnare un salario tale da comprarsi la seconda casa sul lago, cambiare l'auto ogni due anni, mandare i figli all'università. Dal primo Novecento Detroit è la vetrina del contratto sociale americano, il fordismo. Nel 1914 Henry Ford decide di sua iniziativa un aumento salariale record per quell'epoca, alza a 5 dollari la paga giornaliera, perché «gli operai devono poter comprare il modello Ford T». La metropoli del Michigan diventa un magnete per i neri che abbandonano il Sud segregazionista: l'80% della popolazione cittadina è afroamericana. Allora viene definita «the City of Homeowners» (la città dei piccoli proprietari di case) e «l'arsenale della democrazia americana». «Nella sua età dell'oro Detroit è un laboratorio di consenso sociale e aspettative crescenti» dice Gilles. Con il boom degli anni Cinquanta si espande fino a occupare un territorio più largo di Manhattan, Boston e San Francisco messe assieme. In questa dilatazione estrema compaiono i primi segni di declino di un modello. Gli anni Settanta, con la crisi energetica e l'invasione dell'auto giapponese, cementano un'alleanza corporativa tra il capitalismo di Gm-Ford-Chrysler e il sindacalismo della Uaw. La forza politica del sindacato è decisiva per far passare al Congresso le barriere protezioniste, poi negli anni Ottanta e Novanta ritarda le normative ambientali. Intanto le crepe sono diventate visibili nell'edificio sociale. Il 1967 è l'anno degli scontri razziali più violenti, 43 morti. I bianchi abbandonano Detroit, si rifugiano nelle cittadine della cintura periferica, dove si ricorda ancora oggi il proclama di un sindaco: «Se un nero prova a traslocare qui interveniamo più rapidamente che per spegnere un incendio». La città elegge nel 1973 il primo sindaco nero, Coleman Young, al potere per vent'anni di seguito con un'idea fissa: vendicarsi dei bianchi. Young ama definirsi Mfic, *Motherfucker in charge* (il figlio di puttana che ha il potere). Detroit si conquista una fama sinistra come capitale della droga, delle gang, con il record nazionale degli omicidi. Il colpo di grazia arriva con la recessione 2008-2009. Epicentro della crisi sono due settori-chiave per la città: l'auto e il valore delle case. Gm e Chrysler finiscono insieme in bancarotta. Licenziamenti e crisi dei mutui si accaniscono contro i proprietari di case. Dall'inizio della crisi 55.000 abitazioni sono state oggetto di pignoramento giudiziario. Il 27,8% delle case di Detroit sono ufficialmente «vacanti»:

vuote dopo l'espulsione dei proprietari insolventi con le banche o degli inquilini morosi. È la fine della parabola. Il destino tragico della città diventa il simbolo di una vicenda ancora più grande, la ritirata dell'industria americana, la fine di un'egemonia mondiale, il tramonto della cultura manifatturiera e dei colletti blu che s'identificavano con i suoi valori.

«Ora basta guardare al passato» dice il sindaco Bing. «Io non mi accontenterò di sopravvivere nella mediocrità. Questa città merita altro.» I segni di una rinascita vengono dal mondo della cultura e della scienza. «Le università e i grandi centri di ricerca medica degli ospedali cittadini hanno ripreso ad assumere» dice Gilles. «Sono due settori che tirano nell'economia cittadina. I generosi sgravi fiscali offerti dal Michigan lanciano Detroit come capitale del cinema low cost, con spese di produzione molto inferiori a Hollywood.» *Gran Torino* di Clint Eastwood e *Tra le nuvole* con George Clooney sono stati girati qui. Cinquanta film prodotti nel 2009, 4200 posti di lavoro stabili, più 4000 contratti a termine.

L'idea più rivoluzionaria del sindaco Bing è «l'agricoltura urbana». Non è più un'utopia da comuni hippy o una provocazione di ambientalisti radicali. Protagonista di questo progetto è uno dei maggiori capitalisti di Detroit, John Hantz, ex trader dell'American Express, oggi alla guida di una società finanziaria da lui creata, con 500 dipendenti e 1,3 miliardi di patrimonio gestito. Hantz è convinto che nel terzo millennio «l'agricoltura può riprendersi il territorio che le era stato rubato dall'industria e dall'urbanizzazione». A Detroit, osserva, «abbiamo 200.000 lotti di terreno senza un padrone, derelitti». È ora di trasformarli in giardini e orti, «un enorme risparmio per il Comune rispetto alle spese di gestione di un tessuto urbano». E chi dice agricoltura urbana non pensi a trattori, fertilizzanti chimici. «Nulla di invasivo» spiega Hantz. «Qui avremo frutteti agrobiologici, produrremo mele, pesche, prugne, lattughe.» È così che il sindaco pensa di riempire gli enormi spazi lasciati vuoti dal trasferimento di interi pezzi della popolazione verso la nuova Detroit, più piccola e più sana. Leader dei suoi avversari, il reverendo Horace Sheffield lo accusa di voler fare «una pulizia etnica, come il genocidio degli indiani d'America». Ma l'alternativa sono i quartieri fantasma invasi dalle gang della droga, dove il bolletino dei morti continua a crescere. «Siamo un caso estremo» dice Ann Lang. «Forse proprio perché abbiamo toccato il fondo, possiamo diventare un modello per il futuro di tante altre città.»

Mi lascio alle spalle il quartiere semidistrutto vicino alla missione, le case sventrate e saccheggiate. La mia visita si conclude sul lungofiume dove sorgeranno i giardini pensili. È un altro mondo, bagnato dalla luce, invaso da una folla ridente che ha imparato a camminare. Come nell'ultima scena del film *Gran Torino*, l'unica girata sul lago e solare, Detroit sembra voltare le spalle al passato e rivolgersi verso questa immensità d'acqua azzurra, alla ricerca di una conferma che il suo sogno è possibile.

L'America aveva inventato gli shopping mall, giganteschi centri commerciali, poi gli outlet: sempre più in periferia, per la necessità di occupare metrature quadrate immense, in cui esibire sempre più «roba» a sempre minor prezzo. E con annessi i parking a perdita d'occhio per ospitare carovane di consumatori motorizzati, con Suv e furgoni da stipare come navi portacontainer. Contrordine: ora l'America del dopo-crisi lancia il Lifestyle Center. Dedicato a un nuovo «stile di vita», è un luogo dove la spesa si fa in piccoli negozi, boutiques familiari, accessibili in aree pedonali. A giudicare dai primi esperimenti, questi Lifestyle Center riscuotono un discreto successo: affitti e leasing degli spazi commerciali danno il tutto esaurito. Chissà se adesso gli inventori di questo concetto rivoluzionario riusciranno a venderlo agli europei. Sempre così pronti a innamorarsi di ogni trend con l'etichetta «made in Usa», forse anche i consumatori del Vecchio continente volteranno le spalle ai maxicentri commerciali di periferia, alle insegne tutte uguali, alle catene degli outlet e dei discount. Magari senza accorgersi che i Lifestyle Center sono sempre esistiti. Ogni città italiana ne ha uno. Ha anche un bel nome nella nostra lingua. Si chiama centro storico.

VII
Addio ambientalismo per ricchi

L'ecologia alla portata di tutti

In America è guerra all'ecochic, l'ambientalismo da ricchi. La battaglia non viene sferrata dalla destra conservatrice ma da una nuova corrente di «pensiero sostenibile». È una generazione di guru verdi più in sintonia con la maggioranza della popolazione. Parla ai colletti blu, al ceto medio impoverito dalla recessione, agli immigrati. Cioè quel 69% della popolazione Usa che fugge dai prodotti con l'etichetta «bio» perché troppo cari, un lusso per privilegiati. No, non è vero che fare la spesa ecocompatibile deve costare caro. Questa nuova tendenza ha il suo decalogo: dieci principi da seguire, capovolgendo i luoghi comuni dell'ambientalismo tradizionale.

Zaccai Free, trentotto anni, autore di libri per bambini, è uno degli esponenti della nuova tendenza. «Adottare uno stile di vita meno distruttivo per il pianeta» dice «non significa andare in cerca di alimenti cari e prodotti per la casa che costano il doppio.» Glenn Croston, autore di *Starting Green*, è altrettanto severo con le mode che hanno trasformato il consumo sostenibile in un salasso per i bilanci familiari. «Basta con l'ecolusso» dice Croston. «Ci sono scelte quotidiane che si possono fare per proteggere il pianeta e il futuro dei nostri figli, risparmiando.» Sotto tiro si trovano le élite progressiste, che hanno trasformato le scelte responsabili in una moda sofisticata. I *venture capitalist* di San Francisco con le ville coperte di pannelli solari e l'auto elettrica Tesla da 200.000 dollari in garage. Gli abitanti dell'Upper West a Manhattan che affollano Whole Foods, il supermercato tutto-bio che sembra una gioielleria. Uno snobismo dagli effetti dissuasivi sul resto della popolazione. «Secondo un'inchiesta di Grail Research» rivela il Washington Post «oltre i due terzi degli americani associano i prodotti "verdi" con un prezzo irraggiungibile per il loro potere d'acquisto.»

All'americano medio – col mutuo da pagare, le rate sull'automobile, la fatica per arrivare a fine mese – si rivolge invece Shel Horowitz, l'autrice di *Painless Green* ovvero l'ambientalismo indolore. Un elenco di consigli per «aiutare l'ambiente, ridurre il nostro impatto sul cambiamento climatico, tagliare le spese e migliorare la qualità della vita». Consigli semplici alla portata di tutti. Alcuni ci riportano alle abitudini di vita dei nostri nonni. Usare i ventilatori invece dell'aria condizionata. Riscaldarci meno d'inverno, a costo di indossare il maglione in casa. Lavare le finestre semplicemente con l'alcol. Chiudere il rubinetto dopo aver inumidito lo spazzolino o la lametta da barba, anziché lasciar scorrere l'acqua. Altri sono suggerimenti hi-tech: installare i nuovi apparecchi che interrompono la corrente quando non stiamo usando la tv o il computer oppure le docce ad alta efficienza che riducono di 4 litri al minuto l'erogazione d'acqua senza che ce ne accorgiamo.

Con un'attenzione rigorosa ai costi, il decalogo del nuovo ambientalismo sottopone a un esame severo tutti i vecchi miti del pensiero «sostenibile». Stabilisce quali regole restano valide e quali vanno abbandonate partendo da ciò che ci sembra più ovvio. Dobbiamo spegnere sempre la luce quando usciamo da una stanza? Sbagliato, se abbiamo installato le nuove lampadine compatte fluorescenti: accendendo e spegnendole troppo spesso la loro vita si accorcia.

E non è vero che costino più care, sulla bolletta elettrica pesano il 25% delle lampadine tradizionali. Al supermercato è giusto fare la spesa orientandosi sulle «etichette verdi»? Spesso è sbagliato, per gli scarsi controlli su quei certificati. Installare pannelli solari? Prima fate isolare l'abitazione per evitare le fughe di calore, è molto più efficace. Comprare prodotti biodegradabili per ridurre l'accumulo nelle discariche? Quasi sempre è inutile, i prodotti che si proclamano tali non si decompongono abbastanza rapidamente. Molto meglio ridurre gli sprechi, per dare un contributo immediato all'emergenza rifiuti. Comprare un'auto ibrida? Mezzi pubblici e bicicletta restano molto più verdi, e ovviamente meno cari. Vale la pena spendere dal 20% al 40% in più comprando dall'agricoltura biologica, perché gli alimenti sono più sani e più nutrienti? Il sovrapprezzo è giustificato in alcuni prodotti come pesche, mele, mandarini, lattuga, uva. Non vale la pena invece per quella frutta e verdura che anche nell'agricoltura tradizionale ha una bassa intensità di sostanze chimiche inquinanti: dal cavolo al pomodoro. Comprare dall'agricoltura locale per ridurre le emissioni di CO_2 dovute al trasporto dei prodotti. In realtà esso contribuisce all'11% delle emissioni carboniche dell'agricoltura, il resto è legato ai metodi di produzione. Molto meglio, sia per la salute che per il portafoglio, ridurre il consumo di carne rossa, perché l'allevamento di bovini è ad alta intensità di consumo energetico. I nuovi comandamenti hanno un principio in comune: ridimensionare anche di poco i nostri consumi ha un impatto sull'ambiente molto più benefico che la rincorsa alle mode dei prodotti verdi.

Missione Possibile: salvare la Terra

Vita artificiale, microsensori, algoritmi governa-traffico: tre innovazioni tecnologiche salveranno la Terra. Insieme a noi. La Green Economy di Barack Obama è già una realtà. Dietro i profeti dell'Apocalisse ambientale – Cassandre indispensabili per risvegliare le nostre coscienze – si muove un'armata di rivoluzionari «positivi» che stanno costruendo gli antidoti al disastro ambientale. I nostri costumi di vita si stanno evolvendo. Anche le classi dirigenti (alcune) sono meno sclerotizzate di quanto sembri. Malgrado i fallimenti della *global governance* come il vertice di Copenaghen, nonostante le resistenze delle lobby che sembrano paralizzare i governi, s'intravedono tre opzioni alternative verso lo sviluppo sostenibile: America, Cina, Germania, con ricette completamente diverse, puntano verso lo stesso obiettivo. E la competizione fra questi sistemi, lungo l'asse Occidente-Oriente, farà avanzare il mondo intero.

Una frontiera della ricerca scientifica, che promette grandi benefici per l'ambiente, si è dischiusa dopo la creazione di un organismo vivente (un batterio) da parte dei biologi americani Craig Venter e Hamilton Smith. Le sue potenzialità sono immense e lo stesso Venter le sta esplorando in varie direzioni. La generazione artificiale di forme di vita può materializzarsi per esempio in nuove alghe che saranno i biocarburanti del futuro: capaci di assorbire le emissioni carboniche e poi ritrasformarle in energia, esattamente come fanno gli alberi. Usando la superficie degli oceani, molto più vasta della crosta terrestre, le «alghe buone» daranno al pianeta un polmone di ricambio. Un'altra sfida della biogenetica, che ha ricevuto un'accelerazione dai lavori di Venter e Smith, è la creazione di nuove specie di cereali e leguminose la cui coltivazione consumerà una frazione dell'acqua necessaria oggi. La creazione di nuove specie offrirebbe una speranza cruciale soprattutto per le nazioni più popolose, Cina e India. Inoltre, dalla creazione artificiale della vita può arrivare una risposta ai più gravi disastri ambientali come la marea nera rovesciata dalla Bp nel Golfo del Messico. «Già in natura» spiega l'oceanografo Ken Lee del Bedford Institute in Nova Scotia, Canada «esistono batteri che divorano il petrolio e lo frantumano in componenti cellulari organici.» Albert Venosa, dell'Epa (Environmental Protection Agency) americana, ha dimostrato che, aiutandoli con «condimenti» a base di nitrogeni, fosforo e potassio, «il lavoro di questi batteri accelera prodigiosamente, riuscendo a distruggere in un'estate il greggio che normalmente eliminerebbero in cinque o sei anni». Ora vi è una concreta speranza nata a valle delle ricerche sul genoma. Dopo il primo batterio artificiale di Craig Venter, si potrebbero costruire in laboratorio dei microkiller del petrolio, capaci di aggredire e ripulire una marea nera con una voracità potenziata.

La seconda frontiera dell'innovazione non esce dai laboratori biogenetici ma da quelli dei Politecnici informatici. Lo sviluppo delle nanotecnologie ha già partorito nuove applicazioni dei microsensori che sono formidabili alleati della natura. Uno dei massimi esperti di questo settore è l'americano Robert Atkinson, presidente dell'Itif (Information Technology and Innovation Foundation). «Dai laboratori di Georgia Tech» spiega Atkinson «escono dei microsensori capaci di distinguere più di 100 elementi chimici nell'acqua o nell'aria, e di comunicarsi le informazioni tra loro.» In Australia gli scienziati botanici dello Springbrook National Park hanno disseminato la foresta vergine di microsensori alimentati a energia solare. Sono «occhi, orecchie e nasi» invisibili, guardiani del delicato ecosistema dell'immensa foresta, pronti a trasmettere allarmi videoacustici per segnalare qualsiasi danno all'ambiente naturale. A Tokyo e a San Francisco gli stessi microsensori stanno per essere utilizzati nei nuovi sistemi di regolazione del traffico urbano detti «Smartway»: la loro «intelligenza diffusa» consentirà di eliminare gli ingorghi, riorientare il traffico, riducendo sensibilmente lo smog da trasporto urbano. La versione giapponese consentirà di collegare la rete di microsensori ai computer di bordo delle auto, orientando il guidatore verso i percorsi più razionali che abbattono il consumo di carburante.

La terza rivoluzione investe l'urbanistica. A favorirla convergono cambiamenti di varia natura: tecnologici, organizzativi, ma anche l'evoluzione demografica, nuovi stili di vita e sistemi di valori. Un pioniere che progetta la metropoli «verde» del futuro è uno scienziato americano che si è formato sulle teorie di matematica statistica, Charles Komanoff. È nato dalla sua mente «l'algoritmo Komanoff», un sistema di equazioni più complicato di quelli usati dalla Nasa per l'esplorazione su Marte. Il suo algoritmo serve a decifrare e rendere governabili tutte le variabili complesse che alimentano il traffico di Manhattan. Da una parte Komanoff inserisce dati come la popolazione lavorativa, la percentuale di pendolari, la loro distribuzione geografica, gli orari di apertura degli uffici e dei negozi. Dall'altra introduce i prezzi dei carburanti, i pedaggi delle tangenziali e dei ponti, il costo del biglietto del metrò e dei parking. L'algoritmo opera su queste variabili, riprogramma i flussi e i movimenti, e produce risultati stupefacenti. Meno congestione, aria più pulita e benefici economici misurabili. «Quasi 3 miliardi di dollari guadagnati» spiega Komanoff «tra l'abbattimento delle emissioni di CO_2, la riduzione delle vittime di incidenti automobilistici, il tempo risparmiato negli spostamenti.» Che non sia un'illusione, lo dimostra il fatto che il suo algoritmo viene studiato attualmente da due metropoli di dimensioni analoghe a New York: Parigi e Guangzhou (Canton). La sua efficienza sarà esaltata con l'entrata in funzione del nuovo Gps (controllato da ventiquattro satelliti di seconda generazione), la cui precisione arriverà al centimetro. La rivoluzione urbanistica non è fatta solo di tecnologie. L'America che aveva inventato i quartieri residenziali di periferia, cioè il modello abitativo e consumistico più energivoro del pianeta, sta facendo dietrofront. Il nuovo trend è la riscoperta di isole pedonali, piccoli negozi familiari, esercizi commerciali a dimensione umana, servizi di prossimità. «È legato ai valori dominanti nella generazione del Millennio» spiega il sociodemografo Arthur Nelson della University of Utah «perché i ventenni e trentenni oggi preferiscono lo stile di vita dei centri urbani, vogliono raggiungere a piedi università musei e teatri.» L'impatto ambientale? Un drastico taglio del 50% nei consumi energetici per i trasporti. Meno autostrade intasate di pendolari, più metrò e piste ciclabili. Economie di scala che rendono più facile la raccolta differenziata. Un'altra innovazione urbanistica, che si autofinanzia, si sta facendo strada grazie ad Arthur Rosenfeld, lo scienziato che l'America ha premiato con l'Enrico Fermi Award, nonché il fondatore della California Energy Commission. È lui a promuovere nel mondo intero la campagna «tetti bianchi». «Ridipingendo semplicemente di bianco i tetti dei palazzi» spiega Rosenfeld «la luce solare viene riflessa e restituita all'atmosfera. Si riducono i consumi di aria condizionata dal 10% al 20%. Da Chicago a Sidney, in quindici anni questo vuol dire eliminare 15 miliardi di tonnellate di CO_2, l'equivalente di una riduzione del 40% nel traffico automobilistico.» È la riscoperta di una saggezza antica, visto che il bianco è il colore dominante in tante civiltà di zone calde, azteche o mediterranee.

Per convogliare le risorse della scienza e della tecnica, per incentivare i cambiamenti positivi negli stili di vita collettivi, le strategie politiche apparentemente divergono. L'America di Obama fa affidamento sul modello Silicon Valley: un misto di ricerca pubblica, incentivi al capitalismo privato, spirito imprenditoriale. 100 miliardi di dollari di investimenti e 2 milioni di posti di lavoro, è la promessa della Green Economy di Obama. La Cina sta incorporando la sfida ambientale nella pianificazione della sua classe dirigente, autoritaria e tecnocratica. È un modello centralizzato che già oggi è capace di investire 34 miliardi di dollari nelle energie rinnovabili: il doppio degli Stati Uniti. La Germania, e con essa l'Europa nordica e scandinava, ha preferito un approccio fiscale «punitivo», con le più alte tasse del mondo sui consumi di carburanti fossili. E anche il made in Germany è in gara sulle frontiere più avanzate delle tecnologie verdi. È una competizione virtuosa, in cui tutti abbiamo da guadagnare. Come spiegano gli scienziati del Massachusetts Robert Pollin e James Heintz, autori del rapporto «Green Recovery», di colpo «tutti i governi del mondo devono riconoscere che non c'è altro settore capace di trainare la ripresa e creare occupazione, come può farlo la nuova economia dell'ambiente».

Foreste come spugne

«Ci sono alberi che divorano l'anidride carbonica come i bambini mangiano i dolci. Se esagerano diventano obesi. Sta accadendo alle nostre betulle, dalla West Coast al Minnesota.» La bulimia delle betulle americane, i cui ritmi di crescita sono accelerati del 50% negli ultimi 50 anni, sta facendo impazzire gli scienziati botanici come Christopher Cole. Ma è anche una buona notizia per l'ambiente. Le foreste, che coprono il 30% della superficie del pianeta, hanno un ruolo cruciale nella lotta al cambiamento climatico. Sono le «spugne» più efficaci per assorbire le emissioni di CO_2 create in eccesso dall'uomo. Ma non tutto il verde è uguale. Di qui l'attenzione crescente rivolta ai tipi di alberi, e l'interesse alla riforestazione che coinvolge attori diversi, con alleanze un tempo impensabili tra il grande capitale e gli ambientalisti.

Lo studio sulle betulle è stato pubblicato dai ricercatori della University of Wisconsin-Madison sull'autorevole rivista scientifica Global Change Biology. È la conferma che il cambiamento climatico provoca sorprendenti risposte di adattamento nell'ecosistema. Gli alberi assorbono anidride carbonica nella fotosintesi, immagazzinano CO_2 nelle foglie e nel legno. Salvo rilasciare la stessa CO_2 nell'atmosfera quando bruciano. Per mitigare gli effetti del cambiamento climatico, è nostro interesse aumentare la quantità di CO_2 che i boschi assorbono e prolungare il periodo in cui l'anidride resta «sequestrata». Per questo gli scienziati attirano l'attenzione sul tipo di alberi che piantiamo: ci sono piante-spugne ben più voraci di altre. Michael Keown, dirigente dello Usfs (United States Forest Service), spiega che «già oggi le aree boschive degli Stati Uniti catturano il 15% di tutti i gas carbonici del Paese, ma in futuro possono fare molto di più». La capacità di sequestrare CO_2 nelle cosiddette foreste umide, che abbondano sulla West Coast, è «il triplo rispetto a zone dove la vegetazione è più secca». La betulla impazzita è una risposta quasi patologica al cambiamento climatico. Ma per alcuni esperti offre un'indicazione utile: perché non puntare sulle piante più ingorde di CO_2 e moltiplicare l'efficacia di ogni riforestazione?

La riscossa dei boschi diventa un business. Comunque vadano i negoziati tra governi sui grandi trattati internazionali per la lotta al cambiamento climatico, il mondo si converte gradualmente agli incentivi economici per chi riduce le emissioni. In un'economia di mercato, questo apre nuove opportunità e scatena gli appetiti di grandi gruppi capitalistici. Che trovano negli investimenti verdi un duplice ritorno: il beneficio d'immagine e il profitto. Così la Walt Disney ha destinato 7 milioni di dollari per interventi di riforestazione nella regione amazzonica del Brasile, in Congo, sulla costa settentrionale della California, e nella valle del Mississippi. La principale compagnia elettrica californiana, Pg&c (Pacific Gas and Electricity), ha firmato un contratto con la cittadina di Arcata per «mantenere» le sue foreste e sequestrarvi CO_2 per i prossimi cento anni. Improvvisamente cominciano a spostarsi anche gli equilibri politici. Non tutto il mondo della grande industria rema contro Kyoto 2. Contro la legge ambientale voluta da Barack Obama si è scatenata la lobby delle industrie più inquinanti, rappresentate dalla Us Chamber of Commerce (una sorta di Confindustria). Molti gruppi capitalisti però si sono dissociati da questa battaglia di retroguardia. Per la prima volta il fronte ambientalista – dal Sierra Club al Wwf – si vede spalleggiato da una potenza economica molto tradizionale: l'industria del legname, che da sempre controlla vaste zone forestali degli Stati Uniti. Per lo scienziato dell'ambiente Brian Murray della Duke University, il sistema dei «crediti carbonici» nei prossimi anni può restituire ai boschi decine di milioni di ettari. «Questa riscossa delle foreste» dice Murray «sarebbe un'inversione di tendenza secolare, il più grande cambiamento nel paesaggio americano dalla metà dell'Ottocento.»

Il biologo di casa nostra

Oliver Stone e Gwyneth Paltrow si sono già fatti «purificare» le abitazioni da lui, ma non c'è bisogno di essere vip per ingaggiare il nuovo guru del nostro benessere. Si parte da 375 dollari per una prima visita dello *home biology consultant*, il biologo della casa. Un esperto che può diventare indispensabile come il medico di famiglia. Il protettore della salute contro le aggressioni invisibili che subiamo fra le pareti di un appartamento: esalazioni chimiche, onde elettromagnetiche e altri veleni nascosti nell'acqua del rubinetto, nella dispensa, nei detersivi e nei cosmetici. A Manhattan basta andare sul sito healthydwellings.com (come a dire casesane.com) e fissare l'appuntamento con Matthew Waltezke. Trentacinque anni, triatleta, salutista convinto, Waltezke ha studiato in Florida all'Institute for Bau-Biologie & Ecology, che attinge a esperimenti-pilota nati in Germania. Waltezke si presenta a casa vostra con un arsenale che ricorda *Ghostbusters*, il film sui cacciatori di fantasmi armati di misteriori ordigni elettronici. Ma gli spettri a cui dà la caccia sono reali. Usa un misuratore multidirezionale di frequenze radio, un gasometro, una sorta di compasso elettronico per il magnetismo, un rilevatore di umidità. «Contrariamente al senso comune» spiega il biologo «anche in una megalopoli immersa nello smog come New York l'inquinamento per le strade è inferiore del 50% a quello che respirate fra le mura di casa.» Proprio dove ci crediamo più al sicuro, siamo accerchiati. *Slow*

Death by Rubber Duck, ovvero la morte lenta attraverso la paperetta di plastica, è il titolo ironico di uno studio pubblicato da due scienziati ambientali canadesi Bruce Lourie e Rick Smith. Sottotitolo: *How the Toxic Chemistry of Everyday Life Affects Our Health* (Il pericolo nascosto negli oggetti quotidiani). Dal forno a microonde allo schermo tv ultrapiatto, dal detersivo per i pavimenti alla doccia: tutto sembra programmato per ucciderci. Il primo esame del biologo è dedicato agli elettrodomestici. Perfino il frigo emette radiazioni. Le sue per fortuna si attenuano appena ci si allontana di trenta centimetri. Il microonde invece continua a bombardarci a due metri e mezzo di distanza. Waltezke addiziona le radiazioni di telefonino e cordless, impianto hi-fi, computer, perfino gli interruttori della luce che oggi vanno più di moda, quelli con la regolazione dell'intensità luminosa. «Tra l'elettronica di casa, quella dell'automobile, i ripetitori sui tetti dei grattacieli» spiega un altro esperto di bio-edilizia, Louis Seslin «la specie umana è la cavia di un gigantesco esperimento biologico a base di tempeste elettriche.»

Altri nemici sono meno hi-tech. Il misuratore delle muffe rivela questa piaga nascosta dentro le pareti, soprattutto in vicinanza di bagni e cucine: la percentuale di persone affette da allergie, asma e altri disturbi respiratori legati alle muffe cresce in modo esponenziale. E l'acqua che beviamo? Gli ambientalisti contestano la mania delle acque minerali, che intasa il pianeta di bottiglie di plastica e aumenta le emissioni di CO_2 (per il trasporto). Ma la celebrata «acqua del sindaco» che esce dal rubinetto non è così pura come vorremmo. A New York contiene fluoro, cloro, perfino tracce di arsenico. Il biologo della casa Waltezke svuota il mobiletto del bagno per passare in rassegna i killer che abbiamo introdotto noi stessi: cosmetici imbottiti di sostanze chimiche micidiali, come gli ftalati nel comunissimo shampoo. Non si salvano gli oggetti New Age che associamo a un benessere zen: «Via le candele aromatiche» ordina Waltezke «tutto ciò che esala fumo avvelena, non importa quanto sia profumato».

Per 375 dollari la sua prima visita all'appartamento dura tre ore. Si conclude con una diagnosi accurata, otto cartelle in formato Word allegate a un'email, incluso un elenco di prescrizioni. «Il mio obiettivo» spiega il biologo della casa «è identificare tutti gli elementi fisici ad alto potenziale stressante, gli alimenti contaminati, le plastiche cancerogene, i detergenti tossici. Voi non potete controllare l'inquinamento del pianeta che vi aggredisce appena uscite là fuori. Almeno fra le mura di casa, avete la scelta.» Per esempio, ridipingere tutte le pareti con la vernice al carbonio, color nero lucido, che assorbe fino al 97% delle onde elettromagnetiche. Un'alternativa meno costosa: coprire i muri con carta da parati in canapa naturale. Per l'acqua, sono d'obbligo i filtri (il regista Oliver Stone ha un consulente specifico solo per questo, il «biologo delle acque di casa», che fattura 1000 dollari a intervento). Ci sono anche i rimedi «poveri», alla portata di tutti, come le finestre aperte. Una vera e propria panacea è riscoprire l'uso che facevano le nostre nonne dell'aceto: detergente quasi universale, senza controindicazioni. Salvo l'odore che non è proprio Chanel n. 5. Il biologo della casa comunque non vuole aggiungervi altro stress: «Al termine del check-up di casa vostra» dice Waltezke «indico una serie di interventi facoltativi, in ordine decrescente di urgenza. Bisogna avere una gerarchia di priorità anche nelle angosce».

VIII

I limiti della potenza cinese

Il mio Tibet «normalizzato»

Com'è cupa Lhasa dopo tre mesi di isolamento forzato dal mondo. La penetro furtivamente, nel luglio 2008, in un periodo terribile per questa città e il suo popolo. Per la prima volta, dopo tanti viaggi in Tibet, non incontro un solo occidentale. Pattuglie di soldati e polizia militare mi squadrano diffidenti a ogni angolo di strada. È una città triste, piena di ferite ancora aperte. Una traccia della sofferenza l'hanno voluta lasciare in bella vista le autorità, per esibirla come prova della violenza criminale dei «ribelli». È sulla via Barkhor, in pieno centro storico, nel quartiere che è rimasto più autenticamente tibetano. È un'antica casa-bottega ridotta a una carcassa annerita, una rovina che ancora puzza d'incendio, come se la furia dei manifestanti fosse appena esplosa. Il sinistro memoriale rievoca le immagini trasmesse centinaia di volte dalla tv di Stato: i corpi carbonizzati di cinque ragazze cinesi, cinque commesse bruciate vive nell'incendio del loro negozio il 15 marzo 2008.

La via Barkhor è nel cuore di tutti i buddisti tibetani. La percorrono sempre in senso orario per fare il giro attorno al tempio Jokhang, e intanto muovono le file di ruote sacre della preghiera. Per anni l'ho vista sempre uguale: miriadi di pastori venuti dalle montagne, puzzolenti di burro rancido di yak, donne vestite di nero coi grembiuli lunghi a strisce color arcobaleno, mercatini, bancarelle all'aperto, e tanti turisti a mescolarsi nella folla locale, vivace e chiassosa, una gioia per gli occhi. Nel luglio 2008 invece incontro a ogni angolo gruppi di uomini armati in tuta mimetica. I soldati in tenuta di guerra si alternano coi plotoni antisommossa della polizia militare, quelli con divisa blu e berretto a visiera, armati e con le radiotrasmittenti accese. «Ci sono anche tanti agenti in borghese» mi avverte la mia guida tibetana «ma li riconosciamo subito.» Le altre ferite di Lhasa le scopro appena mi scosto dal giro abituale, entrando nei vicoli più appartati del vecchio quartiere. È uno spettacolo lugubre. Saracinesche abbassate, porte e finestre sprangate, una piccola città-fantasma. Sono le case dei *desaparecidos*, quelli che la polizia ha catturato a centinaia nelle sue retate, quelli che i tribunali hanno condannato per direttissima, con pene fino all'ergastolo. Non hanno avuto neppure diritto a un simulacro di difesa. I pochi avvocati coraggiosi che si erano candidati ad assisterli sono stati radiati dall'albo professionale.

Sono il primo giornalista occidentale a penetrarvi nell'estate 2008, dopo che il Tibet è stato «blindato», la sua rivolta schiacciata da una repressione implacabile, seguita dallo stato d'assedio. Quella catena di eventi ha turbato il mondo alla vigilia delle Olimpiadi di Pechino. È il 14 e 15 marzo 2008 che la ribellione dei tibetani contro l'autorità centrale esplode in maniera selvaggia: assalti ai negozi degli han (i cinesi etnici), saccheggi e incendi, guerriglia urbana. Poi la brutale controffensiva dell'esercito e delle forze speciali antisommossa. Il bilancio di quella tragedia resta controverso: 19 morti han secondo la polizia; centinaia di vittime tibetane secondo il governo del Dalai Lama in esilio.

Il 26 marzo il regime tenta un'operazione di immagine per presentare un Tibet «pacificato» e organizza un viaggio per un gruppo selezionato di giornalisti stranieri: è un fallimento. Durante una visita in un monastero i religiosi urlano la loro protesta «il Tibet non è libero!». Da quel momento tutti gli osservatori vengono espulsi, la Repubblica

Popolare chiude il Tibet, violando gli impegni sulla libertà di circolazione che aveva preso per le Olimpiadi. Mentre cala il silenzio impenetrabile della censura, a Lhasa scattano gli arresti di massa, gli appelli alla delazione, le deportazioni nei campi di lavoro. In Occidente lo sdegno si manifesta contro la fiaccola cinese a Londra, Parigi, San Francisco. Solo dopo il passaggio della staffetta olimpica a Lhasa – un percorso abbreviato e circondato da eccezionali misure di sicurezza – il governo cinese annuncia la riapertura della regione al turismo internazionale: avverrà il 24 giugno 2008. Lo prendo alla lettera. Per una settimana tempesto di richieste tutte le autorità competenti e sono respinto in quanto giornalista. Alla fine riesco a entrare come turista. Anche in questa veste sono una bestia rara, non c'è un solo straniero sul mio volo Pechino-Chongqing-Lhasa. Quando decollo dalla capitale, a Pechino è appena finito un incontro inconcludente fra il governo e i rappresentanti del Dalai Lama. Dal regime cinese è partito un ennesimo aut aut: il leader in esilio «deve far cessare i complotti anticinesi, le attività violente e terroristiche del Congresso della Gioventù tibetana».

L'atterraggio a Lhasa mi offre per un attimo le emozioni di una volta: l'ebbrezza dell'altitudine (3700 metri), la corona maestosa delle montagne, l'aria pulita e frizzante così diversa dallo smog di Pechino, le belle nuvole bianche sulle cime dei monti, il fiume rigonfio delle prime piogge monsoniche. Dall'aeroporto alla città basta un'ora grazie alla nuova autostrada, al tunnel che perfora una montagna sacra. Si avvista la sopraelevata del nuovo supertreno Pechino-Lhasa, la meraviglia della tecnologia cinese, la ferrovia più alta del mondo. Lungo il percorso incrocio numerose colonne militari. Ne conto una, ha più di 20 autocarri carichi di soldati. Alla partenza sono stato avvisato: non posso scegliermi l'itinerario né l'accompagnatore. È il governo cinese ad assegnarmi l'agenzia di viaggio e il programma. Ha fatto male i conti. Il mestiere di guida turistica – non fra i più redditizi – è stato lasciato da tempo in mano ai giovani tibetani. Quello che mi accompagna conosce cento modi per eludere la sorveglianza dell'autista cinese. Usa l'inglese per parlare dei «problemi avvenuti a marzo», e per farmi capire senza ombra di dubbio da che parte sta. «Mio figlio, otto anni, l'ho chiamato con lo stesso nome del Dalai Lama, Tenzin, e l'ho portato a Dharamsala [la sede del governo tibetano in esilio, in India] perché avesse la benedizione del nostro leader spirituale. Molti bambini qui si chiamano Tenzin, e molti sono stati a Dharamsala.» Davanti a ogni monumento trova un pretesto per evocare l'amore del suo popolo verso il Dalai Lama, un tema tabù, un personaggio che il regime cinese vieta perfino di esporre in fotografia.

«Non potrò farti visitare il monastero di Drepung» si scusa all'improvviso il mio giovane cicerone. Abbassa gli occhi a terra, ha un attimo di esitazione e poi aggiunge in fretta: «In quel monastero ora non si entra, è in corso un programma del governo». Non c'è bisogno di aggiungere dettagli. Drepung, a 5 km da Lhasa, è il luogo da cui è partito l'antefatto dell'ultima rivolta. È un monastero del 1416, custode della tradizione buddista Gelugpa. Nei cortili interni di quella lamasseria i religiosi si allenano quotidianamente a discutere sulle sutra, i loro testi sacri. Nell'anniversario della fuga in esilio del Dalai Lama (1959), il 10 marzo 2008 300 monaci sono usciti da Drepung e hanno sfilato pacificamente per chiedere la liberazione dei prigionieri politici. Un reparto paramilitare, della Polizia armata del Popolo, li ha bloccati prima che entrassero a Lhasa. Ne ha arrestati 50. Ma un gruppo di 15 religiosi è riuscito a superare i cordoni di polizia, è arrivato nella via Barkhor e ha innalzato la bandiera nazionale tibetana. Sono stati arrestati subito, ma da quel momento la protesta è andata crescendo, ha coinvolto la popolazione civile, ha infiammato la rabbia latente soprattutto fra i giovani. È divampata l'insofferenza repressa per la «colonizzazione han», l'immigrazione cinese, l'emarginazione dei tibetani dalle posizioni di potere, le offese all'ambiente naturale. Quando arrivo, tre mesi dopo gli scontri, Drepung è off-limits, il focolaio della rivolta è diventato il laboratorio di quel «programma del governo» a cui accenna pudicamente il mio accompagnatore. Pechino la chiama «rieducazione patriottica». Sono sedute di indottrinamento politico, un lavaggio del cervello, assortito di umiliazioni e abiure: i monaci devono rinnegare il Dalai Lama, denunciarne i crimini, additarlo come un nemico della pace. Chi non si piega paga la sua resistenza con il carcere e la tortura.

La mia guida mi accompagna in un altro monastero, per sole monache, un'appendice del tempio Jokhang nel centro di Lhasa. Le religiose mi salutano con larghi sorrisi, mi fanno sedere accanto a loro mentre ripetono le preghiere ad alta voce. È l'ultimo giorno del mese dedicato a Buddha nel calendario tibetano. Fuori dal tempio di preghiera mi fanno accomodare nella loro sala da tè, affollata di famiglie, vecchi, bambini. Mi offrono il tè col burro salato e croste di formaggio secco. L'atmosfera è intima, i sorrisi radiosi accolgono il volto di un occidentale, per definizione un «amico». È tanto che non vedevano uno di noi, tre mesi di solitudine sono un'eternità. Appena fuori, sulla via Barkhor, mi ritrovo davanti uno spettacolo desolante: meno pellegrini del solito («sono diminuiti anche loro, dopo i problemi di marzo»), uomini in divisa ovunque. La gente si gira al mio passaggio, sorride, saluta con degli «hello» affettuosi, come se l'apparizione insperata dello straniero rappresenti un buon augurio. Oltre agli arresti e alle condanne, anche l'isolamento dal mondo è un castigo pesante che il regime infligge al popolo che ha osato sfidarlo. Il turismo è una delle poche entrate dei tibetani, gli altri business, dal commercio alle miniere, sono in mano agli han. Nel mio albergo di cento stanze solo due sono occupate; nell'altra c'è una cinese, arrivata sul mio stesso volo da Pechino. «I prezzi continuano a salire, ogni alimento costa carissimo» spiega la mia guida. Il supertreno che arriva ogni giorno da Pechino doveva servire a ridurre i costi di trasporto, approvvigionare questa terra aspra e montagnosa dove l'agricoltura rende poco. La nuova ferrovia ha fatto arrivare più in fretta i rinforzi militari, per schiacciare i moti di marzo.

Prima del tramonto passeggiamo nel vasto piazzale sotto il Palazzo Potala – la dimora del Dalai Lama prima della sua fuga in esilio a Dharamsala – maestosamente adagiato su un monte. Lì in basso, dove passano le automobili, come un dito puntato sul Potala, c'è una grossa statua moderna, un pilastro di cemento armato drizzato verso il cielo. «È il monumento che fu costruito per celebrare il trentennale della Liberazione» spiega la mia guida. Cioè il memoriale in onore dell'Esercito Popolare di Liberazione che Mao Zedong mandò a invadere il Tibet nel 1949. Il ragazzo sorride: «Tutti i tibetani lo considerano una schifezza». È singolare questo mio ritorno a Lhasa, il più strano viaggio organizzato a cui abbia mai partecipato. Hanno tentato in ogni modo di non farmi venire. Una volta a Lhasa volevano che vedessi un paesaggio di cartolina illustrata, asettico e pacificato. Eppure il governo di Pechino continua a mancare un obiettivo: piegare i cuori e le menti dei tibetani. L'ordine regna, non posso negarlo. Ma il paesaggio di Lhasa, dopo la rivolta più violenta della sua storia recente, è soltanto quello di una città occupata.

«Abbiamo visto ritornare a casa qualche tibetano che la polizia aveva arrestato e torturato dopo gli scontri di marzo. A uno avevano tagliato via la carne viva, una coscia intera, l'ho visto con i miei occhi: era in uno stato orrendo. È morto a casa, dissanguato e distrutto in pochi giorni dalle infezioni. All'ospedale non ci voleva andare, era certo di ricadere nelle mani dei suoi torturatori.» L'esperto di una Ong occidentale mi riceve finalmente a sera tarda in un bar di Lhasa, dopo una serie di appuntamenti andati a vuoto per evitare i pedinamenti della polizia. Vive in Tibet da anni. Lavora per un'importante organizzazione umanitaria internazionale con regolare permesso del governo cinese. Testimone diretto della spirale di violenza e repressione iniziata a metà marzo, ora vive nell'angoscia. «Dei nostri amici tibetani molti sono spariti: dopo l'arresto è impossibile avere loro notizie, un buco nero li ha inghiottiti. Per quelli che rimangono la situazione è disperata. Strangolando il turismo, il governo li ha privati dell'unica fonte di reddito. Quando esco per la strada, c'è gente che mi corre dietro chiedendomi un lavoro, un aiuto, non hanno più niente». Le Ong internazionali rimaste a Lhasa sono poche. Ogni volta che ai loro dipendenti stranieri scadono i visti, le autorità trovano un pretesto per non rinnovarli e cacciarli via. Gli ultimi rimasti sono dei vigilati speciali. «Dopo la rivolta di marzo» racconta il mio informatore «per due mesi le email che mandavo ai miei familiari all'estero arrivavano bianche, vuote. Al telefono la linea cadeva ogni volta che pronunciavo la parola Tibet. Quando è passata a Lhasa la fiaccola olimpica, ci hanno obbligati a restare chiusi in casa. Tuttora il mio cellulare è controllato. Spiano ogni mio spostamento.» Lo sparuto gruppetto di stranieri rimasti a lavorare per le Ong umanitarie non mi sembra ideologizzato. Non incontro militanti fanatici della causa tibetana. Quelli che c'erano nelle giornate più terribili riconoscono che la violenza iniziale contro i cinesi e contro la minoranza musulmana è esplosa in forme terrificanti, il 14 e 15 marzo: gruppi di giovani tibetani hanno linciato dei passanti colpevoli solo di essere diversi. Ma la reazione che le autorità cinesi hanno scatenato dopo le prime quarantott'ore è stata smisurata. Lhasa è stata domata con il terrore. L'ordine è una facciata sottile, basta poco per scoprire cosa nasconde.

All'ora in cui i cinesi vanno a letto mi lascio alle spalle i miei «accompagnatori» ufficiali e mi allontano dalla zona turistica attorno alla via Barkhor. Bisogna attraversare la Beijing Road per entrare nei vecchi quartieri popolari abitati dai tibetani. Di colpo la presenza dell'apparato repressivo diventa ancora più minacciosa che nel centro. La Beijing Road sembra un fronte di guerra. L'attraversano a intervalli regolari delle autoblindo con cannoncini puntati. All'ingresso di ogni vicolo c'è una pattuglia in assetto da combattimento: i soldati hanno giubbotti antiproiettile, scudi in plexiglass, fucili automatici spianati ad altezza d'uomo. Gli abitanti per rientrare a casa devono sfilare davanti a un esercito pronto ad aprire il fuoco.

Silenziosa, non dichiarata, è in atto una vasta resistenza passiva. Soverchiati dall'occupazione militare della loro città, i tibetani si difendono come possono. Dopo che il Dalai Lama ha condannato tutte le violenze (anche quelle dei suoi connazionali) la lotta prosegue in forme diverse. Quasi tutti i negozianti di etnia tibetana aderiscono per molte settimane a una serrata. Non aprono più i loro negozi. Fingono di non avere nulla da vendere. I giovani escono il meno possibile. I bar sono semideserti. Quando cerco la celebre discoteca dove due anni prima scoprii una banda «rock buddista» – e allora bisognava sgomitare per entrarci all'una di notte – la trovo chiusa. Il proprietario ha dichiarato bancarotta. Al telefono mi dice che «non è più tempo di concerti pop e discoteche in questa città». Nella zona tibetana è cessata ogni vita notturna, anche questo è il frutto del boicottaggio passivo. Non ci sono manifesti per le strade a proclamare questa specie di sciopero generale a oltranza. Non sono apparse neppure parole d'ordine su Internet, perché la cyber-censura cinese le avrebbe oscurate. È un passaparola che ha portato a questa decisione collettiva: astenersi da ogni attività, sabotare il ritorno alla normalità, sbugiardare la propaganda cinese secondo cui il Tibet è ormai «pacificato». Ho l'impressione che questa forma di lotta sia inefficace, perfino autolesionista. All'estero non se ne sa nulla. E soprattutto non sembra danneggiare il governo. I cinesi vivono in un'economia parallela, controllano i business che contano: l'edilizia, le fabbriche, le miniere, gli shopping mall. Nei quartieri della nuova Lhasa, la città moderna coi grattacieli che dilagano a vista d'occhio, l'attività è tornata ai ritmi normali. Tra i cinesi c'è una paura latente, per il ricordo delle terribili giornate di marzo. Ma la si tiene sotto controllo, coi tibetani sorvegliati nei loro ghetti sotto la minaccia delle armi.

L'arroganza dell'esercito profana il simbolo più sacro di questo Paese: i rari turisti che entrano nel Potala vengono accolti da soldati in tuta mimetica. I pochi monaci rimasti sono ridotti a fare gli sguatteri di questo magnifico tempio, invaso da jeep militari e pattuglie. Un'altra triste sorpresa mi attende al monastero Sera, all'uscita di Lhasa verso la catena di montagne a nord. È un santuario famoso nel mondo, l'università del buddismo tantrico dove tutte le mattine si teneva un divertente allenamento: decine di giovani monaci in tunica rossa si riunivano nel giardino aperto al pubblico per animare un dibattito di dottrina. Si esercitavano a voce alta a spiegare questioni metafisiche. Divisi a coppie, dovevano riuscire a convincersi l'un l'altro. Li sentivi vociferare da lontano in quella gara di filosofia, sottolineavano allegramente le loro tesi battendo le mani col rosario di legno, come uno scoppiettio di petardi. Al mio ritorno, nel 2008, Sera è un deserto. La culla della giovane intellighenzia buddista è vuota. Solo qualche vecchissimo religioso si aggira zoppicando fra i templi. Sembra sia passata un'epidemia sterminatrice, che si è portata via tutti i giovani. «I dibattiti non si tengono più» conferma bruscamente il guardiano. Dove sono finiti tutti quei monaci, le tuniche rosse animate dal fervore spirituale, quello spettacolo che migliaia di turisti vennero a fotografare dal mondo intero? Alcuni in carcere, forse uccisi, altri ancora terrorizzati, svaniti nel nulla.

Una guerra di adolescenti. La ribellione di una «gioventù bruciata», che covava da tempo a Lhasa, è esplosa con furia facendo tra le sue vittime anche altri adolescenti. È questa la descrizione più accurata delle terribili giornate del 14 e 15 marzo 2008, quando la Cina perse il controllo della capitale tibetana. Tutte le testimonianze che raccolgo – tra i tibetani e anche tre testimoni oculari stranieri – convergono su questa ricostruzione. È essenziale per capire l'anima della protesta, che ancora oggi cova sotto la cenere. È il fattore decisivo per comprendere l'insicurezza che permane, il dispiegamento di forze militari soverchianti a ogni angolo della città. Tutti quelli che hanno visto e che osano parlarmi sono concordi. Dopo le manifestazioni pacifiche dei monaci usciti dalle lamasserie di Drepung e Ramoche, l'intervento della polizia ha scatenato la solidarietà di tutta la popolazione tibetana; ma quando gli agenti sono arretrati i veri padroni della piazza sono diventati i ragazzi. Si sono scagliati con furia contro ogni han o musulmano che capitava a tiro; hanno massacrato di botte e sassate anche altri ragazzi, «gli invasori» della loro terra.

Si affrontano diverse dietrologie, teorie del complotto opposte e speculari. Pechino continua a sostenere che dietro i moti di marzo c'era la regia occulta del Dalai Lama in esilio. In Occidente, tra qualche sostenitore di Free Tibet, si è insinuato il sospetto che dei soldati travestiti da monaci abbiano orchestrato le prime manifestazioni, per sobillare la gente e poi schiacciare la rivolta. Ma chi conosce davvero la gioventù bruciata di Lhasa sa che era in attesa di qualunque pretesto – i Giochi, l'anniversario della fuga del Dalai Lama, un'offesa ai monaci – per dare sfogo alle sue frustrazioni.

La nuova generazione tibetana ha vari strati. C'è una élite a contatto con gli stranieri perché lavora nel turismo. Sono ragazzi poliglotti che parlano l'inglese molto meglio dei cinesi. Hanno esperienze internazionali sorprendenti. Hanno studiato o almeno viaggiato in India, in Nepal, anche in Germania, Francia, Italia, Svizzera (tappa obbligata l'Engadina): vanno nei luoghi dove ci sono altri tibetani in esilio, seguono le conferenze che il Dalai Lama tiene in giro per il mondo. È la nuova generazione «privilegiata e ingrata», come la dipingono i cinesi. Hanno raccolto alcuni frutti dello sviluppo economico innescato dalla Repubblica Popolare. Stanno meglio dei loro genitori. Non abbastanza però: si rendono conto che il potere e i mestieri più qualificati sono in mano agli immigrati han. Sono i più agguerriti culturalmente nel rigetto verso la colonizzazione cinese, però non sono stati la manovalanza della rivolta. Le truppe d'urto del 14 e 15 marzo sono un'altra gioventù. Sotto l'élite c'è uno strato più vasto di giovani tibetani emarginati. All'apparenza sono simili ai coetanei cinesi che incrociano tutti i giorni: stessi jeans e t-shirt, stesse acconciature, stesso rock (ma in lingua tibetana), stessi idoli del cinema e della tv. Si mimetizzano. Sanno di essere diversi. Così me li descrive uno studioso tibetano che incontro a Lhasa, che ama profondamente il suo popolo e ne conosce i limiti: «Questi ragazzi appartengono a famiglie povere o arrivate di recente dalle campagne. Molti sono semianalfabeti. Parlano poco il mandarino e questo li rende dei paria in una città che è la sede del potere cinese. Hanno un altissimo tasso di disoccupazione, sono relegati a lavoretti precari, senza un futuro. Hanno un'idea vaga della storia del Tibet indipendente, un'adesione superstiziosa al buddismo. Hanno un mito ingenuo dell'Occidente. Adorano il Dalai Lama ma sanno poco del suo pensiero. Come nell'Intifada palestinese o nelle banlieues parigine, questi ragazzi non hanno niente da perdere».

La gioventù bruciata di Lhasa è quella che ha osato di più, ha fatto cose terribili, ha saccheggiato per quarantott'ore interi quartieri mentre la polizia arretrava sbigottita. Dietro di loro però c'è una rabbia diffusa in tutte le età, in città e nelle campagne. Ai moti di metà marzo sono seguite rivolte in tutto il Tibet, anche in contrade rurali isolate; la protesta si è estesa alle comunità di tibetani «amputati» del loro territorio, nelle zone che i cinesi hanno annesso alle province adiacenti del Gansu e del Sichuan. La causa è un accumularsi di umiliazioni che la Cina infligge da anni. È una politica meno estrema che ai tempi della Rivoluzione culturale quando le Guardie rosse distruggevano i monasteri. Tuttavia dal 1994 Pechino ha sferrato nuovi attacchi all'identità culturale di questo popolo: il divieto di esporre foto del Dalai Lama, il blocco della costruzione di monasteri, il numero chiuso sulle ordinazioni dei monaci, la proibizione di riti religiosi nelle scuole, l'espulsione di 250.000 contadini dalle loro terre, la sedentarizzazione forzata di molti nomadi. Infine la ferrovia Pechino-Lhasa: un simbolo aborrito soprattutto perché è il segnale di via libera per un'immigrazione ancora più rapida dei cinesi han. Perciò sono ingannevoli le cifre dello sviluppo economico che il governo sbandiera: 10% di crescita all'anno da un decennio, 14 miliardi di dollari di sussidi elargiti da Pechino al Tibet, +24% nel reddito pro capite della regione. Tutto vero. Ma nel frattempo i cinesi han hanno superato il 50% della popolazione di Lhasa. I tibetani sono diventati sottoproletariato in casa loro. Qualunque città sottoposta a un simile stravolgimento etnico-demografico diventa una polveriera. L'unico modo per governarla sarebbe coinvolgere il Dalai Lama, richiamandolo qui. È la strada che il regime cinese continua a escludere, convinto che il tempo lavora in suo favore e che il Tibet si può piegare con la forza.

La rabbia del popolo uiguro

A ogni crocevia i soldati cinesi sono disposti «a testuggine» come gli antichi romani. Quadrilateri di scudi per proteggersi da un attacco nemico che può arrivare da ogni lato, all'improvviso. Sono centurioni ad alta tecnologia: giubbe antiproiettile, scudi di plexiglass, fucili automatici puntati in faccia alla gente che passa. Due settimane dopo la rivolta degli uiguri che ha fatto 200 morti (bilancio ufficiale), nel luglio 2009 la capitale dello Xinjiang vive sotto la morsa di un'occupazione militare. Accentuata da un impenetrabile blackout delle comunicazioni. Un test di accecamento elettronico che segna un nuovo progresso nelle tecniche di repressione.

Teatro della più cruenta protesta etnico-religiosa mai vista da quarant'anni nella Repubblica Popolare, Urumqi nell'estate del 2009 è tagliata in due. Nella zona moderna dove gli immigrati cinesi, gli han, sono la schiacciante maggioranza, la vita è tornata quasi alla normalità: ingorghi di auto e supermercati pieni, un paesaggio di neon e pubblicità sfavillanti come in tutte le metropoli della Cina. Ma una trincea di paura separa il centro storico, il ghetto dove i musulmani sono in stato d'assedio. Le vie d'accesso alla città vecchia sono vuote. Sfilano regolari solo le colonne di autocarri dell'esercito: segnalano l'inizio della «no man's land» dove i cinesi han non si avventurano più. Negli edifici pubblici requisiti dalle forze armate si vedono marce e si sentono inni patriottici a tutte le ore. La presenza militare deve essere esibita, ben visibile giorno e notte. Vaste macchie nere – le divise dei reparti speciali di polizia antisommossa – si alternano con chiazze verde-marrone – le tute mimetiche dei soldati – e colorano in modo sinistro il paesaggio urbano. Una volta attraversati i posti di blocco si penetra nella *casbah* islamica: diroccata, in disfacimento, con bambini che scorrazzano a piedi nudi nella sporcizia, vicoli che puzzano di fogna e trasudano miseria, dove i grattacieli della città cinese sembrano appartenere a un mondo lontano. Anche lì è tornata una sorta di normalità: le bancarelle con ciambelle calde e pane *nan* schiacciato, spiedini di agnello alla griglia, profumi di spezie, donne velate, bazaar di sete, un pezzo di Medio Oriente finito a viva forza dentro la Repubblica Popolare. Quella che non ritorna, invece, è la finzione che le due città, cinese e turcomanna, possano convivere tranquillamente, sotto lo sguardo paterno delle autorità di Pechino.

La trincea armata che separa le due Urumqi, la zona libera e i territori occupati, evoca l'altro isolamento soffocante. Su tutto lo Xinjiang – un'area vasta cinque volte l'Italia – è calato un impressionante silenzio elettronico che blocca le comunicazioni con l'esterno. Non esiste più Internet; il manager olandese dell'hotel Sheraton dove ho preso alloggio allarga le braccia sconsolato: da due settimane non arrivano né partono email. È impossibile telefonare all'estero, le linee internazionali sono mute, anche i cellulari sono limitati alle chiamate locali. Per i sei lunghissimi giorni della mia permanenza sono tagliato fuori dal mondo. L'implacabile macchina della censura cinese ha chiuso gli accessi, ha il controllo totale sull'informazione. Non escono notizie dall'interno dello Xinjiang. L'occupazione militare è la stessa che avevo visto un anno prima a Lhasa dopo la rivolta del Tibet. È il nuovo blackout tecnologico. È un salto di efficienza che dà i risultati previsti. La tragedia degli uiguri è presto dimenticata, nonostante l'escalation nel bilancio delle vittime e degli arresti in massa dopo la strage del 5 luglio 2009.

Questa operazione hi-tech porta la firma di Wang Lequan, sessantacinque anni, numero uno del Partito comunista nello Xinjiang e fedelissimo del presidente Hu Jintao. Preso alla sprovvista nelle prime quarantott'ore di guerriglia urbana, che costrinse Hu a disertare il G8 dell'Aquila per rientrare precipitosamente a Pechino, in seguito Wang si è rifatto una credibilità studiando il caso Tibet. Alle tradizionali tecniche antinsurrezionali, basate sul dispiegamento di una schiacciante forza militare, il boss del Partito comunista ha aggiunto lo spregiudicato blitz tecnologico per bloccare le comunicazioni. Il controllo sull'informazione consente al regime di lasciar filtrare una sola versione: il terrore del 5 luglio fu una fiammata di violenza a senso unico, gli uiguri si sono scatenati con una furia selvaggia contro gli han, mentre la polizia è intervenuta con misura. Può esserci una parte di verità in questa ricostruzione. Ma nessun osservatore indipendente ha avuto accesso agli ospedali e agli obitori. Nessuno ha potuto verificare il conteggio etnico che nella versione governativa assegna un numero preponderante di morti alla comunità han. I mass media di Stato alimentano una virulenta campagna nazionalista, con un'immensa eco in tutta la Cina. Due sono i bersagli della propaganda di Pechino: Rebiya Kadeer, la leader uigura in esilio accusata di avere istigato la rivolta a scopi secessionisti; e noialtri giornalisti stranieri bollati come faziosi, bugiardi, anticinesi.

Il controllo capillare di Wang Lequan mi insegue anche nella tappa successiva del mio viaggio, a Kashgar: la roccaforte musulmana dove gli uiguri sono ancora maggioranza. La punta estrema dello Xinjiang nel cuore dell'Asia centrale. Non passano quindici minuti dalla mia registrazione all'hotel e già una voce ostile urla al telefono della mia camera, mi convoca nel salone d'ingresso. È un commissario di polizia in borghese, mi fa capire il personale dell'hotel. Lui non si qualifica, non mi dirà mai il suo nome. Io in piedi, lui sprofondato in una poltrona della reception con l'aria minacciosa e onnipotente, mi fa un interrogatorio in piena regola. Non ci sono turisti occidentali in albergo. Ad altri colleghi il visto da giornalista sul passaporto è valso un'espulsione immediata (e illegale). «Qui le interviste le organizzo io» mi avverte. Gli incontri con lui saranno frequenti, fino alla mia partenza. La sua presenza deve essere ben visibile ad altri, anche quando non lo vedo io: il pedinamento dei giornalisti da parte della polizia intimidisce gli uiguri, cuce le bocche dei testimoni.

Davanti al mio albergo, nella piazza del Popolo dominata dalla gigantesca statua in granito di Mao Zedong, un grande schermo proietta a ripetizione le immagini maledette del 5 luglio a Urumqi. È un film horror offerto gratis a tutta la cittadinanza. Sono riprese selezionate, vi appaiono solo cinesi han dai volti sfigurati di botte e coperti di sangue. In questa roccaforte musulmana le immagini potrebbero avere quasi un effetto di incitamento alla rivolta. Ma il messaggio è completato dal via vai incessante di camion militari. Procedono a gruppi di tre autocarri. I soldati hanno i mitra spianati, e sacchetti di sabbia antiesplosivi. Dai camion i megafoni urlano alla cittadinanza appelli all'ordine.

Nel venerdì di preghiera il piazzale davanti alla moschea grande (Idh Kah) si riempie di truppe. La mia visita «turistica» dentro il luogo di culto avviene proprio in parallelo con un'ispezione di sicurezza. Mancano poche ore all'afflusso dei fedeli, un piccolo gruppo misto di ufficiali dell'esercito e funzionari di polizia perlustra l'interno della moschea. Li dirige un giovane in borghese molto curato, con i capelli cortissimi, giacca di lino e jeans chiari aderenti in foggia Armani. Un esemplare di tecnocrate che potrebbe lavorare in una *merchant bank* di Shanghai. A me riservano poche occhiate di sbieco, hanno ben altro da fare. Studiano con cura la disposizione dei luoghi, gesticolano per indicare le vie d'uscita. Poco dopo vedrò installare i metal detector all'ingresso della moschea. E al centro del piazzale un minaccioso camion bianco con antenna satellitare, più varie telecamere puntate sulla gente che entra. Tecnologia, ancora tecnologia, la repressione si fa sempre più moderna.

Da Kashgar prendo la strada che porta ai confini con Pakistan, Tajikistan e Afghanistan. Sono luoghi maestosi, dove il deserto Taklimakan finisce alle falde dei monti Kunlun. Paesaggi solitari e magnifici, come il lago Karakul dominato dalla cima innevata del Monte di Giada, 7600 metri di altitudine. Le montagne desertiche sono solcate dall'autostrada nuova fiammante a quattro corsie; spuntano miniere a cielo aperto, dove le scavatrici frugano questa terra ricca di risorse. Si spinge fino a queste alture semidesertiche la potenza economica cinese, segnalata dai tir e dalle centrali fotovoltaiche. È la porta d'accesso ai vicini dell'Asia centrale. Ma i camionisti uiguri e kazaki sono fermati regolarmente ai posti di blocco. Vedi i loro volti turcomanni incupirsi davanti ai poliziotti cinesi. Intuisci in quegli sguardi torvi l'onta che provano per la loro sottomissione. Qui la potenza imperiale di Pechino lambisce il suo fronte caldo con l'Islam. Da qui la solidarietà con la causa degli uiguri viaggia verso l'Asia musulmana, provoca i raid dei talebani contro le imprese cinesi in Afghanistan, arriva fino a creare una crisi politica con il governo di Ankara.

Sono appena 8 milioni gli uiguri dello Xinjiang, più 4 milioni di emigrati per cercare lavoro nel resto della Repubblica Popolare: come i due uiguri uccisi in una fabbrica di Canton, la scintilla dei moti del 5 luglio. Sono un'inezia, come le altre 55 minoranze etniche, soverchiate da oltre un miliardo di han. Ma visti dalle frontiere dell'Asia centrale sono una spina nel fianco della Cina, un disturbo per la penetrazione economica in altre nazioni islamiche. In Occidente è ben più popolare la causa del popolo tibetano. Contro gli uiguri Pechino ha saputo usare l'argomento dell'antiterrorismo, dopo che alcuni militanti sono stati catturati dagli americani in Afghanistan, e detenuti per anni a Guantanamo. L'America e l'Europa non vogliono schierarsi con i movimenti secessionisti dello Xinjiang accusati di avere legami con al Qaeda. È nel mondo islamico che la questione uigura assume un altro aspetto: proietta l'immagine di una Cina efficiente e ricca ma spietata; un impero multietnico che piega tutte le razze al ritmo della sua modernizzazione ma non le integra. Nell'ondata nazionalista con cui il Paese ha reagito alla rivolta di Urumqi, molti cinesi hanno gettato la maschera della «società armoniosa» esaltata da Hu Jintao. Nei commenti sui giornali, nei blog e nei forum online, si è scatenato un fiume di accuse contro gli uiguri. Ladri e mafiosi. Parassiti. Privilegiati dalle facilitazioni per le minoranze. Un lungo elenco di recriminazioni si è levato dal ventre della Cina profonda, contro le forme di *affirmative action* elargite per placare le etnie non-han. Sconvolti dalle immagini della tv di Stato sui linciaggi degli han a Urumqi, molti, a Pechino, Shanghai e Canton, hanno ricordato che gli uiguri non sono sottoposti al controllo delle nascite, possono avere tutti i figli che vogliono. Ricevono «punti» supplementari nei concorsi di ammissione alle università. Facilitazioni che non hanno impedito un crescente divario socio-economico. E non cancellano altre umiliazioni. Come quella che cerca di nascondermi pudicamente la mia guida, che chiamerò Mohammed, quando gli chiedo se è mai stato in pellegrinaggio alla Mecca. «Non ho fretta» mi risponde. «Prima devo sistemare i figli. Il Corano dice che ci sono altre priorità.» Una penosa bugia. Agli uiguri il viaggio alla Mecca è proibito dal 2001. In un Paese dove la libertà di andare all'estero è ormai un diritto di massa, per gli uiguri è difficile ottenere il passaporto. Sono ridotti a sentirsi prigionieri, in una terra che consideravano tutta loro.

Il razzismo cinese in un musical

Heading East, Diretti a Oriente, è un insolito musical dedicato all'immigrazione cinese in America, che ho visto all'Asia Society di New York. Non vi stupisca il titolo. Vista dalla Cina, geograficamente l'America è a Est. Un bello spettacolo, intelligente, sottile, comico, tutto partorito da artisti sinoamericani. Musiche di Leon Ko, libretto di Robert Lee. Quest'ultimo è un cognome tipico nelle Chinatown d'America: così i funzionari dell'anagrafe anglosassoni trascrivevano il diffuso cognome Li. Anche i cantanti-attori, bravissimi, sono tutti di origine asiatica a cominciare da Bradley Darryl Wong, celebre per il suo ruolo nella serie televisiva *Law and Order*. Pluripremiato, questo musical racconta storie d'immigrati lungo l'asse Canton-San Francisco a partire dall'Ottocento. È tanto più interessante perché creato da artisti che vengono tutti dallo stesso ceppo etnico. È uno sguardo dei sinoamericani su se stessi, gli antenati, la propria identità. Il tono è più ironico che drammatico. Un'assenza mi ha colpito. Quasi non vi appare il razzismo degli americani verso gli immigrati cantonesi. Eppure i cinesi sbarcarono sulla West Coast in condizioni di semischiavitù. E se vivevano nelle Chinatown era anche per una forma di segregazione: quella di San Francisco fu isolata da un «cordone sanitario» in occasione di importanti epidemie, perché gli americani consideravano quegli stranieri come degli esseri inferiori, privi delle più elementari nozioni di igiene, perciò portatori di ogni sorta di germe. Invece in *Heading East* si parla molto dei pregiudizi che gli stessi cinesi hanno verso altre comunità asiatiche, in particolare giapponesi e coreani. Questo ricorda un'altra anomalia. Negli anni Sessanta, all'epoca delle grandi battaglie dei neri americani per i diritti civili, i cinesi non furono coinvolti, malgrado avessero subìto discriminazioni sistematiche, compresa una legge apposita per bloccare la loro immigrazione. Ma per i cinesi sarebbe stato impensabile fare fronte comune con i neri guidati da Martin Luther King. Per una ragione semplice: i cinesi sono convinti che esistono gerarchie razziali e che loro sono al vertice.

Alcuni anni fa a San Francisco ebbe avvio l'esperimento «Roots» (radici): un programma di viaggi organizzati per ricostruire legami tra gli immigrati e la madrepatria ancestrale. Un sinoamericano di quarta generazione, Evan Leong, studente alla Berkeley University, al ritorno dal viaggio in Cina fece queste osservazioni: «Anche se il mio quadrisnonno arrivò in America centoventicinque anni fa, io non sono stato omogeneizzato e non ritengo di essere diventato americano. A prescindere da come mi chiamo, come mi vesto, che cibo mangio o con quale ragazza esco, so che sono un cinese. Sia tra quelli come me, nati in America, sia tra gli immigrati arrivati di recente, c'è una convinzione comune: che noi cinesi siamo superiori a qualunque altra razza». Le sue parole non mi stupiscono. Chi come me ha vissuto a lungo in Cina ha constatato in mille modi quell'idea di una superiorità razziale. Anche se nessun documento ufficiale lo sancisce, i cinesi crescono nella certezza che le loro minoranze etniche sono semplicemente inferiori. Tibetani, uiguri e mongoli ne fanno l'esperienza quotidiana. Questo rimane valido nella diaspora, con effetti anche sul piano linguistico. Nelle importanti Chinatown dell'Indonesia o delle Filippine è normale che i cinesi chiamino la popolazione locale waiguoren, cioè stranieri, e li considerino inferiori. Quando la Cina era una civiltà autosufficiente e ripiegata su se stessa questo non era un problema. Ma oggi, osserva Martin Jacques (autore dell'importante saggio, già citato, *When China Rules the World*), la sua ascesa come superpotenza egemonica la porta a interagire in modo sempre più intenso con il resto del mondo. Che effetto avrà il razzismo implicito dei cinesi, la loro visione gerarchica dei rapporti tra i popoli? Martin Jacques sostiene che, più ancora dell'assenza di democrazia, qui sta la grande incognita del «secolo cinese». Ovvero: «La questione più difficile sollevata dall'ascesa della Cina sarà il suo approccio alle differenze altrui».

Ricordando il massacro di Tienanmen

«Pensi che possono mandare l'esercito a ucciderci?» Zhang Xianling non dimenticherà mai quella domanda. Le ultime parole di suo figlio. E non può perdonarsi di avergli risposto: «È impossibile, non è mai successo, il Partito comunista non lo ha fatto neppure durante le violenze della Rivoluzione culturale. Possono sparare proiettili di gomma o prendervi a manganellate. Proteggiti la testa». Era la sera del 3 giugno 1989, suo figlio Wang Nan aveva diciannove anni e ancora poche ore di vita. Nella notte sarebbe morto a piazza Tienanmen. Era venuto a casa dei genitori che avevano amici a cena. Ma quando dalle finestre si udirono i primi spari Wang era già là fuori. «Da un mese andava ogni giorno a Tienanmen» mi dice la mamma. «Aveva seguito tutto lo sciopero della fame iniziato il 13 maggio dagli studenti. La sua passione era la fotografia, da grande voleva fare il fotoreporter. Su e giù per la città in bicicletta, con l'apparecchio a tracolla: mi diceva che stava fissando la storia nelle sue foto.» Wang avrebbe potuto lasciare centinaia di immagini, documenti eccezionali: la sua memoria di quel maggio 1989, quando Pechino sognò la democrazia. «Ma la macchina fotografica è scomparsa» racconta la madre. «Fu la prima cosa che gli strapparono i soldati mentre lui era a terra moribondo. E due giorni dopo i suoi amici bruciarono anche le foto che aveva a casa, erano prove che la polizia poteva usare per arrestarli.» Come quegli scatti di Wang distrutti per sempre, nella coscienza della Cina di oggi c'è un grande vuoto, il tabù di una pagina di storia cancellata d'imperio. A Pechino, nel giugno 2009, la signora Zhang mi guida nei luoghi della tragedia, in uno straziante pellegrinaggio che lei ha ripetuto troppe volte in vent'anni. All'angolo della via Nanchang, l'ingresso occidentale di Piazza Tienanmen di fronte all'Assemblea del Popolo, ora scorrono fiumi di automobili e una massa di passanti frettolosi e indifferenti. Lì mi indica il marciapiede dove il figlio è caduto. «La pallottola è entrata dalla tempia e uscita dietro la nuca. Ma non è morto subito! C'era tanta gente attorno a lui, ho rintracciato i testimoni, ho ritrovato il medico Hu che cercava di soccorrere i feriti e fu bloccato dai soldati. Ho parlato con il tassista Liu, lui ricorda un'anziana donna in ginocchio che supplicava i militari, perché lasciassero portar via mio figlio che sanguinava alla testa. Una crudeltà mostruosa. Neppure in guerra si impedisce di curare i feriti.» Camminiamo per poche decine di metri ed ecco sul fianco della piazza la scuola media statale numero 28: la madre punta il dito, lì c'è l'aiuola dove il corpo di Wang Nan fu ritrovato a dieci giorni dal massacro. «Almeno il suo cadavere si è salvato, l'ho potuto identificare. Sa perché? A scuola lui era arrivato primo in un'esercitazione, il premio era una cintura dell'esercito che lui metteva sempre. Nella confusione dopo la strage, quando i poliziotti sono venuti a portar via i morti, a causa di quella cintura qualcuno l'ha scambiato per un soldato e lo ha sepolto lì. La maggior parte delle vittime invece le cremavano per far sparire le prove. Altre madri di Tienanmen hanno avuto una sorte perfino peggiore della mia, la morte dei loro figli è stata negata, censurata per sempre.» Rientriamo a casa sua. La signora Zhang tira fuori da un armadio un vecchio casco rosso da motociclista. Fu l'unica precauzione che il figlio prese quella sera uscendo di casa, confortato dalle parole della madre: «Non spareranno per uccidere, non è possibile». Dietro, il casco è deformato da un gonfiore osceno, il grosso foro della pallottola.

Li ricorda bene quei ragazzi dell'89, il professor Xu Youyu. «Erano ingenui rivoluzionari, volevano cambiare la Cina ma molti di loro credevano ancora negli ideali che il comunismo gli aveva insegnato a scuola. L'esercito è del popolo, mi dicevano, starà dalla nostra parte.» Nel giugno 2009 il professor Xu viene a trovarmi nella mia casa di Pechino, sperando di eludere la sorveglianza della polizia. Lui è rimasto fedele agli ideali di quella primavera democratica. È un noto dissidente, ha sfidato il regime firmando l'appello Carta 08 per i diritti umani. All'epoca della rivolta Xu aveva quarant'anni, insegnava all'Accademia delle Scienze sociali e il maggio dell'89 lo visse con i suoi studenti fino all'ultimo. «Sono rimasto al centro di piazza Tienanmen per tutta la notte, fra il 3 e il 4 giugno, mentre si stringeva la morsa dei carri armati. Non potevo andarmene finché l'ultimo dei miei ragazzi non fosse riuscito a scappare. Sono rientrato a casa all'alba, camminando come un automa in mezzo a quel paesaggio di morte. Sembrava un'allucinazione. Ricordo di aver sfiorato tre giovani distesi su un marciapiedi, così calmi e immobili che ho pensato: perché dormono qui per terra, adesso? Erano crivellati di colpi.»

Zhang Boshu oggi è un altro leader del nuovo dissenso cinese. L'89 cambiò la sua vita: «Aprii gli occhi sulla degenerazione del Partito comunista, il baratro in cui è capace di precipitarci l'autoritarismo». Lui vent'anni prima fu salvato da un'istintiva paura della moglie. «La sera del 3 giugno» ricorda «ero tornato a riposare qualche ora a casa, in periferia, e lei fece sparire la mia bicicletta per impedirmi di tornare a passare quella notte con gli studenti.» Anche lui è tra i firmatari di Carta 08. Oggi vive destreggiandosi tra le angherie del regime, la sorveglianza poliziesca sui suoi spostamenti, i castighi che gli infliggono le autorità accademiche. Ha l'aspetto di un giovane Pietro Nenni cinese, gli occhiali da ultramiope con le lenti spesse, la capigliatura scarmigliata, la foga nel parlare. Si esalta quando rivive l'atmosfera di quel periodo, ricostruisce giorno per giorno l'escalation degli eventi: «Per un mese e mezzo Pechino fu al centro dell'attenzione mondiale, ci sentivamo a un passo dalla conquista della libertà, fino a quella notte di terrore che uccise ogni illusione».

Tutto comincia il 22 aprile 1989 al funerale di Hu Yaobang, l'ex leader riformista del partito, quando il corteo funebre all'improvviso si trasforma in una gigantesca manifestazione di protesta. Il 4 maggio una marea studentesca invade piazza Tienanmen, in ricordo di un'altra ribellione giovanile che sconvolse la capitale esattamente settant'anni prima. Proprio com'era accaduto all'inizio del Novecento, i giovani istruiti della capitale diventano l'avanguardia che dà voce a un'esasperazione diffusa in tutti gli strati sociali. Le riforme di mercato volute dall'erede moderato di Mao, Deng Xiaoping, stentano a diffondere il benessere e hanno portato l'inflazione alle stelle. Nel partito dilaga la corruzione. L'élite delle università assaggia i primi frutti dell'apertura verso il resto del mondo, divora le notizie dall'estero, si sente parte dello storico sommovimento in atto in Unione Sovietica e nell'Europa centrale, discute di diritti umani, di democrazia. Il 13 maggio parte lo sciopero della fame tra i giovani accampati sulla piazza Tienanmen: il centro simbolico del potere politico dai tempi degli imperatori. «Quella data fu scelta con cura» ricorda Zhang Boshu «perché il 15 era prevista la visita ufficiale del leader sovietico Michail Gorbaciov. In quel momento il regime cinese era spaccato. Deng vedeva un complotto destabilizzante, quei giovani in piazza gli evocavano ricordi di un altro caos, il decennio della Rivoluzione culturale. Sul fronte opposto c'era il segretario del partito, Zhao Ziyang, favorevole alle riforme politiche e disposto a dialogare con noi. In quella impasse speravamo che la visita di Gorbaciov potesse aiutarci. Urss e Cina erano ancora le due Chiese del comunismo mondiale, con Gorbaciov c'era un nuovo flusso di idee, la sensazione che tutto poteva cambiare.»

La visita del leader sovietico offriva anche una visibilità senza precedenti, per l'arrivo di tanti reporter occidentali al suo seguito. Gli studenti di Pechino fecero le mosse giuste per colpire l'opinione pubblica mondiale. L'immagine potente della Statua della Libertà in polistirolo eretta davanti alla gigantografia di Mao, all'ingresso della Città Proibita, era perfetta per le riprese della Cnn. Ma lo «spiraglio Gorbaciov» si richiuse in fretta. «Il 17 maggio la partita era compromessa» dice Zhang Boshu. «Ai vertici la resa dei conti si era conclusa con la vittoria di Deng. Il 18 maggio Zhao Ziyang fece un gesto disperato, uscì dai palazzi del potere per venire a parlare con noi in piazza Tienanmen. Era l'atto finale di un perdente, prima dell'uscita di scena. Zhao era ancora formalmente il capo del partito, anche se in realtà il potere gli stava scivolando via dalle mani. Venne a scongiurarci di interrompere lo sciopero della fame. Piangeva e continuava a ripetere: è troppo tardi ormai. Quarantott'ore dopo, la sera del 19 maggio, scattava la legge marziale. Quando io andai a portare una lettera di protesta alla redazione del Quotidiano del Popolo, un vicedirettore mi rispose: "Ormai qui dentro pubblichiamo solo quello che comanda l'esercito".» Il massacro si poteva ancora evitare? «Noi ci illudevamo» ricorda Zhang Boshu «perché ci fu uno stallo di due settimane. Per due volte l'esercito tentò di entrare in città e fu respinto dalla popolazione civile, che era dalla nostra parte. Ma più il regime stentava a riprendere il controllo di Tienanmen, più Deng si allarmava, si convinceva che era in gioco la sopravvivenza del partito. E cresceva la sua determinazione.»

La ferocia finale la ricorda anche Shen Shiyun, un ex ragazzo dell'89 che oggi è rientrato nei ranghi, come la maggioranza dei suoi coetanei. Da piccolo imprenditore, proprietario di una rete di negozi di telefonini, nella Cina attuale Shen gode dei tanti benefici dello sviluppo economico. Non ha lo spirito del reduce, non ha contatti con gli ambienti del dissenso. Nel suo mondo privato però custodisce la memoria di vent'anni prima, di quel maggio che anche lui passò con i compagni a occupare piazza Tienanmen. La sua vita ha voltato pagina ma non per questo è disposto a perdonare il massacro: «Cominciarono a sparare 10 km prima del centro. Aprirsi un varco nella folla che resisteva era così difficile che si facevano strada uccidendo. Tra la gente di Pechino nessuno poteva credere che sarebbero stati capaci di tanto. Quando si capì che avevano l'ordine di fare una strage la gente urlava con orrore: "È peggio dell'invasione giapponese!". La controreazione fu spontanea: tank assaliti, incendiati, soldati aggrediti. Ma contro l'esercito non avevamo chances. A me hanno ammazzato l'amico più caro, un giovane ricercatore dell'università, morto in ospedale dopo venti giorni di agonia. In seguito, per anni, la polizia si è accanita sulla sua vedova. Ogni 5 aprile alla festa dei morti e ogni 4 giugno, lei riceveva minacce e avvertimenti pesanti: proibito unirsi agli altri parenti delle vittime. Un giorno è sparita, ha fatto perdere le tracce, ha tagliato tutti i rapporti anche con me, forse non sopportava più il peso di quel ricordo». L'imprenditore Shen è la prova vivente che il regime non ha usato solo la repressione. Vent'anni di boom hanno costruito una base di consenso reale, il progresso nelle condizioni di vita è stato stupefacente. Eppure anche lui conserva uno spirito critico: «Dopo Tienanmen» dice «il partito ha anestetizzato le nuove generazioni con l'ideologia del denaro. Questi giovani apolitici non si pongono più domande».

Il revisionismo di regime è riuscito a riscrivere la storia. Molti cinesi hanno finito per accettare l'unica versione di quegli eventi, quella di Deng: secondo lui gli studenti di

Tienanmen stavano per trascinare il Paese in una nuova guerra civile, come nel primo Novecento o nella Rivoluzione culturale. «E la maggior parte degli intellettuali da allora è stata letteralmente comprata» osserva il professor Xu. «Mai nella storia della Cina c'erano state tante opportunità di carriera e di arricchimento. Promozioni, denaro, successo abbondano per chi accetta di stare al gioco.»

Due generazioni di leader si sono succedute al potere dopo Deng. Neppure l'attuale classe dirigente, tecnocratica e modernizzatrice, trova il coraggio di un gesto pacificatore. Il numero delle vittime dell'89 rimane coperto dal segreto di Stato. È la logica del regime, perché discutere liberamente di quella tragedia è un passo pericoloso per loro. Il dogma dell'infallibilità del partito non si può rimettere in gioco. Si aprirebbe la strada al pluralismo, i cinesi chiederebbero di più.

Non ha dubbi lo scrittore Ma Jian, autore «maledetto» le cui opere sono proibite da molti anni in Cina: «La prosperità senza i diritti umani» mi dice «crea una società solo superficialmente stabile. Il massacro di piazza Tienanmen ha lasciato in Cina un'eredità di apatia, di disimpegno dalla politica. Ma prima o poi il bisogno di democrazia tornerà con prepotenza. Nessuno riuscirà a fermare la storia per sempre». Jian vive a Londra, ma gli è consentito rientrare a Pechino e quindi non ha perso il contatto con la realtà del suo Paese. Questa condizione di semiesule, pendolare tra l'Occidente e la Cina, ne fa un osservatore lucido e severo. Nessuno prima di lui – neanche nella diaspora dei romanzieri dissidenti in esilio – aveva osato affrontare di petto la tragedia di Tienanmen.

Ma Jian ne ha fatto il centro di una sua opera, *Pechino è in coma*, pubblicata in Italia da Feltrinelli. Il primo grande romanzo che ruota intorno agli eventi del 1989. Il protagonista, Dai Wei, è un giovane la cui esistenza è continuamente sconvolta dagli eventi politici del suo Paese. Suo padre viene deportato in un campo di «rieducazione» e di lavori forzati durante la Rivoluzione culturale maoista, e il suo status di «deviazionista di destra» viene pagato da tutta la famiglia. Dai Wei è coinvolto nel movimento studentesco dell'89. Quando scatta la repressione militare, il 4 giugno, una pallottola lo colpisce alla testa e finisce in coma. È dal suo letto di ospedale che parte il romanzo, una rievocazione di sprazzi di vita mescolati con le vicende della Cina moderna. Quel coma è una metafora: l'intero popolo cinese secondo Ma Jian vive in uno stato di semincoscienza.

Seguito a distanza da una pattuglia molto discreta di poliziotti in borghese, che si sono fermati sull'uscio di casa mia, Ma Jian è venuto a trovarmi a Pechino nell'estate del 2009. Conserva un ricordo vivo degli eventi di Tienanmen, che lo costrinsero a un rientro precipitoso in patria. «Nel 1989» racconta «mi ero già trasferito da un paio di anni a Hong Kong, dopo che i miei racconti sul Tibet erano stati censurati in Cina. Ma quando vidi in tv le prime manifestazioni degli studenti a Pechino, tornai subito. Ho trascorso il mese di maggio in piazza Tienanmen, aiutavo a scrivere gli slogan politici che dipingevamo sugli striscioni. Era la prima volta che partecipavo a un movimento di massa, animato da un fantastico entusiasmo e da un grande obiettivo comune. In quel caos razionale tutto ci sembrava possibile, anche un dialogo con i dirigenti comunisti. Ma il 3 e 4 giugno non ero lì: mio fratello ebbe un grave incidente, io andai ad assisterlo al suo capezzale mentre era in coma. Seguii la cronaca del massacro minuto per minuto alla radio Voice of America. In seguito l'intero Paese era traumatizzato, come in stato di trance. E da quel momento volli raccontare come il peso della paura può schiacciare un intero popolo.» Il suo romanzo ricostruisce in modo realistico il movimento studentesco, senza nascondere la confusione e le divisioni al suo interno. Ma Jian non pensa però che furono fatali quelle contraddizioni interne. «No» dice lo scrittore «anche se il movimento fosse stato più unito avrebbe fatto la stessa fine. La sua era una battaglia gloriosa ma vana. Mi ha attirato, mi ha affascinato ma a quell'epoca non ci rendevamo conto che non avevamo alcun diritto se non quello di lasciarci schiacciare dal Partito comunista. Ciononostante non rimpiango nulla e non rinnego nulla di quelle giornate. Malgrado le nostre divisioni interne, eravamo mossi dalla volontà di costruire una Cina migliore.» Oggi il Governo malgrado i suoi metodi autoritari gode di una base di consenso reale nel Paese al punto che sembra aver fatto breccia il revisionismo ufficiale, cioè l'idea che nel 1989 gli studenti stavano per precipitare la Cina in un altro periodo di caos. «Conosco bene questo argomento» ribatte Ma Jian «e anche il suo corollario: il regime sostiene che il boom economico è figlio dell'ordine ristabilito nel giugno 1989. Non avremmo tanto benessere oggi, dicono i dirigenti, se allora avessimo lasciato la piazza in mano alle proteste. È tutto falso. Lo sviluppo era possibile anche con la democrazia. L'89 dimostrò la vitalità della società civile cinese: è lei ad aver costruito la ricchezza economica, non i dirigenti del partito.» La terribile decisione di Deng Xiaoping di mandare i carri armati in piazza secondo lui ha lasciato un'eredità nella Cina di oggi.

«La mancanza di libertà politiche e di diritti umani è pericolosa. Le tensioni sociali non si possono esprimere e risolvere pacificamente. Le diseguaglianze crescono, insieme alla corruzione. La repressione dell'89 impose la stabilità spargendo il sangue. Qualunque governo che si basi sul controllo delle forze armate e della polizia ha un deficit di legittimità morale. E il suo futuro è incerto.» Ma quando Ma Jian torna a Pechino e ritrova gli amici di vent'anni prima, deve rassegnarsi: dell'89 nessuno vuole parlare. «Non è solo il governo che vuole stendere un velo di oblio. Quando io sollevo quel tema tra amici la conversazione muore presto, cambiano argomento. È un tabù collettivo. Apparentemente molti cinesi sono diventati apatici, in realtà hanno paura. E il governo ha ancora più paura di loro: ogni anno il 4 giugno gli accessi a piazza Tienanmen sono controllatissimi, vengono prese misure speciali di ordine pubblico. Attorno a quegli eventi è stata eretta una Grande Muraglia psicologica, per ora insormontabile.» La delusione più grande gliela danno i giovani. La differenza tra i ventenni di allora e quelli di oggi è enorme. «Le nuove generazioni sono cresciute in una specie di vuoto storico. Sanno poco del passato, e quel poco è deformato dalla propaganda. Pensano di essere la generazione più fortunata della storia, e che la Cina è in testa al mondo intero. C'è un nazionalismo cieco, un egoismo e un materialismo ossessivo. Nell'89 non avevamo quasi nulla, eppure pensavamo che il futuro del Paese fosse nelle nostre mani. Ma non voglio suonare troppo pessimista. Ci sono giovani che si pongono domande, e abbiamo visto un altruismo sincero all'opera dopo il terremoto del Sichuan nel 2008.» Il nostro dialogo si conclude con una domanda obbligata: è possibile un nuovo 1989? Ma Jian mi offre una risposta aperta: «La storia della Cina è un continuo susseguirsi di ribellioni, disordini. La stabilità che si vede oggi è superficiale. Ogni anno ci sono decine di migliaia di proteste violente nel Paese. Più la società progredisce più i cittadini vorranno diritti. L'evoluzione verso la democrazia non potrà essere bloccata in eterno».

Dissenso intellettuale e lotte operaie

Dagli anni Novanta a oggi l'atteggiamento di noi occidentali sulla questione delle libertà in Cina ha oscillato fra due posizioni estreme. Da una parte, un polo d'opinione che si considera «realista» ha giudicato chiusa la questione della democrazia, convincendosi che la Repubblica Popolare nella sua versione postmaoista rappresenta un modello stabile di capitalismo autoritario: un patto sociale che ha garantito il consenso di massa grazie alla forte crescita economica, cementato dal nazionalismo e con un paternalismo repressivo che si adatta a una società impregnata di cultura confuciana. Sul fronte opposto, i fautori dei diritti umani hanno sperato di volta in volta che le proteste di minoranze etnico-religiose, le endemiche ribellioni di contadini poveri, le agitazioni operaie, i movimenti ambientalisti potessero diventare la scintilla iniziale di una nuova primavera democratica. Queste previsioni o speranze, che puntavano su una spallata di massa capace di provocare il cambiamento, sono state regolarmente deluse. Le rivolte, per quanto frequenti, si sono rivelate frammentarie: tanti episodi locali sconnessi fra loro, privi di una regia e di una mente politica. La repressione di Stato ha sempre avuto la meglio, manovrando con abilità la violenza poliziesca e la disinformazione. Nel caso del Tibet – il focolaio di tensione che riscuote più simpatie in Occidente – la propaganda di Pechino ha evocato una «congiura secessionista» appoggiata dall'estero per indebolire la Repubblica Popolare; il riflesso nazionalista ha compattato la maggioranza dei cinesi e ha reso ancora più impopolare tra loro il Dalai Lama. Io non ho mai creduto a uno scenario di «crisi etnica» e disgregazione della Cina sotto le spinte centrifughe delle sue periferie: a differenza dell'Unione Sovietica, infatti, la Cina ha una popolazione molto omogenea, a schiacciante maggioranza di han, mentre le sue minoranze etniche sono minuscole. In quanto ai «dissidenti ufficiali» – intellettuali rispettati all'estero, vigilati speciali in patria – le loro azioni sono parse spesso come delle testimonianze eroiche ma poco significative, incapaci di trovare un aggancio con la massa della popolazione.

Nello stesso 10 dicembre 2008 che ha visto apparire sui siti Internet cinesi Carta 08, a Parigi si teneva una celebrazione solenne dell'anniversario della Dichiarazione universale dei diritti dell'uomo, organizzata sotto l'egida dell'Onu e della Commissione europea. Anche Pechino ha festeggiato quell'evento, a modo suo. Lo ha fatto mettendo in scena un teatro dell'assurdo, un dialogo impossibile fra il regime autoritario più potente del mondo e le voci del dissenso interno. A nome del suo governo ha parlato Wang Chen, alto dirigente del Consiglio di Stato per l'Informazione. Il gerarca dell'apparato di propaganda ha rilasciato un'intervista alla rivista Diritti Umani edita dallo stesso Partito comunista e poi divulgata urbi et orbi dall'agenzia stampa Nuova Cina. «La Repubblica Popolare» ha dichiarato Wang «ha realizzato uno storico sviluppo dei diritti umani. Il Partito comunista e il governo hanno fatto sforzi strenui per rafforzare e proteggere i diritti dei cittadini, hanno creato una via allo sviluppo dei diritti umani con caratteristiche cinesi, a cominciare dal diritto alla sopravvivenza e alla crescita economica. La condizione dei diritti umani è giunta al suo stadio più avanzato nella storia del nostro Paese.» La posizione ufficiale del regime di Pechino, che trapela anche dalla dichiarazione di Wang, è ambivalente. Da una parte c'è un residuo di linguaggio comunista, il retaggio dell'era maoista: si continua a insistere sulla «via cinese» ai diritti umani, dove l'accento è sui diritti di tipo materiale, cioè la guerra alla povertà, lo sviluppo economico e la diffusione di standard di vita decenti per la popolazione. D'altra parte la leadership comunista afferma di rispettare anche la Dichiarazione dell'Onu. Esibisce come prova la Costituzione della Repubblica Popolare, che in teoria garantisce libertà di espressione, di culto religioso, e tutte le caratteristiche di un moderno Stato di diritto.

In realtà la Costituzione è la più inapplicata e la meno rilevante delle leggi cinesi. Ma ha il pregio di esistere. E i dissidenti di Carta 08 hanno deciso che è loro interesse far leva su quel testo. È a quei diritti proclamati e calpestati che si aggrappano con tenacia gli attivisti democratici. «Nel nostro appello» ha dichiarato il giurista Mo Shaoping, uno dei primi trecento firmatari «non c'è nulla che vada contro la Costituzione della Cina. La nostra Carta 08 promuove gli stessi valori della Dichiarazione universale dei diritti dell'uomo: la libertà di stampa, di associazione, una giustizia indipendente, la libertà religiosa, la protezione dell'ambiente.» L'appello elenca diciannove proposte per creare un sistema giudiziario imparziale, promuovere un'informazione pluralista e superare il monopolio di potere del partito unico. Carta 08 è un felice equilibrio tra due esigenze: dare una prospettiva alle vittime delle ingiustizie, degli abusi, dell'arroganza del regime e contemporaneamente, proporre una riforma compatibile con lo stesso dettato costituzionale della Repubblica Popolare, quindi in linea di principio non sovversiva né destabilizzante. È un progetto che cerca di tenere insieme i riformisti moderati, cioè l'ala più aperta del Partito comunista che potrebbe accettare un cambiamento politico nel gradualismo, e i radicali che invece hanno una visione più pessimista sulla «irriformabilità» del comunismo cinese e propugnano rotture drastiche. Nei contenuti di Carta 08 sono molteplici i riferimenti alla Costituzione cinese e a tutte le libertà che essa promette ai cittadini. Vi è anche un forte riferimento all'universalità dei diritti umani: questa è un'implicita confutazione della teoria della specificità orientale che i leader di Pechino hanno mutuato da un confuciano di destra come Lee Kuan Yew, lo statista che fu il padre-padrone di Singapore. I firmatari di Carta 08 respingono quel teorema secondo cui la democrazia pluralista sarebbe un modello adatto solo alle società individualiste e atomizzate dell'Occidente, e come tale non esportabile in Asia.

Ma per capire lo scarso impatto degli intellettuali dissidenti nella Cina di oggi bisogna tener presente una percentuale: 30%, è la quota di studenti universitari fra i 75 milioni di iscritti al Partito comunista. Quel 30% è il coronamento di una gigantesca operazione di ingegneria sociale concepita proprio per rispondere alla crisi di piazza Tienanmen. Dopo quello shock di vent'anni fa il regime decise che non avrebbe mai più dovuto trovarsi in conflitto con i ceti più avanzati del Paese: l'élite istruita delle grandi città. La lezione è stata applicata. Quello che era ancora vent'anni fa un partito prevalentemente operaio e contadino è diventato una formazione di colletti bianchi dove il gruppo sociale più rappresentato è proprio la gioventù studentesca. Quella cooptazione è stata consentita dal formidabile sviluppo economico. Per vent'anni il regime ha potuto offrire a masse di giovani istruiti delle concrete prospettive di successo materiale, aspettative crescenti di prestigio e di status. Ne ha fatto i suoi alleati perché ha concesso libertà economiche e personali (proprietà privata, liberalizzazione dei costumi di vita, rivoluzione sessuale, facoltà di viaggiare all'estero). Le nuove generazioni hanno avuto un tale miglioramento nella qualità di vita da diventare una robusta *constituency* del regime. Rinunciando di conseguenza ad avanzare rivendicazioni sui diritti civili, la libertà di espressione e le riforme politiche.

Diversa è la situazione nella classe operaia, che negli ultimi anni ha dato forti segnali di malcontento. E di fronte all'esplosione di rivendicazioni salariali, il regime ha risposto in modo meno brutale del solito. Nel 2008 i tribunali cinesi hanno dovuto occuparsi di 280.000 cause di lavoro, arrivate davanti ai giudici dopo lunghe vertenze e spesso scioperi illegali. Nel 2009 queste «dispute» sono salite ulteriormente del 30%. Il Guangdong, la provincia più ricca e industrializzata (nel Sud del Paese) è stata la più colpita. Le ondate di scioperi che hanno fatto notizia sono avvenute dentro le fabbriche possedute da multinazionali straniere come Honda e Toyota, oppure nelle fabbriche di terzisti che assemblano prodotti per aziende estere come la Apple. Perché l'operaio cinese si rivolta più facilmente se il suo padrone è uno straniero? Le spiegazioni possono essere diverse. Da un lato perché la manodopera impiegata dalle grandi multinazionali ha generalmente un livello d'istruzione superiore, ed è quindi più agguerrita della media. D'altro lato è possibile che sia scattato nelle autorità un riflesso nazionalista: non occorre mandare la polizia a caricare e arrestare gli scioperanti, se il loro bersaglio è un capitalista giapponese o americano. Di questo si è trovata traccia in un volantino circolato proprio nella fabbrica della Honda, dove gli operai denunciavano il divario eccessivo tra i loro salari e gli stipendi dei manager venuti da Tokyo. «Forse che noi cinesi siamo inferiori ai giapponesi?» s'interrogava l'estensore anonimo del volantino. Infine è possibile che la censura di Stato sia stata più tollerante nel concedere che i mass media dessero notizia degli scioperi avvenuti negli stabilimenti di società estere. Dunque, forse non si è scioperato solo nelle fabbriche di Honda, Toyota e Apple, ma sulle altre agitazioni operaie è calato il silenzio. Sta di fatto che a queste rivendicazioni il governo di Pechino ha risposto in modo più flessibile. Anziché ricorrere esclusivamente alla repressione, la leadership ha fatto «qualcosa di sinistra»: ha esercitato una discreta pressione perché gli industriali alzassero i salari. Risultato: le retribuzioni della classe operaia cinese sono aumentate del 9% all'anno tra il 2002 e il 2009, e dell'11% tra i colletti blu delle grandi città. Ci sono punte ancora più elevate: nello stabilimento Atsumitec di Foshan, che fabbrica scatole del cambio per la Honda, un lungo sciopero si è concluso il 22 luglio 2010 solo quando gli operai hanno ottenuto un aumento del 47%. Dietro la maggiore arrendevolezza del regime c'è un dato socio-demografico importante: per l'efficacia della politica di controllo delle nascite, la popolazione cinese invecchia rapidamente e la Repubblica Popolare non avrà in eterno una riserva illimitata di manodopera giovane, disposta ad accettare qualsiasi diktat padronale. Gli stessi emigranti interni, che dalle campagne affluiscono nelle città, oggi hanno esigenze più elevate. Non gli basta guadagnare di più dei genitori e dei nonni. La tv, portando in tutta la Cina rurale le immagini del benessere urbano, ha diffuso aspettative crescenti. Il regime, a sua volta, spinge l'industria ad aumentare i salari per accelerare la sua evoluzione verso produzioni di maggiore qualità. Non vuole che la Cina resti solo la fabbrica del pianeta per merce a basso costo. È una lucida strategia di lungo periodo che punta a fare un salto verso un assetto più avanzato.

Perché Obama aiuta Falun Gong

Una setta religiosa dalla reputazione controversa può promuovere la libertà di espressione su Internet? Pochi lo sanno in Occidente, ma in realtà questo sta già succedendo. Se n'è avuta una prova in Iran, quando le manifestazioni di protesta contro il regime riempirono le piazze di Teheran. L'opposizione iraniana riuscì a comunicare online con il resto del mondo, aggirando la censura di Stato, grazie a un software dalle origini insospettate. Esiste in due versioni, si chiamano rispettivamente Freegate e Ultrasurf. A elaborare questo software «libertario» è il Gifc (Global Internet Freedom Consortium). E dietro il Gifc c'è un gruppo di scienziati e informatici di origine cinese, emigrati negli Stati Uniti, simpatizzanti di Falun Gong, cioè il movimento religioso più temuto, odiato e perseguitato dal regime di Pechino. Il governo cinese descrive Falun Gong come un culto esoterico dai riti feroci e perversi, che pratica il lavaggio del cervello dei propri seguaci. Queste accuse hanno fatto presa in Occidente, tra alcuni governi e nell'opinione pubblica. Nei Paesi democratici c'è chi vede in Falun Gong una setta simile a Scientology, ed esita a sostenerne la causa. Ma non la pensano così Barack Obama e Hillary Clinton. Almeno per quanto riguarda la battaglia contro la cyber-censura, l'Amministrazione Obama si è convinta che l'opera del Gifc (alias Falun Gong) è benefica e merita aiuto. Così il Dipartimento di Stato ha stanziato 1,5 milioni di dollari di finanziamenti per quest'associazione. La reazione di Pechino non si è fatta attendere. «Il Gifc» ha dichiarato Wang Baodong dell'ambasciata cinese a Washington «è direttamente controllato dalla setta Falun Gong che diffama la Repubblica Popolare, attacca la stabilità sociale del nostro Paese e tenta di sabotare le relazioni tra Cina e Stati Uniti.» Il finanziamento pubblico di Washington al Gifc è stato interpretato come l'ultima mossa nella lunga «cyber-guerra» tra le due superpotenze, che ha avuto un culmine con il clamoroso ritiro di Google dalla Repubblica Popolare.

Cos'è Falun Gong? Prima di giudicare bisognerebbe saperne di più. Ma sapere è difficile, vista la muraglia di censura che Pechino ha costruito attorno a quest'organizzazione. Eppure non fu sempre così. Quando era presidente della Repubblica Popolare Jiang Zemin – predecessore di Hu Jintao – l'atteggiamento del regime verso Falun Gong ebbe delle oscillazioni. Dopo la rivolta democratica del 1989, i leader cinesi si resero conto che l'ideologia comunista non poteva più bastare a mantenere la stabilità sociale. Jiang Zemin cominciò quindi ad accarezzare un progetto: riportare in auge i valori della Cina antica, confucianesimo e buddismo, ma sotto il controllo del governo, per farne le architravi di un paternalismo autoritario. Lui stesso si espose a frequentare i templi buddisti e a fare donazioni generose ai monaci. Intorno alla metà degli anni Novanta cominciò a diffondersi Falun Gong. Attingeva sia alla tradizione buddista sia a quella taoista, e promuoveva una serie di esercizi ginnico-spirituali simili alla disciplina del tai-chi. Una parte della nomenklatura comunista all'inizio guardò con benevolenza a quel fenomeno. Vi aderirono anche dei membri del partito. Jiang Zemin era indeciso: forse Falun Gong poteva servire proprio al suo scopo, cioè riempire il vuoto di valori creato con la rapida transizione dal comunismo al capitalismo? Quest'illusione si spezzò in un giorno di aprile del 1999. All'insaputa del governo, della polizia e del Partito comunista, di colpo Falun Gong radunò 20.000 aderenti nel cuore di Pechino. A due passi dalla Città Proibita, i fedeli inscenarono una manifestazione silenziosa proprio davanti a Zhongnanhai: l'enclave segreta e superprotetta dove abitano i dirigenti del regime. Per Jiang Zemin fu peggio che una sorpresa, fu un vero shock. Scoprì con allarme che Falun Gong disponeva di una rete organizzativa capillare e invisibile, di cui le autorità non sapevano nulla. Ogni ambiguità verso quel movimento fu sciolta all'istante e la setta venne messa fuori legge. Contro i suoi seguaci cominciò una persecuzione feroce. Oggi gli appartenenti alla setta rappresentano il 50% dei prigionieri politici e i due terzi delle vittime della tortura nelle carceri cinesi. David Matas, un militante canadese per i diritti umani, denuncia «decine di migliaia di esecuzioni di seguaci di Falun Gong, i cui organi sarebbero stati venduti dalla polizia sul mercato nero dei trapianti».

Il leader della setta, Li Hongzhi, era riuscito a fuggire. Si dice che viva negli Stati Uniti, nel quartiere newyorkese del Queens. Ma per proteggersi dai servizi segreti cinesi si nasconde. Alla luce del sole invece agiscono i suoi simpatizzanti nel mondo universitario americano. Un gruppo di ricercatori immigrati dalla Cina, guidati da Shiyu Zhou, vicedirettore del consorzio Global Internet Freedom, hanno unito le loro competenze per lanciare la sfida alla Grande Muraglia di Fuoco, come viene chiamata la censura di Pechino su Internet. Così sono nati sotto l'egida del Gifc i «software della libertà»: Freegate e Ultrasurf. «Sono strumenti di grande efficacia» dice Ethan Zuckerman, ricercatore al Center for Internet and Society della Harvard University. La Casa Bianca ha esitato prima di appoggiare questo gruppo, sapendo che poteva avvelenare le relazioni bilaterali con Pechino. Diversi opinionisti della stampa liberal, dal New York Times al Washington Post, hanno fatto campagna in favore del Gifc. Su Falun Gong i dubbi restano. Ma per quanto legittime siano le riserve su quel movimento, la classe dirigente americana è convinta che la mancanza di libertà religiosa sia un punto debole della superpotenza rivale.

La tv di Pechino non sa parlare a noi

Nonostante il controllo governativo, le reti televisive che guardano i cinesi sono meno grigie e conformiste di quanto ci si aspetti. Sarà che l'espansione del business televisivo-pubblicitario è stata travolgente, e gli imperativi commerciali qualche volta hanno fatto chiudere gli occhi ai censori. Salvo riaprirli all'improvviso, quando era troppo tardi. Così si spiega lo scandalo dei popolarissimi show televisivi dedicati alla ricerca di un marito o di una moglie, spettacoli «degenerati» fino a creare un caso politico. Il più celebre s'intitola «Se tu sei quello giusto». È una corrida prematrimoniale in cui ventiquattro giovani donne single sottopongono a un interrogatorio serrato un loro coetaneo maschio. Al termine, una di loro potrebbe convolare a giuste nozze: è accaduto più volte, e lo show è diventato una versione moderna dei matrimoni combinati che un tempo mobilitavano genitori e nonni. Il problema è che «Se tu sei quello giusto» è diventato uno specchio fin troppo fedele della società cinese contemporanea. In una puntata controversa, una ragazza ha detto a un giovane di modeste origini: «Preferisco piangere su una Bmw che ridere a cavalcioni della tua bicicletta». Per milioni di telespettatori questa era un'ovvietà: il materialismo domina in Cina anche nei rapporti tra i sessi. Ma vedere questa cruda realtà disvelata in diretta televisiva ha fatto scattare il riflesso moralista tra i censori di Stato. La nomenklatura comunista ama praticare lussi e vizi in privato, salvo mantenere le apparenze di un'etica puritana a uso del popolo. Così dal Dipartimento di propaganda è partito il duro avvertimento per gli show prematrimoniali: d'ora in poi niente allusioni sessuali, e uno stop alle ragazze troppo aggressive nel dichiarare la propria preferenza per uomini ricchi.

La censura cinese rincorre una realtà in continua evoluzione, che le sfugge spesso di mano. Un altro fenomeno televisivo controverso è il successo del comico di Shanghai Zhou Libo. Il suo show satirico viene ripreso in diretta dal Palazzetto dello Sport di Shanghai. Zhou Libo evita l'attualità politica, non prende in giro il presidente Hu Jintao (anche se si è permesso battute salaci sul suo ben più augusto predecessore Mao Zedong) e tuttavia fa della satira di attualità su altri temi scottanti come la bolla speculativa della Borsa e del mercato immobiliare. Soprattutto, il comico Zhou dà libero sfogo a quello che la borghesia agiata di Shanghai ha nella pancia: il complesso di superiorità verso il resto della Cina, il disprezzo per gli immigrati venuti dalle campagne. Lo si potrebbe definire un «leghista» che interpreta a modo suo certe spinte centrifughe presenti nella società cinese. Il paravento che lo protegge dalla censura? Zhou usa di preferenza il dialetto shanghainese, praticamente incomprensibile per «quelli di Pechino». Ma anche l'altra Cina, quella povera, ha i suoi programmi tv preferiti. La telenovela *Woju* (Casa di lumache) racconta le vicissitudini di una giovane donna povera, costretta a diventare l'amante maltrattata di un notabile politico, per poter pagare il mutuo della sorella. Un'allegoria delle ingiustizie sociali in cui molti cinesi si riconoscono nella parte delle vittime.

Ma la tv cinese è esportabile nel mondo? C'è una stridente contraddizione fra la sede newyorkese della Cnc (China Network Corporation), al quarantaquattresimo piano di un grattacielo di Times Square, e i suoi contenuti. La nuova Cnn cinese non bada a spese. Figlia di un titanico piano di espansione mediatica che Pechino ha pianificato per estendere nel mondo intero la «visione cinese dei fatti», la rete di news ventiquattr'ore su ventiquattro ha una ricchezza di mezzi che fa invidia a qualunque concorrente occidentale. Simbolicamente, per la sua redazione americana ha voluto un posto al sole fra «i grandi»: entro pochi isolati di distanza hanno casa il New York Times, la Reuters, Condé Nast, la News Corp di Rupert Murdoch con gli studi di Fox News.

Nata da una costola dell'agenzia Nuova Cina, la tv in lingua inglese della Repubblica Popolare si chiama Cnc World. È un tassello di un piano molto vasto per il quale il governo cinese ha stanziato miliardi di dollari. Dopo l'influenza economica, dopo l'ascesa politica e quella militare, il regime di Pechino vuole darsi anche gli strumenti di un'egemonia culturale in tutti i continenti. Lancia la sua sfida nel cuore dell'informazione globale, usando la lingua franca della comunicazione, l'inglese. Ma su questo fronte i risultati sono deludenti. Allevati per decenni nella censura, considerati tuttora come dei portavoce del governo, i giornalisti televisivi cinesi sono ancora lontani dal poter sedurre il sofisticato pubblico occidentale. Pluralismo, gusto della controversia, giornalismo d'inchiesta sono ingredienti essenziali per un tg di successo: la Cina deve ancora farne di strada per acquisirli, e forse non ci riuscirà senza aver prima cambiato il suo sistema politico. Per adesso lo spettatore occidentale sbadiglia davanti a questo stile d'informazione paludato. I miliardi messi a disposizione da Pechino ancora non fanno della Cnc un peso massimo nell'informazione globale: per impatto sull'opinione internazionale la supera perfino Al Jazeera.

Gli americani sostengono che una guerra si vince anzitutto conquistando *the hearts and the minds*, i cuori e le menti della popolazione nei territori contesi. È una scommessa che loro stessi hanno perso più volte, dal Vietnam in poi. Ma anche i cinesi, se aspirano davvero a diventare leader nel terzo millennio, devono porsi la questione di un'«egemonia culturale». Per conquistare i nostri cuori e le nostre menti di occidentali, la strada è ancora lunga e tutta in salita.

IX

Dove l'America domina ancora

Nel regno delle fiabe

Dimenticate la tecnologia. Benvenuti nel mondo delle fiabe, quello eterno, il paese dei balocchi. Lo hanno nascosto bene. La sua fabbrica segreta è in una periferia industriale, Emeryville. Gli abitanti di San Francisco la conoscono solo perché vanno a fare la spesa da Ikea. Traversi il ponte della Baia, appena raggiunta la terraferma a metà strada tra Berkeley e Oakland c'è questo strano posto: depositi, officine, svincoli autostradali. Dissimulato, immerso in un'oasi verde c'è lo scatolone di mattoni rossi che contiene la Pixar. È un nome da leggenda, il laboratorio di disegni animati creato da George Lucas *(Guerre stellari)* nel 1979 e rilevato da Steve Jobs (fondatore di Apple) nel 1986. *Toy Story, Monsters, Alla ricerca di Nemo, Ratatouille* e tanti altri: una lunga successione di trionfi. Un atelier di artisti che sono i veri eredi di Walt Disney: 11 film, 24 premi Oscar, il record ineguagliato di incassi nella storia dell'animazione digitale con 5,5 miliardi di dollari. Proprio la Disney lo ha comprato nel 2006 e il successo del vecchio zio Walt continua tra bambini e adulti del terzo millennio grazie agli stregoni di Emeryville. Il mondo intero è sedotto da queste fiabe, capaci di parlare un linguaggio universale: da Pechino a Mumbai, da Rio de Janeiro a Johannesburg, da Milano a Berlino, quando esce un film di animazione della Pixar il successo è garantito. I moderni Collodi che incantano i bambini e i loro genitori possiedono la ricetta segreta della fantasia globale, che non conosce frontiere. Nell'era in cui la produzione delle cose è finita in gran parte in Asia, la manifattura dei sogni resta saldamente in mano alla California, suddivisa tra i due poli di Hollywood e della Silicon Valley. Ci sarà pure una ragione. Forse anche più d'una. In ogni caso la sfida tra Cina e America per la supremazia imperiale passa anche da qui: dalla conquista dell'immaginario globale.

Con *Toy Story 3* gli scrittori della Pixar si sono presi una bella libertà: la scena iniziale è una caricatura feroce di Hollywood, un succedersi di inseguimenti in stile western, apparizioni di extraterrestri, violenze e distruzioni a catena. L'ironia è pungente: quello lì è il cinema da non fare. Quella è la fantasia di tanti bambini di oggi stritolata, omogeneizzata dagli effetti speciali. Cinque minuti infernali, cancellati e smentiti da tutto il resto del film, che invece, sotto strati di burle frenetiche nasconde una storia molto vera di crescita e di distacco, di anni che passano e affetti che cambiano. Andy, il bambino delle prime *Toy Story,* lascia la casa dei genitori per andare al college. I suoi giocattoli dell'infanzia finiranno in soffitta o nella spazzatura. Salvo colpi di scena.

Le sedi di Google e di Apple, tutt'e due nella Silicon Valley, sono circondate dallo stesso alone di mistero, di fascino e di gelosa segretezza. È raro poter sbirciare nel laboratorio dei nostri sogni. Quando si apre, come in occasione dell'uscita di *Toy Story 3,* l'esplorazione segue riti severi. All'ingresso del campus di Emeryville devi consegnare ogni gadget elettronico, telefonino compreso: guai a «rubare» le immagini dei maghi. Quando sei finalmente disarmato, quello che si disvela più che la sede della Nasa è un parcogiochi. In mezzo ai viali alberati immersi nel sole californiano, in formato gigante ti dà il benvenuto la lampada flessibile, simbolo dell'«idea Pixar» nei titoli di apertura dei film. In un cortile tra i giardini c'è un baule di giocattoli. Dal cofano aperto spuntano il cowboy Woody, l'astronauta Buzz, la fanciulla del West Jessie, pupazzoni giganti. L'aspetto da parcogiochi continua dentro la palazzina degli studi cinematografici: anche lì personaggi dei film in dimensione maxi. Non siamo a Disneyland, non ci sono orde di turisti, i rari visitatori si muovono circospetti. Come in *Toy Story*, questi giocattoloni forse ci osservano, fanno finta di essere immobili, si animeranno dietro le nostre spalle. Nell'atrio principale della palazzina un'insegna al neon («Aperto 24 ore!») sembra l'ingresso di una discoteca. È la sala dei computer che materializzano le animazioni digitali degli artisti. Gli atelier dei creativi sono ben visibili ai piani alti, perché tutto l'edificio è fatto di grandi vetrate, invaso dal sole come se si lavorasse all'aperto. Ognuno ha il diritto di disegnare il suo studio come gli pare: ce n'è uno in stile capanna polinesiana, un altro sembra una comune hippy degli anni Settanta. Ci sono bar-birrerie. Il paese dei balocchi è costruito perché gli artisti restino sempre bambini, nulla deve evocare un «lavoro» nel senso tradizionale.

Eppure non si è prodotta lì la prima scintilla di *Toy Story 3*. Per trovare l'idea iniziale, la storia giusta, c'è un luogo più remoto. È il Loft del poeta, uno chalet a Tomales Bay, spiaggia semideserta a 70 km a nord da San Francisco. Tra scogliere battute dai venti del Pacifico, in un luogo dove regnano foche e gabbiani, si diedero appuntamento tre anni fa gli artisti del team creativo, guidati dal regista Lee Unkrich. Lo sceneggiatore Michael Arndt (quello di *Little Miss Sunshine*) aveva provato a sottrarsi alla cerimonia del ritiro. «Volevo lavorare come per i film normali,» dice «cioè da solitario nella mia casa di New York, e mandargli i testi man mano che li scrivevo.» Impossibile. Proibito dalle regole sacre della casa. «Il Primo Comandamento della Pixar è questo: i film non si fanno come a Hollywood, con squadre di mercenari formate per l'occasione, che poi si disfano e ciascuno riparte per conto suo.» Il team creativo include autori che a Emeryville sono la memoria storica di tanti film precedenti, insieme con gli innesti più recenti venuti dal cinema d'autore. Sono abituati al gioco al massacro che avviene nello chalet sulla spiaggia. «Proibiti i telefonini, la tv, i contatti col mondo esterno» dice il regista Unkrich. «Si sta in clausura.»

Un'idea di storia viene rigirata da tutte le parti, bersagliata in un tiro a segno. Così è stato bocciato uno spunto che forse sarebbe stato geniale: l'astronauta Buzz, made in Taiwan, viene richiamato dalla fabbrica per un difetto, si ritrova in mezzo a un popolo di giocattoli che furono amati dai bambini ma tornano nelle mani del creatore. È una storia che non vedremo mai. Solo quando i creativi sono convinti di aver trovato la trama giusta, lasciano la costa selvaggia di Tomales Bay e tornano nel paese dei balocchi di Emeryville. Gli artisti della matita cominciano a sfornare bozzetti. Prendono forma una scena dopo l'altra ma sono ancora statiche, come nei fumetti. Si riuniscono in una sala con una grande lavagna e recitano ogni pezzo di storia accennato in quei disegni: devono riuscire a «venderlo» ai colleghi, è il primo test per capire se funzionano, per dare corpo ai personaggi, mimarne le emozioni. Ciascuno «pubblicizza» la sua idea, s'improvvisa attore e narratore. Deve convincere, essere credibile. Passa un mese e i personaggi più importanti vengono plasmati in terracotta. Poi scannerizzati su computer. Via via si aggiungono materiali reali: pelli, tessuti, capigliature. Entrano nei *reel,* le prime successioni di immagini in movimento. Le battute sono registrate inizialmente con le voci degli impiegati della Pixar e sottoposte al giudizio dei colleghi. «È un momento cruciale per la nascita del film» dice il cofondatore della Pixar Ed Catmull. «Guardando il risultato in mezzo a un'audience si comincia a capire cosa fa ridere, cosa commuove, cosa va scartato.» Il primo anno se n'è andato così. Allora vengono chiamati a Emeryville gli attori che doppiano i personaggi: Tom Hanks, Tim Allen, Michael Keaton. Registrano decine di versioni diverse per i dialoghi: sfumature, inflessioni della voce, un ventaglio da cui, alla fine, si sceglierà il tono giusto. I tecnici dell'animazione progrediscono sui primi bozzetti: sagome e profili si riempiono di colore, dietro di loro appaiono gli ambienti, il Tirannosauro e l'Uomo-Patata diventano tridimensionali, la scenografia dà corpo e profondità alle stanze, ai mobili. Gli incidenti sono in agguato. Si scopre che migliaia di immagini della prima versione di *Toy Story*, pur conservate in memoria digitale, non possono essere rielaborate in versione tridimensionale. Quel film era del 1995, quindici anni dopo è già preistoria. Oggi il 3D ha cambiato questo: al cinquecentesimo giorno di lavorazione ogni personaggio viene dotato di un migliaio di «avar», altrettanti punti di possibile movimento. Da quel momento in poi i disegnatori li muovono come fossero burattini, l'animazione li manipola come i fili invisibili delle marionette. Cento avar sono necessari solo per muovere le espressioni facciali. Di ogni scena vengono filmate virtualmente decine di prove, destinate al lavoro di editing, selezione, rifinitura. Scorre un tempo infinito, il contatore supera il giorno mille. Le sale dei disegnatori sono ciascuna come un set di Hollywood ma i personaggi hanno la pazienza che manca alle star del cinema: migliaia e migliaia di volte devono ripetersi, aggiustare le pose di frazioni di millimetro, spostarsi rispetto a una telecamera immaginaria.

La fantasia dei narratori continua a sfornare nuove idee: la bambola Barbie femminista, il suo bamboccione Ken catturato in una scena sadomaso, il dolce orsacchiotto di peluche rosa che si rivela un capomafia, alle comiche chapliniane si aggiungono i doppi sensi e le citazioni da altri film che servono a divertire il pubblico adulto. «A malincuore» dice Unkrich «al terzo anno di lavorazione abbiamo dovuto licenziare il prodotto finale. Avremmo potuto andare avanti all'infinito.» Come artigiani medievali di una fabbrica del Duomo: le tecnologie sono la moderna versione degli scalpelli da scultori.

La tana del mago Steve Jobs

«Steve detesta quelli che credono di conoscerlo e parlano di lui. La sua ira è leggendaria, il castigo è tremendo.» Perciò la Gola Profonda che mi guida attraverso i misteri di Apple lo fa a una condizione: la sua identità deve restare segreta. Per il nostro appuntamento prendiamo precauzioni come nei film di spionaggio. Alla larga dal quartier generale dell'azienda di Cupertino, meglio incontrarsi nel campus della Stanford University, confusi nella massa di studenti e ricercatori. Il terrore con cui Steve Jobs impone il silenzio attanaglia dipendenti, ex collaboratori, perfino gli altri imprenditori della Silicon Valley che non sono al riparo dalle sue vendette. Quest'aureola mitica di segretezza è uno degli ingredienti della leggenda Apple. Ha contribuito all'attesa messianica che precedette il lancio della sua ultima (per ora!) creatura: l'iPad, lanciato nel mondo intero nei primi mesi del 2010. La «tavoletta di Jobs», larga 25 centimetri e appena 650 grammi di peso, promette una nuova rivoluzione. Dopo aver reinventato il computer come un oggetto elegante e sensuale (Mac), dopo aver cambiato il nostro modo di fruire la musica con l'iPod, poi gli usi del cellulare con l'iPhone, dopo un'incursione nel mondo del cinema (con i film d'animazione Pixar), è giunto infine il parto del lettore digitale. Metà minicomputer portatile e metà telefonino. Uno schermo «amico» per la lettura di libri e giornali e anche un televisore portatile, che offre una nuova vita al consumo dell'informazione, una terra promessa per l'industria dei media.

Qual è il segreto dell'eterna rinascita di Jobs, come si lavora «là dentro», nell'impenetrabile fortezza di Cupertino? Business Week lo definisce «il più grande cantastorie dei nostri tempi, un affabulatore magico, l'imprenditore che ha trasformato il lancio di un prodotto in una forma d'arte». Perfino un concreto uomo della finanza, l'azionista di Apple Erick Maronal che gestisce 1,2 miliardi del fondo Victory Large Cap Growth, è un seguace del culto: «Jobs ha dimostrato di essere infallibile nell'indovinare nuovi bisogni, nuovi mercati, nuove tendenze». La mia Gola Profonda ha lavorato a stretto contatto con Jobs, la sua testimonianza è rivelatrice. «Il metodo di Apple» dice «è la qualità principale di Steve: individuare in ogni campo della sua attività delle persone di capacità superiore, affascinarli, soggiogarli, aggredirli quotidianamente. Esige da loro una fede assoluta ma vuole essere contestato, non sopporta gli *yes-man*. Ti distrugge di critiche e poi recupera le tue idee, dopo averle rivestite di un involucro più seducente. Al fondo è soprattutto un comunicatore.» La storia di Jobs è una lunga serie di reinvenzioni: prodotti che in parte già esistevano, a cui lui ha dato nuova vita e un successo senza precedenti. Il personal computer c'era prima del Mac. La musica digitale si ascoltava anche prima dell'iPod. Gli smartphone di tante altre marche come Nokia e Samsung hanno preceduto il suo iPhone. E sul mercato c'erano già tanti note-book o lettori digitali quando è arrivato l'iPad. Ogni volta però l'irruzione di Apple ha rappresentato una metamorfosi, ha aperto una nuova era. «Jobs» dice il suo biografo Daniel Alef «ha segnato l'evoluzione della tecnologia e della cultura dei consumi.» Questo naturalmente non può essere l'opera di un uomo solo. «Le sue idee» prosegue la mia Gola Profonda «non sono mai sue. Però il collaboratore che ci ha pensato per primo, quando si ritrova davanti quel concetto o quel prodotto, dice: "Non avrei mai pensato che fosse così geniale, prima che se ne appropriasse Steve". Non c'è un processo prestabilito per arrivare all'invenzione, non c'è una ricetta fissa, o un sistema di lavoro che si possa descrivere come una sequenza di operazioni. L'unico metodo di Steve è circondarsi di gente stradotata e frustarla perché dia il massimo. Lui interviene solo quando intravvede qualcosa che lo appassiona. Per capire la fabbrica di miracoli di Apple bisogna sapere che migliaia sono le idee bocciate, mai venute alla luce. Lui spinge i migliori fino all'estremo. La sua frase preferita quando gli porti una nuova idea: "È tutto qui quello che sai fare?" E così devi spremerti ancora di più. Questo oggi non vale solo per gli ingegneri. Da molti anni il fenomeno Apple è anche una reinvenzione dei servizi: dal negozio virtuale iTunes ai negozi reali Apple Store.»

A esaltare le potenzialità dell'iPad per la lettura di libri è sceso in campo l'amministratore delegato di Penguin Books, John Makinson: «L'iPad avrà un impatto equivalente a quello che fu negli anni Trenta l'invenzione del libro tascabile per la cultura popolare». Che l'iPad possa dare nuova vita anche a giornali e settimanali, lo credono gli investitori pubblicitari. Da FedEx a Unilever, dalle carte di credito Chase alla Toyota, è già lungo l'elenco di quelli che hanno acquistato spazi pubblicitari sulle versioni iPad del New York Times, del Wall Street Journal, del Time e Newsweek. Il suo mercato potenziale: i 75 milioni di consumatori a cui Jobs ha venduto gli iPhone e gli iPod. Oltre a essere già adepti del «culto», hanno il vantaggio di aver familiarizzato con lo stesso tipo di schermo-interfaccia, lo stesso tipo di grafica e di icone che si sfiorano con le dita.

La segretezza di Jobs, paradossalmente, è un ingrediente essenziale della sua potenza pubblicitaria e promozionale. Nell'eccitazione per l'attesa di un nuovo prodotto, i consumatori divorano le descrizioni sul bunker di Cupertino. Internet pullula di blog che da anni si occupano solo di Jobs, con nomi come AppleInsider, e contribuiscono al tam tam delle leggende. Anche i grandi media, dalla Reuters al Wall Street Journal, sono costretti a raccontare Apple come un regno misterioso e impenetrabile. Se chiedi un'intervista con Jobs, il suo ufficio stampa pretende di sapere con chi hai parlato prima, inclusi eventuali fornitori esterni dell'azienda. Un interrogatorio in piena regola in cui devi «bruciarti» tutte le fonti, con chissà quali conseguenze per loro. Trattare con la Cia è più facile e meno stressante. Gli eletti che lavorano sull'iPad passano attraverso una serie interminabile di controlli di sicurezza. Lavorano in reparti isolati. Sono spiati da telecamere interne. Nel 2007, per depistare la curiosità sul nuovo iPhone, Jobs fece costruire dei cellulari fasulli. Organizzò una messa in scena chiudendo i falsi in depositi blindati, poi mandandoli nei suoi negozi. Perfino Steve Wozniak, cofondatore di Apple e tuttora importante azionista, ha dovuto prenotarsi l'iPad come tutti i consumatori, e il 3 aprile 2010 ha fatto la fila davanti all'Apple Store di San Francisco. «C'è della paranoia» ammette la mia Gola Profonda. Ma è una paranoia efficace. Paul Thurrott, il blogger di Windowsitpro che da anni si occupa di Apple, non nasconde la sua ammirazione: «Apple è l'unica azienda al mondo che riesce a generare il massimo di attesa, di pubblicità, di esaltazione attorno all'arrivo di un prodotto, senza fare praticamente nulla». Immaginarsi il livello di sicurezza antispionaggio nelle sue fabbriche cinesi. Già, perché l'iPad è *designed in California* ma assemblato a Shenzhen, nel Guangdong, la regione più industrializzata della Cina. E questa suddivisione dei ruoli che Apple ha deciso per sfornare l'iPad – e tutti gli altri prodotti – è la metafora di una divisione internazionale del lavoro. Steve Jobs è stato uno dei primi ad abolire l'etichetta made in... Al suo posto, quel designed in California sta a indicare il luogo d'eccellenza dove nasce non solo il design in senso stretto, ma l'invenzione di un progetto, la concezione di un'idea, la strategia per sedurre i consumatori del pianeta. Il ruolo più nobile, insomma, se lo tiene ben stretto la California.

Un occhio ci segue dal cielo

Non è soltanto la guida insostituibile per molti guidatori e camionisti, ma un vero e proprio sistema nervoso di tutte le attività su scala planetaria: senza di lui si fermerebbero i Bancomat delle banche e le transazioni di Borsa. È il

Gps (Global Positioning System) che conosciamo bene per una delle sue tante applicazioni: il navigatore satellitare. Ora questo sistema, che resta saldamente sotto il controllo degli Stati Uniti e in particolare del Pentagono, fa un balzo in avanti nella sua efficienza. Con delle applicazioni meravigliose o inquietanti. Sul telefonino otterremo facilmente istruzioni per raggiungere la nostra destinazione con un livello di precisione finora sconosciuto: un margine di errore inferiore al centimetro. Ma aumenterà prodigiosamente anche la capacità altrui di sorvegliare i nostri movimenti.

Con le migliori intenzioni naturalmente – a cominciare dalla lotta al terrorismo – è uno strumento sempre più potente a disposizione del Grande Fratello. Proprio come nel romanzo di Jeffery Deaver *La finestra rotta*, dove un personaggio viene seguito (e i suoi percorsi fedelmente registrati) solo perché ha in tasca una carta di credito e, ogni volta che passa davanti a un negozio dotato di Pos, questo rileva la sua presenza. Le applicazioni del Gps sono già oggi così estese da farne una sorta di sistema parallelo e concorrente di Internet. È il sistema di navigazione satellitare che consente agli armatori di gestire le rotte delle navi mercantili, a FedEx e Ups di governare la logistica planetaria del trasporto e a guidare i vigili del fuoco nel traffico di Manhattan per trovare il percorso più breve verso un incendio.

La sua origine resta però squisitamente militare: il Gps fu elaborato sotto la guida del colonnello dell'aviazione Bradford Parkinson, a partire da ricerche avviate subito dopo la guerra del Vietnam, nella Los Angeles Air Force Base, a El Segundo nella California meridionale. Sempre sotto la guida del Pentagono è partito nel 2010 l'imponente piano di modernizzazione del Gps, con 8 miliardi di dollari di stanziamento iniziale. Uno per uno vengono sostituiti tutti i ventiquattro satelliti che gestiscono l'intelligenza del sistema. I livelli di precisione, affidabilità e sicurezza a cui punta il nuovo sistema sono quasi inimmaginabili. A guidare la *task force* militare stavolta è il colonnello David Goldstein, che si dichiara consapevole delle ricadute mondiali: «Sappiamo che il funzionamento di attività nevralgiche, pubbliche e private, su tutto il pianeta dipende da questo sistema». Basti dire che nel mondo intero ormai ci sono più di un miliardo di ricevitori Gps utilizzati quotidianamente. Che cosa può accadere in caso di errore, lo ha provato sulla sua pelle la popolazione di San Diego, la metropoli californiana più vicina alla base militare di El Segundo. Quando nel 2007 la Us Navy per errore «crittò» i segnali Gps della zona, un blackout generale paralizzò servizi essenziali: dalla telefonia mobile alle sale operatorie degli ospedali. Un anno dopo un incidente analogo lasciò al buio per alcune ore New York. I Bancomat e le transazioni di Wall Street dipendono anch'essi dal Gps perché è la sua rete satellitare che dà l'ora esatta agli orologi atomici, indispensabili per sincronizzare tutte le operazioni bancarie.

Figlio della Guerra fredda e dell'umiliazione patita dall'America quando l'Unione sovietica mise in orbita per prima un satellite (lo Sputnik nel 1957), il Gps ha conservato tutti i condizionamenti delle origini. Non a caso il governo della Repubblica Popolare cinese ha cercato in tutti i modi di liberarsi dalla schiavitù del Gps, anche aderendo al progetto alternativo dell'Unione Europea. Nel 2000 l'allora presidente Bill Clinton varò delle restrizioni particolari per impedire al Pentagono di oscurare a sua discrezione il Gps e quindi rassicurare gli utenti del resto del mondo. Ma visto da Pechino resta altamente sospetto un sistema «duale» che gestisce le consegne dei pacchi FedEx e simultaneamente i bombardamenti dei droni americani in Afghanistan. Eppure le applicazioni commerciali del Gps continuano a proliferare. La società americana NavCom Technology vende nel mondo intero il suo sistema di controllo a distanza dei trattori, particolarmente adatto alle grandi aziende agricole. Le piattaforme di estrazione di greggio sottomarino delle compagnie petrolifere si affidano a un'altra applicazione speciale del Gps, che consente di individuare la localizzazione esatta dei giacimenti. Senza contare tutti gli usi del Gps che sono incorporati nelle funzioni dei nostri telefonini. I satelliti Gps della nuova generazione sono una creazione congiunta dei due giganti dell'industria militare Usa: la Boeing nella sua fabbrica di El Segundo e la Lockheed Martin Corporation a Denver in Colorado. Sui nuovi satelliti la precisione degli orologi atomici raggiungerà il miliardesimo di secondo.

La cabina di regia del commercio mondiale

Vista dallo spazio, nelle fotografie satellitari di Google-Maps sembra la più gigantesca delle basi militari della Us Air Force. Nei suoi vasti piazzali è parcheggiata la più potente flotta mondiale di jet «wide-body», i colossi dei cieli. Ma se ingrandisci le foto scopri che quegli aerei anziché cacciabombardieri sono dei cargo. Benvenuti a Memphis, Tennessee. Lontani sono i tempi in cui questa città era un simbolo delle battaglie per i diritti civili di Martin Luther King nel profondo Sud, e la sua unica attrazione era il Rock'n Roll Museum dedicato a Elvis Presley. Oggi Memphis è una delle metropoli più dinamiche d'America, dove le offerte di lavoro abbondano, e nel business trainante gli stipendi crescono a vista d'occhio, da un mese all'altro. Il suo segreto è in quell'aeroporto, il centro della Scatola Globale che ha ripreso a viaggiare freneticamente con la fine della recessione. Da nessuna parte la globalizzazione è «fisicamente» visibile quanto all'aeroporto merci di Memphis. È lo *hub* intercontinentale di FedEx (Federal Express), una sigla che solo gli inesperti traducono ancora in «corriere espresso». In realtà è un impero mondiale del software logistico e dei trasporti, che governa dall'origine in fabbrica fino alla destinazione finale a casa del consumatore il percorso della Scatola Globale. Sorvolando oceani, traversando continenti, intasando metropoli con i furgoni della consegna porta a porta. È un barometro preciso della salute dell'economia mondiale. Il carosello vorticoso dei nastri scorrevoli nel terminale di Memphis assomiglia a quelle rotatorie che tutti i passeggeri conoscono, dove in ogni aeroporto si aspetta la consegna dei bagagli. Solo che gli esseri umani addetti a scaricare da questo nastro scorrevole sembrano nani. Perché nello scalo di Memphis i nastri sono dieci volte più larghi, smisurati: quel che occorre per vomitare le migliaia di scatoloni che a ogni ora vengono scaricati dal ventre dei *jet-cargo*, e poi istradati su camion verso tutte le città americane. Che l'economia globale abbia ripreso a girare lo dice il viavai incessante di decolli e atterraggi su queste piste di Memphis: gli Md-80, gli enormi trireattori Md-11, e i primi Boeing 777 ordinati di recente per star dietro alla ripresa. Memphis, Tennessee, è un nome familiare a tutti i piloti del mondo. Mentre le compagnie passeggeri passano da una cura dimagrante a un'ondata di scioperi, FedEx offre gli stipendi più alti d'America a chi accetta i suoi turni massacranti, gli straordinari obbligatori, il ritmo folle dei voli che consegnano la Scatola Globale.

I commerci mondiali hanno i colori variopinti della nuova bandiera americana: il marrone-oro dei furgoni Ups parcheggiati in seconda fila che intasano le vie di Manhattan e Los Angeles, il giallo-rosso dei camioncini Dhl e Tnt, il bianco-rosso dell'armata di furgoni FedEx. Hanno sostituito nel paesaggio urbano i camion del latte e della posta di una volta, sono più ubiqui dei vecchi autobus scolastici arancioni. Hanno imposto l'egemonia americana nel mondo intero: con gli stessi colori traversano le vie di Shanghai e Calcutta, Roma e Londra, perché in questo campo l'America regna sovrana e incontrastata. Se la globalizzazione nel trasporto delle merci ha un brevetto, esso appartiene alle multinazionali Usa della logistica, sono loro a gestire minuto per minuto i percorsi della Scatola Globale. Dalla catena di montaggio in una fabbrica di microchips nel Guangdong all'assemblaggio di queste memorie in una fabbrica di computer a Taiwan. Poi nei cartoni d'imballaggio dal porto di Taipei a bordo di una nave portacontainer che batte bandiera sudcoreana e paga i dividendi a un armatore di Singapore. Poi àncora al porto californiano di Long Beach, quindi al trasbordo su una ferrovia merci posseduta da Warren Buffett, oppure su un Boeing cargo diretto a Memphis, e da qui sulla flotta dei camion che arrivano negli Apple Store di Manhattan, nei depositi di Amazon a Seattle, nei supermercati di elettronica BestBuy.

Memphis è il centro nervoso della rete logistica che unisce le fabbriche cinesi ai consumatori americani, l'Italia del Nordest alla California, il Brasile al Canada. Dal quartier generale del Tennessee, la FedEx ha deciso nuovi investimenti per 3 miliardi di dollari, destinati ai nuovi acquisti di Boeing 777 per potenziare la flotta cargo. Le aziende che devono consegnare i loro scatoloni alla grande distribuzione – jeans o telefonini, computer o scarpe – oggi sono tributarie di un software e di un saper fare organizzativo comandati dall'America del profondo Sud.

Università globale, ricetta americana

Per trovare gli studenti migliori del mondo, i selezionatori hanno organizzato una tournée di reclutamento in quattro continenti; sono andati di persona a fare dei «provini» a Shanghai e a Buenos Aires, a Vienna e a Sidney. Le eliminatorie sono spietate: su 9000 candidati solo 150 sono stati ammessi. Nessuna speranza per chi non ha almeno 730 punti nel test di matematica, lo stesso filtro usato dalle più prestigiose università americane della Ivy League. Così è partito dal settembre 2010 un esperimento senza precedenti: la «Megaversity», prima università veramente globale, la superfacoltà destinata a formare la nuova élite mondiale. È un clone della Nyu (New York University) con sede nell'emirato arabo di Abu Dhabi. È un'iniziativa pionieristica, può segnare l'inizio di una nuova tendenza. Forti di una superiorità ancora incontrastata, le grandi università americane diventano imprese multinazionali, l'istruzione superiore made in Usa si trasforma in un modello universale e un prodotto d'esportazione. Lo fa con un college di Liberal Arts, che include quindi facoltà umanistiche, in omaggio alla rivalutazione di un insegnamento multidisciplinare sempre più richiesto sul mercato del lavoro.

Le università americane hanno da tempo dei campus all'estero, tra le prime ad aprirne uno in Italia ci fu la la Johns Hopkins mezzo secolo fa. Ma finora si trattava di succursali-satellite, che offrivano ai docenti e agli studenti della «casa madre» l'opportunità di un periodo all'estero. Con la creazione della Nyu di Abu Dhabi si passa a uno stadio diverso. È un'università totale, autosufficiente, con un curriculum di corsi completo, che in pochi anni arriverà a 2000 iscritti e rilascerà titoli di laurea. Con standard di qualità fantastici, a cominciare dal rapporto numerico docenti-studenti: un prof per 8 allievi. Perciò il preside di Nyu, John Sexton, ha puntato fin dall'inizio molto in alto. Ha affidato il processo di selezione degli iscritti all'Institute of International Education, lo stesso che gestisce l'assegnazione delle ambitissime borse di studio Fulbright. Sono stati individuati come base di reclutamento i 900 migliori licei del mondo intero. Ciascuno di questi istituti ha dovuto segnalare i suoi due maturandi più meritevoli, e così è partita la scrematura dei migliori. La prima infornata di iscritti appartiene a 39 Paesi, parla 43 lingue. Dopo gli americani le nazionalità più rappresentate sono arabi, cinesi e russi. Un tipico programma di studi quadriennali offre a questi studenti la possibilità di fare esperienze negli altri campus della Nyu, da New York a Berlino. L'esperimento è già considerato un successo, tanto che il governo cinese ha contattato Sexton con la richiesta che Nyu apra un'altra sede globale a Shanghai. È un passo significativo, in una fase in cui la Cina ha perso quasi tutti i complessi d'inferiorità. Un settore nel quale Pechino è ancora disposta a riconoscere una leadership americana, e a considerarla come un modello, è l'università.

I dirigenti cinesi prendono atto di una realtà incontestabile. Due ricercatori cinesi, della Shanghai Jiao Tong University, hanno stilato una classifica mondiale delle università che non può essere sospettata di pregiudizi filoamericani. Secondo quella graduatoria 17 sulle 20 migliori università mondiali si trovano negli Stati Uniti, e sono americane più del 50% tra le prime cento. Nella produzione manifatturiera e nell'export l'America ha dovuto subire il sorpasso della Cina. Come giacimento di capitali l'Asia è passata in testa. Sul piano politico-militare l'influenza di Pechino sta infiltrandosi in tutte le aree del mondo che furono dominate dall'Occidente. Ma nella formazione dei cervelli, l'impero americano ancora non teme rivali.

William Brody, l'ex presidente della Johns Hopkins, in un celebre saggio su *Foreign Affairs* nel 2007 si chiedeva «se le università americane conquisteranno il mondo come a suo tempo fecero Boeing, Ibm, Intel e Microsoft nei loro settori». Oggi la risposta è affermativa. Un'altra classifica autorevole, l'Academic Ranking of World Universities, vede, come la graduatoria stilata in Cina, 17 università americane piazzarsi fra le prime 20 mondiali. In mezzo a questa supremazia schiacciante del modello americano si distinguono due eccezioni inglesi, Cambridge (quarta) e Oxford (decima a livello mondiale). Ma queste «mosche bianche» potrebbero scomparire, secondo lo studioso inglese Timothy Garton Ash, che divide i suoi impegni accademici tra Oxford e la californiana Stanford. I finanziamenti privati consentono a Stanford di spendere 70 milioni di dollari all'anno solo per mantenere agli studi i giovani che non hanno un reddito sufficiente a pagare la retta (40.000 dollari annui). Quei 70 milioni versati per garantire il diritto allo studio dei meno abbienti sono una modesta frazione del rendimento annuo generato dal gigantesco fondo di dotazione di Stanford (12,6 miliardi di dollari). Tra pubblico e privato, gli Stati Uniti investono ogni anno quasi il 3% del loro Prodotto interno lordo nei finanziamenti all'università. È il doppio, in proporzione, rispetto a tutti gli altri Paesi industrializzati. Solo nelle spese militari l'America mantiene un simile distacco rispetto a tutti gli altri.

E la rincorsa asiatica? Se c'è un terreno su cui l'Estremo Oriente non è riuscito a ridurre le distanze, è proprio questo. E le conseguenze possono essere fatali. Basta pensare al paradosso del Giappone, come lo descrive il presidente della Yale University, Richard Levin: «Dagli anni Cinquanta agli anni Novanta l'economia giapponese è cresciuta molto più rapidamente di quella americana, finché c'era un sovrappiù di manodopera che dalle campagne si trasferiva all'industria. Dagli anni Novanta in poi, il Giappone è cresciuto molto meno dell'America. Sarebbe successo lo stesso se Microsoft, Apple e Google fossero nate a Tokyo anziché sulla West Coast degli Stati Uniti?».

La superiorità del modello americano si autoalimenta: l'università è un laboratorio di innovazioni, quindi un vivaio di nuove imprese; da questa sua funzione deriva anche la forte propensione del capitalismo americano a finanziare le istituzioni accademiche. Non si ferma mai la ricerca di nuove formule per facilitare il passaggio dalla ricerca pura alle applicazioni, dai brevetti tecnologici alla creazione di aziende. L'ultima ricetta sono gli incubatori di idee, detti anche «proof-of-concept centers». Il più celebre è il William von Liebig Center della University of California-San Diego: dalla sua nascita nel 2001 ha già consentito la creazione di 26 nuove aziende, nate all'interno dei laboratori di ricerca delle facoltà. Proprio mentre il venture capital soffriva per la grande crisi finanziaria del 2008-2009, e i collocamenti di nuove società in Borsa crollavano, di colpo le università hanno accentuato il loro ruolo di supplenza. Gli incubatori di idee si sono moltiplicati, dall'Univesity of Utah a Georgia Tech, dalla University of Kansas alla University of Southern California.

I rivali dell'America cercano di imparare la lezione. «Cina e India» dice Levin «hanno grandi ambizioni, aspirano a creare delle università di eccellenza mondiale», capaci di sfidare la leadership Usa. L'operazione ha una logica stringente secondo Levin: «La classe dirigente di Pechino sa che entro due decenni il vantaggio competitivo della Cina nell'industria manifatturiera dovuto al differenziale di costo del lavoro si sarà assottigliato; l'India raggiungerà quella soglia in trent'anni. Entro quell'orizzonte di tempo i due giganti asiatici devono dotarsi di una capacità d'innovazione». Ma colmare la distanza con gli Stati Uniti non sarà facile. Non tanto sul terreno dei finanziamenti: è vero che l'America oggi spende sette volte più della Repubblica Popolare per finanziare la ricerca pura, ma col tempo questo divario può essere colmato grazie alla crescente prosperità cinese. Quello che è più difficile trapiantare altrove – soprattutto in Cina per la natura autoritaria del suo regime – è «il rispetto del pensiero critico», come lo definisce Levin. L'università americana è una fucina d'innovazioni perché «incoraggia gli studenti a pensare autonomamente, a rimettere in discussione l'autorità accademica e la scienza esistente». È questo vantaggio che consente all'America di fare un nuovo balzo con l'esperimento della New York University Abu Dhabi. È il modello di «Megaversity» che parte alla conquista della popolazione studentesca mondiale, e il suo punto di forza è uno slogan che fu popolare nel Maggio Sessantotto: «l'immaginazione al potere». Solo un sistema che premia i ribelli può generare Bill Gates e Steve Jobs.

Ni Hao! Un censimento molto speciale

«Ni Hao!» Quando ha sentito pronunciare il familiare saluto in mandarino, da chi stava bussando alla porta di casa sua, Lai Boshi si è tranquillizzato. Di fronte a lui è apparsa Huang Luzheng. «Se ha qualche minuto di tempo da dedicarmi, per favore, vorrei parlarle del questionario» ha detto la ragazza con un sorriso. Il dialogo tra Lai, ottantun anni, e la venticinquenne Huang, è cominciato così. In un caseggiato popolare del Queens, quartiere di New York. Un fitto colloquio tra due cinesi, a migliaia di chilometri dalla loro patria, per celebrare un grande rito americano: il censimento demografico. Un'operazione che avviene in tutti i Paesi del mondo, ma che in America ha un'importanza particolare. Al punto da essere sancito dalla Costituzione, che fa obbligo al governo di effettuare il conteggio nazionale della popolazione ogni dieci anni con conseguenze politiche, fiscali, sociali, perfino culturali. In questa nazione di 300 milioni di abitanti, col 2010 è scoccato l'appuntamento decennale. Lo Us Census Bureau ha consegnato a domicilio, per posta, 134 milioni di questionari. Vanno riempiti con poche informazioni di base: nome, cognome, indirizzo e gruppo etnico. Un gesto banale ma gravido di ripercussioni. La nuova misura della popolazione americana costringe il Congresso a ridisegnare i collegi elettorali. I trasferimenti dal bilancio federale ai singoli Stati Usa vengono adattati di conseguenza: i fondi per la scuola o per costruire autostrade sono distribuiti da Washington in proporzione agli abitanti. Uno Stato dove aumenta la popolazione, per un afflusso di immigrati o un balzo della natalità, automaticamente diventa più «ricco». Uno Stato che si spopola s'impoverisce, è costretto ad aumentare le tasse sui residenti per far quadrare i conti, ed è meno «rappresentato» al Congresso.

Per questo il compito di Huang Luzheng è cruciale. La ragazza cinese appartiene a un'organizzazione non-profit, la MinKwon Community, che si occupa dell'assistenza agli immigrati asiatici. Huang e gli altri volontari sono preziosi in una società multietnica come gli Stati Uniti. La loro missione immediata è combattere l'astensionismo degli stranieri durante il censimento. Quel banale questionario con dieci caselle da riempire, che io ho compilato in pochi minuti, per una quota della popolazione americana è un ostacolo quasi insormontabile. Oppure un motivo di diffidenza, perfino di paura. L'ottantunenne Lai rientra nella prima categoria. Nonostante siano arrivati a New York da più di dieci anni, lui e sua moglie Hu Mli (settantatré anni) non hanno mai imparato l'inglese. Per loro quel formulario è incomprensibile. Non fosse stato per l'arrivo della loro giovane connazionale, il modulo del censimento sarebbe finito nella spazzatura. C'è voluta tutta la pazienza e la gentilezza di Huang per convincerli a quel dovere, di cui i due anziani cinesi non capivano l'utilità. Venticinque minuti di tempo, solo per trascrivere i loro nomi nell'alfabeto latino: i computer del Census Bureau non possono decifrare gli ideogrammi.

Per altri immigrati il censimento è molto peggio che un'incomprensibile seccatura: è un pericolo. Cinesi o messicani, vietnamiti o etiopi, in America vive un esercito di clandestini. Stime «prudenti» calcolano che siano almeno 11 milioni. In quel mondo degli stranieri senza permesso di soggiorno, il questionario demografico viene percepito come una minaccia. Un pezzo di carta che viene dalle «autorità», con delle domande a cui rispondere, sa tanto di trappola. Certi stranieri lo hanno buttato via per non autodenunciarsi rivelando la propria presenza. Altri, in buona fede, erano convinti che il questionario non fosse per loro, ma solo per i residenti. Perciò il lavoro di Huang Luzheng non si limita a quel «Ni Hao!» né ad aiutare chi non capisce l'inglese. La ragazza cinese, insieme a un esercito di volontari e di impiegati assunti a termine dall'Amministrazione federale, ha dovuto spiegare agli immigrati che non corrono nessun rischio. «La legge» ha ripetuto Huang a tutti i suoi connazionali diffidenti «vieta al Census Bureau di passare queste notizie a qualsiasi altro ufficio del governo. Non possono darle al fisco né alla polizia. È davvero proibito, non succede mai.» Nella moschea Masjid Aqsa di Harlem, frequentata soprattutto da immigrati dell'Africa francofona, si è mobilitato perfino l'imam Souleyman Konate per spiegare che il censimento non lo fanno gli agenti dell'Immigration Service.

Importante il censimento lo è anche per definire la nuova coscienza etnica dell'America nel terzo millennio. Un'operazione dai risvolti delicati, culturali e politici, perché tocca l'identità di una nazione. Il campione di golf Tiger Woods ha segnato ben quattro crocette in quattro caselle diverse, per includere tutti i suoi antenati: caucasico (cioè bianco), nero, asiatico, indiano. Davvero non è un compito semplice, censire gli Stati Uniti d'America.

Cento milioni di americani in più

Le proiezioni dello Us Census Bureau possono dare le vertigini. Secondo i demografi del censimento federale entro quarant'anni la popolazione degli Stati Uniti sarà aumentata fino a situarsi tra 422 e 458 milioni, dai 300 di oggi. Le stime più prudenti dell'Onu indicano 404 milioni nel 2050. Anche nell'ipotesi minima, cento milioni di persone in più. Un aumento di un terzo rispetto all'America attuale. In proporzione, bisogna immaginare l'Italia cresciuta di 18 milioni in poco più di una generazione. E quasi tutto dovuto all'ingresso di stranieri, a cui si aggiunge il tasso di natalità elevato delle minoranze etniche già residenti. Si capisce che anche in America il «partito della paura» sia diventato un problema serio per il presidente, con i referendum antimmigrati dall'Arizona al Nebraska. Ma quello schieramento non è il solo in campo. «Agli immigranti del mondo intero che hanno spirito d'iniziativa, noi dobbiamo dire: venite in America, vi accoglieremo a braccia aperte.» Sono le parole di Michael Bloomberg, il sindaco di New York che ha lanciato la sua iniziativa proimmigrati: Partnership for a New American Economy. È una vasta alleanza in cui spiccano due componenti. Da una parte ci sono i sindaci delle metropoli multietniche, da Los Angeles a Philadelphia, da San Antonio a Phoenix, uniti a prescindere dal colore politico (lo stesso Bloomberg è un ex repubblicano, oggi indipendente di centro). L'altra colonna portante sono gli imprenditori alla guida dell'industria americana, da Boeing a Disney a Hewlett-Packard. «Chiudere le porte agli immigrati sarebbe il suicidio di questa nazione» avverte Bloomberg. Propone una corsia preferenziale per dare subito la Green Card (permesso di soggiorno a tempo illimitato) a chiunque crei lavoro per dieci persone. «Più immigrati uguale più benessere» è lo slogan del sindaco. Il suo alleato più prezioso è Rupert Murdoch. In quanto padrone di Fox News, il magnate di origine australiana (e lui stesso naturalizzato americano) crea una contraddizione in seno alla destra. Fox News è il canale televisivo più schierato contro Obama. Ma sull'immigrazione gli ordini di scuderia sono precisi: non si cavalcano campagne xenofobe.

In America il pericolo-criminalità non pesa molto nel dibattito sull'immigrazione. I dati sulla delinquenza sono in calo, per la prima volta dopo una recessione. Perfino dopo la più grave crisi economica dalla Grande Depressione, in America sull'immigrazione c'è una vena di ottimismo inesauribile. La interpreta il celebre demografo-economista-urbanista Joel Kotkin, che ha pubblicato il saggio *The Next Hundred Million* (*I prossimi cento milioni*). Per lui la formidabile crescita demografica resta la causa principale di vitalità dell'America. Non è solo questione di numeri ma di freschezza, rinnovamento, dinamismo. «Tra le cento maggiori imprese americane» dice Kotkin «quindici sono state fondate e guidate da stranieri.» È il caso di Google, facebook, Yahoo: non esisterebbero se gli Stati Uniti avessero chiuso le frontiere. «Entro la metà del secolo» prosegue Kotkin «questo Paese avrà 350 milioni di persone sotto i sessantacinque anni. L'Europa al confronto sarà un continente-ospizio, con un terzo della popolazione ultrasessantacinquenne.» La demografia non ha smesso di avere un ruolo nel confronto geostrategico tra superpotenze. «Non a caso Putin lamenta il rischio di una decadenza della Russia: nel 2050 avrà perso il 30% dei suoi abitanti e sarà ridotta a un terzo degli Stati Uniti.» L'altra grande rivale, la Cina, è soggetta a un rapido invecchiamento che metterà a dura prova la tenuta sociale, per la mancanza di *Welfare State*. E la Cina con la sua schiacciante omogeneità etnica non ha la risorsa delle «contaminazioni» culturali provocate dall'afflusso di etnie diverse.

Contro un vate dell'abbondanza umana come Kotkin, però, oltre alla destra xenofoba si levano voci da sinistra. Kotkin ha nemici anche tra gli ambientalisti radicali che predicano la crescita zero anche nelle nascite. Peter Kareiva, scienziato del Nature Conservancy, dice che «non fare figli è l'atto più eroico per combattere le emissioni di CO_2». La femminista-verde Colleen Heenan condanna le famiglie numerose come «irresponsabili per il loro contributo alla distruzione delle risorse naturali». Anche a sinistra non tutti ritengono l'immigrazione come una manna dal cielo.

Per Kotkin queste critiche sono assurde, oltre che profondamente estranee alla natura dell'America. «Lo spazio qui non manca affatto. Abbiamo più immigrati di Germania, Francia, Inghilterra, Canada e Giappone messi insieme, eppure la densità della popolazione Usa è un sesto di quella tedesca. E anche per salvare il pianeta occorrono idee nuove, quindi giovani. In quanto alla qualità della vita sarà assai peggiore in quei Paesi dove mancano nuove generazioni per sostenere la popolazione anziana. E poi le frontiere aperte sono un ingrediente indispensabile della società aperta. L'America non sarà più egemonica come in passato, ma grazie alla mescolanza multietnica conserverà una marcia in più, dalla tecnologia alla creatività culturale. L'atteggiamento verso gli immigrati ci identifica come una terra di diritti, libertà personali, tutele costituzionali, valori universali.»

Per enunciare la sua visione della società multietnica, Obama nell'estate del 2010 ha scelto l'American Washington University. «È il costante afflusso di immigrati che ha fatto dell'America quello che è» ha esordito il presidente, elencando grandi scienziati e inventori, da Einstein a Tesla, venuti dall'estero ad arricchire delle loro intelligenze questo Paese. «Noi riceviamo un beneficio economico impareggiabile, per il fatto di essere un magnete che attira talenti dal mondo intero. Grazie all'arrivo costante di stranieri abbiamo una forza lavoro più giovane dei nostri concorrenti.» Non ha trascurato l'immigrazione più umile o disperata, quella sospinta dal bisogno o dalle persecuzioni. «Tante generazioni» ha detto Obama «hanno sfidato rischi immani perché hanno creduto che questo è il luogo dove avrebbero conquistato la libertà di lavorare, la libertà di parola, la libertà di pensiero e di religione.»

L'attaccamento ai valori non impedisce di capire resistenze e tensioni. Anche in passato, periodicamente l'America è stata attraversata da febbri xenofobe e tentazioni di chiusura, soprattutto durante le crisi economiche: «Un secolo fa toccò agli immigrati italiani e irlandesi subire odiose discriminazioni». La missione che Obama ha definito è questa: «Dar vita a un sistema che resti fedele alla nostra storia di una nazione d'immigrati, e al tempo stesso garantisca il rispetto delle regole».

La mia maratona fra le etnie

Attraversando Brooklyn ho sentito l'affetto degli italoamericani gridato con gioia dai due lati della strada. Poi sono apparse le chiese dei neri, e interi cori «gospel» scaldavano il cuore ai passanti. Quindi c'è stato il passaggio nel quartiere degli ebrei ortodossi, e lì di colpo pareva che la macchina del tempo ci avesse trasportati alla fine dell'Ottocento, in un villaggio yiddish dell'Europa centrale. Sono alcuni dei ricordi più belli della maratona di New York, novembre 2009, al mio ritorno negli Stati Uniti. Era la prima volta che la correvo in questa città e ho capito perché è la maratona più famosa del mondo. New York in quell'occasione rivela il suo animo generoso, festaiolo, giocondo, come se fosse una grande Napoli o Rio de Janeiro. Ma ancora più cosmopolita, più eterogenea. Le immagini che scorrevano davanti ai miei occhi mentre attraversavo Staten Island e Brooklyn, Queens, il Bronx e infine Manhattan, mi sono rimaste nella mente a lungo, dopo che si sono spenti gli echi della maratona. Erano le immagini di una convivenza multietnica che si svolge in modo civile, pacifico, perfino armonioso. Quel giorno la società newyorkese offriva ai concorrenti venuti dal mondo intero una specie di riassunto visivo della società umana, di tutte le razze, tutte le musiche, tutti i modi di far festa.

Al tempo stesso, tornando a casa mia nell'Upper West Side di Manhattan, sono stato assalito da una domanda: in quanti di quei pezzi di quartieri io forse non avrei mai messo piede, se non fossero stati sul percorso deciso dagli organizzatori? In quanti angoli di Brooklyn o del Bronx potrei non tornare, se non alla prossima maratona? Queste domande ne trascinano altre. New York è senza dubbio la città più multietnica dove io abbia vissuto: più ancora di Parigi e perfino più di San Francisco (che è piena di asiatici e ispanici, sì, ma ha «confinato» i neri oltre il ponte della sua Baia, a Oakland, dove ogni sera c'è il coprifuoco per le guerre tra gang). Alla mattina uscendo di casa incontro afroamericani che fanno i poliziotti o gli addetti alla metropolitana; è nero l'usciere del palazzo dove la Repubblica ha l'ufficio di corrispondenza. Sono nere le cassiere di Whole Foods e The Food Emporium dove faccio la spesa. Sono latinoamericani i camerieri di Starbucks e del mio bar preferito, il caffè cubano all'incrocio fra Broadway e la 41th Street. Sono cinesi i proprietari della tintoria dove porto a stirare le camicie, cinesi i gestori della tavola calda sotto l'ufficio.

Vivo immerso in questa mescolanza tra razze diverse, e non ho mai sentito accenni di tensione. Ma quando la sera vado al ristorante con amici, o alla Metropolitan Opera, o a Carnegie Hall, al cinema o a teatro al Village, quante probabilità ci sono che nel gruppo dei miei conoscenti ci siano un nero, un cinese, un messicano? Poche. Eppure, avendo già vissuto in America, al mio ritorno ho ritrovato una rete di amicizie. E faccio un mestiere ad alta intensità di relazioni pubbliche: incontrare persone nuove è il mio lavoro. Infatti mi succede di frequentare per ragioni professionali degli americani non-caucasici. Nei miei rapporti con l'Amministrazione Obama incontro regolarmente degli alti dirigenti neri o di origine asiatica. E anche nel descrivere la vita quotidiana a New York non vorrei aver dato l'impressione che i neri e i latinos si trovino solo nelle mansioni più umili. È multietnica anche Wall Street. La diversità razziale si trova dentro prestigiose Law Firms, i grandi studi di avvocati. Ma una volta che ci si ritira nel privato, nella routine della vita postprofessionale, con gli amici più intimi, ecco che la varietà multietnica tende a ritirarsi come la bassa marea.

È un'osservazione che condivide Orlando Patterson, sociologo di Harvard, uno dei più autorevoli studiosi della questione razziale. «Viviamo ancora» sostiene Patterson «in una società frammentata dal punto di vista razziale. Nel privato delle nostre famiglie, dei nostri quartieri, esiste ancora una segregazione. Religiosamente siamo più praticanti e osservanti di ogni altra nazione sviluppata, ma lo siamo all'interno di chiese e sinagoghe che definiscono le nostre identità e differenze etniche.» L'elezione di Obama ha cambiato poco. Ancora prima che lui arrivasse alla Casa Bianca, gli afroamericani avevano conquistato un'influenza perfino sproporzionata in certi settori: la moda giovanile, lo sport, la musica, alcuni filoni della produzione artistica, cinematografica e teatrale. Ma davanti all'altare o sui banchi di scuola il livello di mescolanza e integrazione si dirada come un miraggio. E New York assomiglia allo spettacolo della maratona: uno scorrere di immagini di etnie diverse. Ciascuna davanti a casa sua. È il limite del *melting pot* americano. Che resta ineguagliato, però. Un modello che funzioni meglio di questo, ancora non lo ha trovato nessuno.

X
Epilogo in otto storie

La petizione del contadino cinese e della Bp

Ogni giorno Pechino è la meta di migliaia di cinesi che dalle province affluiscono per presentare «petizioni» al governo. È uno strumento antichissimo – risale all'era imperiale – con cui le vittime di ingiustizie e soprusi si appellano all'autorità centrale. Tuttora la petizione è l'ultima speranza per molti contadini poveri, vessati e depredati dalle nomenklature locali. Proprio come ai tempi dell'Impero Celeste, si implora un gesto di clemenza del sovrano, sperando che, dall'alto del suo potere assoluto egli sia più clemente dei suoi funzionari corrotti. Nulla garantiva nei millenni precedenti che la petizione dell'umile suddito arrivasse fino all'imperatore o ai suoi cortigiani. Anche oggi, molti cittadini cinesi che partono dalle province più lontane e affrontano un'odissea per portare lamentele e richieste fino a Pechino, spesso non arrivano al termine del loro viaggio: le autorità locali contro cui vorrebbero giustizia li fanno pedinare dalla polizia, che li cattura sui treni e li riporta a casa dove vengono trattati come delinquenti. Altri vengono respinti dalla polizia alle porte della capitale. Oppure fanno «anticamera» per mesi in qualche ministero, senza essere ricevuti da nessuno. Accogliere la loro petizione è un favore che il potente di turno può concedere molto raramente; di certo non è un diritto.

Ho visto da vicino i moderni tecnocrati che governano Pechino – una delle classi dirigenti più preparate del pianeta – e conosco il loro cinismo. Sanno bene che nelle periferie della Cina accadono cose turpi: senza autonomia fiscale, private di un gettito proprio, le gerarchie delle province si finanziano vendendo le terre dei contadini al miglior offerente. È un abuso denunciato anche nei congressi del Partito comunista, eppure continua. Tra i dirigenti del centro e quelli della periferia vigono tensioni continue. Ma anche i leader più illuminati esitano a compiere il passo fatale: quello che consisterebbe nel restituire il potere ai cittadini, consentendogli di scegliersi i governanti e di cacciare i corrotti. Anche la costruzione di un vero *welfare* in Cina procede a rilento, non soltanto per il problema dei costi, ma per un dilemma politico: stabilire per tutti il diritto alla pensione, alla sanità e all'istruzione gratuita è il primo passo verso un'idea di cittadinanza. Un piano inclinato che può portare verso altre aspirazioni? Dunque si va avanti con la tradizione millenaria e umiliante della «petizione».

Non so se i padri fondatori degli Stati Uniti d'America avessero in mente quest'antica istituzione cinese, simbolo di un potere arbitrario. Sta di fatto che il 25 settembre 1789 sottoposero alla ratifica dei singoli Stati il Primo Emendamento della Costituzione, dove figura proprio «the right to petition the government». Il Primo Emendamento è più noto per la formidabile protezione che garantisce alla libertà di espressione, alla libertà di stampa e al diritto di praticare ogni fede religiosa. In nessun altro Paese al mondo i cittadini hanno una così estesa tutela dei propri diritti d'opinione. Meno conosciuto, ma altrettanto importante, è quel passaggio relativo al «diritto di petizione presso il governo» per ottenere la riparazione di errori e ingiustizie, nonché per difendere i propri interessi legittimi. All'opposto della Cina, questo è un vero diritto, non una concessione discrezionale calata dall'alto. Il problema, in America, è quando il diritto di petizione viene impugnato dalla Bp e dalla

Goldman Sachs. O dai finanziatori occulti del Tea Party, il movimento della destra populista e anti Stato che sta conquistando il Partito repubblicano (nota bene: anche il Tea Party si rifà alle origini stesse degli Stati Uniti, il suo nome riecheggia la rivolta contro la tassa coloniale sul tè, che nel 1773 a Boston segnò l'inizio della lotta per l'indipendenza dagli inglesi). Quel diritto di petizione diventa un meccanismo infernale di stravolgimento della democrazia, con cui i potentati del denaro si assicurano un accesso illimitato alla politica, influenzano l'opinione pubblica, condizionano il processo legislativo. Oggi a Washington 1900 società specializzate nell'attività di lobby operano alla luce del sole. Per loro lavorano 11.000 lobbisti a tempo pieno, una delle professioni più «sicure» d'America, che non ha mai conosciuto crisi. Nel 2009 i lobbisti hanno speso per influenzare la politica 3,49 miliardi di dollari. Tutto alla luce del sole, tutto legittimo: perché una giurisprudenza permissiva ha stabilito che nessuno può impedire alle banche di Wall Street, ai petrolieri, agli assicuratori o ai fabbricanti d'armi d'ingaggiare degli specialisti affinché esercitino quel *right to petition* in nome loro. È la democrazia, bellezza.

Il 21 gennaio 2010 la Corte Suprema con una sentenza controversa ha dato di questa tutela costituzionale un'interpretazione ancora più estesa che in passato: non c'è limite, ha stabilito, ai finanziamenti elettorali da parte delle grandi aziende. Pagando le campagne dei politici, i petrolieri e i banchieri, Big Pharma e i mercanti d'armi esercitano una libertà di espressione e un «diritto di petizione». Quel verdetto ha provocato una dura condanna di Barack Obama. «Questa sentenza» ha dichiarato il presidente «offre alle lobby un potere ancora superiore a Washington, mentre indebolisce l'influenza dei semplici cittadini che possono solo versare modesti contributi ai loro candidati.» Obama non è immune da colpe. Da candidato rifiutò di accontentarsi del finanziamento pubblico della sua campagna elettorale, cosa che avrebbe vincolato il rivale repubblicano John

McCain a fare lo stesso. Obama volle sfruttare la straordinaria mobilitazione popolare che accompagnò la sua candidatura: un'organizzazione di base come MoveOn polverizzò tutti i record storici per le piccole donazioni di cittadini che volevano sostenerlo. Obama fu anche beneficiato da donatori di alto rango. Nella fase in cui il capitalismo americano puntò su di lui per salvarsi dalla crisi, sia la Bp sia la Goldman Sachs, solo per nominarne due, diedero più contributi a lui che al candidato della destra. In seguito l'establishment del Partito democratico rinunciò a riformare la legge sui finanziamenti alla politica.

Un errore fatale, quando il vento è girato e il grande capitalismo americano non solo non punta più su Obama ma gli dichiara guerra.

Un segnale inequivocabile si è avuto ai primi di luglio del 2010 quando Jeffrey Immelt, chief executive di General Electric, ha duramente criticato l'Amministrazione Obama parlando con la stampa durante una tournée in Europa. Uno strappo, un gesto inusuale per almeno tre ragioni. Primo: di solito i grandi manager americani evitano di esprimere in pubblico opinioni politiche. Secondo, bisogna rispettare la regola per la quale, all'estero o di fronte a stranieri, un americano non parla male del proprio Paese e di chi lo governa (Right or Wrong, My Country). Terzo: la General Electric è un colosso industriale che opera anche in settori di commesse pubbliche, come le centrali termoelettriche o a energia nucleare, dove i suoi committenti esteri (per esempio la Cina) sono sensibili alla diplomazia economica della Casa Bianca. Quindi Immelt ha «sputato nel piatto dove mangia», segno che i rapporti tra i capitalisti e Obama sono davvero precipitati.

Le implicazioni di quella sentenza costituzionale sono preoccupanti per la democrazia. Non c'è un tetto alla quantità di fondi che il capitalismo americano può fare affluire negli ingranaggi della politica. L'unica regola è la trasparenza. Trasparente lo è stato senza dubbio Rupert Murdoch. Il 18 agosto 2010 il suo quotidiano più autorevole, The Wall Street Journal, ha dato in bella evidenza la notizia che la News Corp di Murdoch donava un milione di dollari al Partito repubblicano. «È una violazione inaudita dei confini tra il ruolo dei mezzi di informazione e gli interessi capitalistici» è insorto Nathan Daschle dirigente dell'associazione dei governatori democratici. Ne è seguita una controversia su temi cruciali: influenza del denaro sui politici, controllo capitalistico dei mass media. L'editore australiano che ha dato la scalata al Wall Street Journal, ora vuole insidiare l'egemonia culturale del New York Times; e con la sua Fox News ha importato il modello di una televisione militante, faziosa, bellicosa. Murdoch non è candidato a ruoli pubblici, non è mai stato interessato alle istituzioni di governo. Però perfino il suo Wall Street Journal, gli imputa qualche secondo fine. «News Corp e altre società che possiedono reti tv» si legge sulla cronaca firmata da Neil King e Louise Radnofsky «stanno battagliando contro gli operatori del cavo, sulle tariffe per le trasmissioni. Le lobby hanno molto da fare, a Washington e nei singoli Stati.» Fedele alla separazione tra notizie e opinioni (è solo la pagina dei commenti ad avere uno spiccato orientamento politico) il Wall Street Journal registra il fatto che il suo editore con quell'assegno da un milione «diventa uno dei principali donatori industriali del Partito repubblicano», e che questo gesto «segna una svolta per il gigante dei media».

Una svolta, una delle tante. Murdoch è un conservatore ma anche un giocatore spregiudicato, che ama puntare sul cavallo vincente. L'appoggio dei suoi giornali britannici fu importante per aiutare l'ascesa del New Labour di Tony Blair alla fine degli anni Novanta. In America la stessa News Corp in passato aveva fatto donazioni bipartisan ma leggermente sbilanciate in favore dei democratici (54%, contro il 46% ai repubblicani). Nelle primarie per la nomination presidenziale del 2008, Murdoch ebbe una «cotta» per Hillary Clinton che gli sembrava la persona più adatta a governare l'America. L'aveva già appoggiata, del resto, nella sua carriera di senatrice dello Stato di New York. Quell'assegno da un milione, per quanto dichiarato, trasparente e perfettamente legale in base alle norme sui finanziamenti elettorali, travalica un confine? Il Washington Post, che non ha interessi aziendali in gioco, dà voce al parere più diffuso: «Murdoch non ha mai nascosto le sue opinioni politiche, ma stavolta ha votato con il suo ricco carnet di assegni. Così si è tirato addosso le accuse dei democratici secondo cui un contributo di quelle dimensioni getta un'ombra sui suoi mezzi d'informazione, in particolare la rete televisiva Fox». La News Corp si giustifica dicendo di appoggiare il partito che al momento ha «un'agenda probusiness». Così Murdoch si fa scudo dietro l'umore degli imprenditori americani, come lui sempre più delusi dall'Amministrazione Obama.

In quel mondo, c'è chi maneggia finanziamenti di ben altre dimensioni rispetto al milione di dollari di Murdoch. David Koch, per esempio. L'élite colta di Manhattan, legata al Partito democratico, lo conosce come un mecenate della cultura, generoso nelle donazioni al New York City Ballet e al Lincoln Center: quest'ultimo ha ribattezzato in suo nome il teatro, dopo aver ricevuto un'offerta di 100 milioni. Perciò l'intellighenzia di sinistra è rimasta sotto shock quando un reportage del New Yorker ha rivelato il ruolo politico di Koch. Questo miliardario è uno dei veri padroni del Tea Party. Dietro i cortei di piazza variopinti a cui partecipano operai e casalinghe, pensionati e piccoli commercianti inferociti contro Barack Obama il «socialista», lo «straniero», l'«usurpatore», dietro l'apparente spontaneità di questa destra popolare e movimentista, ci sono i potentati economici che hanno messo le loro risorse finanziarie al servizio della protesta. I padroni del Tea Party hanno un'agenda: distruggere Obama, bloccare le sue riforme.

I fratelli David e Charles Koch possiedono la terza ricchezza degli Stati Uniti, dopo Warren Buffett e Bill Gates. I confini esatti del loro impero sono misteriosi perché non si sono mai quotati in Borsa. Hanno raffinerie petrolifere in Alaska, Texas, Minnesota. Controllano 6000 km di oleodotti su tutto il territorio americano. Hanno una delle più grandi aziende di legname, la Georgia-Pacific. Possiedono celebri marche di prodotti di largo consumo come i tessuti sintetici Lycra, le moquette Stainmaster, i prodotti per la casa Dixie e Brawny. Questa galassia di attività industriali ha un filo comune: sono tutti settori altamente inquinanti. Secondo uno studio realizzato dall'università del Massachusetts, la Koch Industries è uno dei dieci principali consumatori di carburanti fossili degli Stati Uniti, uno dei più grossi generatori di CO_2 e altre emissioni tossiche. La «sensibilità» politica del gruppo riflette i suoi interessi economici. I Koch hanno elargito più donazioni della compagnia petrolifera Exxon (la più grande del mondo) alle campagne «negazioniste» sul cambiamento climatico e a tutte le lobby che combattono contro le riforme ambientali di Obama. Al Tea Party e ai *think tank* che ne hanno preparato l'ascesa nell'opinione pubblica e nei mass media, i Koch hanno donato 196 milioni di dollari. Molti di questi finanziamenti transitano attraverso l'Americans for Prosperity Foundation, ente non-profit che fa capo alla famiglia e distribuisce fondi alle organizzazioni politiche della destra. A questo si aggiungono 50 milioni di attività lobbistiche svolte in proprio da Koch Industries, attraverso società specializzate per fare pressione sul Congresso, e 4,8 milioni versati direttamente a candidati dell'estrema destra.

David Koch in questo è sempre stato coerente: negli anni Ottanta cercò di scavalcare a destra Ronald Reagan, finanziando il Libertarian Party che faceva una campagna per abolire ogni traccia di «statalismo» in America incluse le pensioni, la scuola pubblica e perfino l'Fbi. Fa parte di un'antica tradizione di capitalisti come i Du Pont che dichiararono guerra al New Deal di Franklin Roosevelt; o come Richard Scaife e Joseph Coors (il re della birra) che finanziarono l'ascesa dei neoconservatori a partire dagli anni Settanta. L'America profonda e «genuina» che riempie le piazze contro Obama non conosce neppure i nomi di chi stacca gli assegni. Loro preferiscono rimanere nell'ombra curando la propria immagine di filantropi. Così David Koch, generoso di finanziamenti anche per la lotta contro il cancro, è diventato membro del Board dell'ospedale Sloan-Kettering di New York, il centro più avanzato in America per la lotta ai tumori. Ma al tempo stesso ha scatenato i suoi lobbisti a Washington per impedire che le autorità sanitarie classificassero come «altamente cancerogena» la formaldeide di cui la Koch Industries è il principale produttore americano. L'ideologia anti Stato del Tea Party coincide con quello che la famiglia Koch pretende da sempre per il proprio business: meno regole, meno controlli. L'ironia della sorte è che il movimento del Tea Party ha una base autenticamente popolare. I suoi aderenti possono sembrare dei fanatici ottusi, quando si scopre che il 30% è convinto che Obama sia musulmano. Tra di loro ci sono rigurgiti di razzismo ma interpretano un'insofferenza diffusa nel ceto medio impoverito dalla crisi che vede in Obama un personaggio elitario, troppo colto, troppo intellettuale, lontano dal capire i loro problemi di sopravvivenza quotidiana. Per quei «bianchi arrabbiati», Obama, il fine parlatore, il laureato ad Harvard, è il simbolo di un'oligarchia. Non s'immaginano, quando sfilano in corteo per le vie di Washington, che la loro protesta è stata prevista, pianificata, finanziata, da un'altra oligarchia ben più potente.

Patricia che non incontrerà mai Martha

«A 69 anni ho già superato il mio terzo pensionamento» ironizza Patricia Cloherty. Lei ci scherza sopra ma è una workaholic, incapace di staccare dal lavoro. È una donna che ha costruito molto nella sua vita: cominciò da ragazza prestando servizio civile in Brasile nel Peace Corps di John

Kennedy, nel 1963. L'ultima sua creatura è il Dpep (Delta Private Equity Partners), un fondo specializzato negli investimenti in Russia. Pochi occidentali conoscono il mondo degli affari russo come lei: Bill Clinton la volle a capo dello Us Russia Investment Fund nel 1995, per aiutare Mosca a trascinarsi fuori dalle secche del disastro economico. Ricordando i primi anni di transizione dal modello sovietico all'economia di mercato, la Cloherty mi dice: «Molti russi avevano imparato le regole del management, o almeno così credevano, guardando il primo film *Wall Street* di Oliver Stone con Michael Douglas nella parte di Gordon Gekko. Non esagero: era proprio così, consideravano quel film come un manuale di regole per gestire gli affari nella nuova era. Isolati dall'Occidente, si erano fatti un'idea del capitalismo grazie a Gekko». Mi chiedo se avessero poi tutti i torti.

Patricia mi sembra una donna dura, che non deve concedere molto ai propri dipendenti ma neppure a se stessa. Il ritmo massacrante del suo lavoro lascia delle tracce: è una *chain-smoker*, fumatrice accanita (cosa ormai rara per un'americana di quel livello sociale) e soffre di gravi dolori alla schiena, certo non attenuati dalle lunghe ore passate sui jet tra la Russia e l'America. Originaria di San Francisco, poi trapiantata a New York, è impregnata di cultura progressista avendo vissuto nelle due città più liberal d'America. Prima ancora di ricevere da Clinton un incarico di punta, aveva già avuto un ruolo nell'Amministrazione di un altro presidente democratico, l'idealista Jimmy Carter. Questi dettagli indicano che Patricia non è una becera reazionaria, una ultrà del capitalismo conservatore. È stata perfino insignita del premio Woodrow Wilson Award for Corporate Citizenship, per le sue opere in campo sociale. Se un giorno si deciderà davvero a staccare dal lavoro, magari al «quarto pensionamento», per riempire il suo tempo libero la Cloherty avrà l'imbarazzo della scelta: tra San Francisco, una casa sul bellissimo lago Tahoe nella Sierra Nevada, una a New York e una nei Caraibi. La rivista Forbes l'ha collocata al sessantatresimo posto tra le donne più ricche. Da autentica donna di successo americana, non ha alcun imbarazzo a parlare di soldi: «Ma l'entità del mio stipendio annuo è quasi irrilevante. Se si dimenticassero di pagarmelo, forse non me ne accorgerei. Nel mio lavoro i soldi veri vengono dalla partecipazione agli utili, dai bonus annui».

Da questo punto in poi la conversazione con Patricia diventa – per me – surreale. «Mi sento a disagio» lei confessa «quando vedo che l'Amministrazione Obama vorrebbe regolare gli stipendi dei top manager. È un brutto segno se il governo comincia a dettare legge dentro le scelte dell'impresa privata. Facevano così nell'Unione Sovietica, in nome del socialismo, e ho visto con i miei occhi in che stato avevano ridotto quel grande Paese, ho visto quali abissi di miseria avevano raggiunto.» Ecco una donna moderna, che ha avuto intensi rapporti col Partito democratico, e considera fondate le accuse di «socialismo» lanciate a Obama per aver osato mettere dei limiti ai superstipendi dei banchieri (dopo che quegli stessi banchieri hanno trascinato l'America e il mondo nella rovina e si sono salvati scaricando le loro perdite sul contribuente). Viene in mente l'etichetta coniata dall'economista Nouriel Roubini sulla Repubblica Popolare di Wall Street: l'unica area dell'economia americana che ha avuto diritto al socialismo di Stato, all'assistenza generosa a carico della collettività. La Cloherty è una persona di grandi qualità professionali, si è conquistata la sua ricchezza lavorando tutta la vita ma fa parte di una élite che ha perso il contatto con la vita reale della maggioranza degli americani. Appartiene a un'oligarchia bipartisan, con un formidabile potere di veto sulle riforme economiche. In America se incontri qualcuno che ancora crede nella lotta di classe di solito è questo tipo di ricco. Loro la lotta di classe l'hanno combattuta, l'hanno vinta, e non abbassano la guardia contro il nemico.

Martha Escobar è una di quelle non-persone che Patricia non vedrà mai. Quando Patricia stacca dal lavoro e spegne la luce del suo ufficio di Manhattan, quello è il momento in cui comincia la fatica di Martha. Di notte la Escobar lavorava con altri sei addetti alle pulizie nel grattacielo della banca J.P. Morgan, la Century Plaza Tower a Manhattan. A quarantun anni, Martha parla poche parole d'inglese, gli orari dei suoi turni (lavora notte e giorno) non le consentono di studiarlo. Pulendo gli uffici con una paga oraria di 13,50 dollari riesce a mantenere due figlie di quattordici e dieci anni. Quando l'hanno licenziata nell'estate 2010 il suo primo pensiero è stato: «Non potrò comprare l'uniforme scolastica per le ragazze». Il secondo pensiero: le restavano i soldi per pagare l'affitto di settembre, non quello di ottobre. Ritrovare un lavoro, in un momento in cui l'America ha 16 milioni di disoccupati, è molto difficile. Proprio quando veniva licenziata Martha, la J.P. Morgan dichiarava 4,8 miliardi di profitti. Il sindacato del personale delle pulizie ha provato a consegnare una petizione a Jamie Dimon, il grande capo della banca. «Fa ridere» commenta Bob Herbert sul New York Times «l'idea di voler contattare Dimon, un uomo la cui ricchezza raggiunge centinaia di milioni (e che ha ricevuto 25 miliardi dallo Stato quando la banca fu sul punto di fallire). Lui appartiene alle dinastie monarchiche, vive in un altro universo. Ai sindacalisti che portavano la petizione le guardie del palazzo reale hanno chiesto se avevano un appuntamento con Dimon. Sapevano che era impossibile. Martha Escobar è una sguattera.»

Dal 1953 al 1961, quando l'America aveva un presidente repubblicano e conservatore come Dwight Eisenhower, sui redditi molto elevati vigeva un'aliquota marginale d'imposta del 90%. Oggi l'aliquota massima è del 39,6%.

La metà dei cittadini americani – e una percentuale ancora più alta nei ceti meno abbienti – non va più neppure a votare, perché pensa che tanto «decidono sempre loro».

A scuola di democrazia

«Mi chiamo Matthew Simmons e vi ringrazio di aver sacrificato il vostro weekend. Cercheremo di divertirci insieme, dimostrando come può funzionare davvero la democrazia. Per i primi venti minuti facciamo conoscenza.» Al mio tavolo le presentazioni cominciano: a destra ho Cindy, infermiera in un ospedale di San José, «preoccupata per i tagli di spesa e il peggioramento del servizio sanitario». A sinistra Shanty, ingegnere di software nella Silicon Valley, «reduce da un picchettaggio di protesta davanti alla sede di Google, che vuol trasformare Internet in un monopolio». Siamo un centinaio dentro la sala conferenza presa in affitto presso la Cathedral of Christ the Light di Oakland, nella Baia di San Francisco. Siamo tornati sui banchi di scuola, ma non è catechismo. È un addestramento particolare: qui si formano i militanti di MoveOn, la più potente organizzazione della sinistra americana. Un movimento che per la sua presa tra le nuove generazioni ha contribuito a far eleggere Obama nel 2008; e che oggi non esita a criticare il presidente se tradisce la promessa di cambiamento.

Nato nel 1998 proprio in questa Baia, MoveOn dodici anni dopo conta 5,1 milioni di iscritti: un miracolo. È dentro gli ingranaggi di questo prodigio che mi sono infilato per un weekend di «formazione di base». Una Frattocchie americana del XXI secolo (per i più giovani: Frattocchie fu la sede della scuola di partito del Pci). Per iscrivermi ho risposto all'invito ricevuto per email: «Abbiamo dimostrato di saper fare l'impossibile. Ma la democrazia americana è ancora malata, le grandi imprese hanno il potere di corromperla. Vuoi unirti a noi per liberare il Paese dall'invadenza delle lobby? Viene a costruire il tuo talento di organizzatore».

Eccomi qua, alle 8 del mattino di un sabato, in mezzo a tanti sconosciuti con cui imparerò a «usare le mie motivazioni personali per trasformarle in movimento, comunicarle, trascinare gli altri». Siamo le cavie di un nuovo esperimento. Nel primo decennio della sua vita MoveOn ha fatto grandi battaglie – contro George Bush e le sue guerre, per conquistare leggi ambientali più avanzate o il diritto all'assistenza sanitaria per tutti – sempre usando Internet. È una forza politica figlia delle nuove tecnologie, di cui ha fatto un utilizzo magistrale. Come ricorda il suo coordinatore Ilyse Hogue: «MoveOn è davvero controllato dai suoi membri, come nessun partito o movimento lo è mai stato nella storia. Ogni settimana fa un sondaggio tra gli iscritti, e il sondaggio decide le campagne da fare. Tutto deciso dal basso. Così siamo fedeli alla nostra missione: riportare al centro della politica le persone». Un'operazione tanto più ambiziosa perché dietro MoveOn non c'è ovviamente un padrone, ma neppure un'ideologia con la «i» maiuscola: solo un insieme di valori condivisi come l'ambiente, l'equità sociale, il pacifismo. MoveOn esplora una nuova dimensione. Per la prima volta costruisce anche un'organizzazione territoriale, presente in tutte le grandi città d'America. Conserva una struttura agilissima (solo trenta dipendenti a tempo pieno e una dozzina di consulenti esterni per le tecnologie), continua a comunicare online con i 5 milioni di membri. Ma dal 2010 ha anche 110 consigli territoriali, 25.000 militanti che s'incontrano in luoghi «fisici». «La ragione» spiega uno dei fondatori, Eli Pariser «è che vogliamo poter incalzare i nostri politici anche nei loro collegi elettorali, davanti ai loro uffici. E a destra il Tea Party, che ha molti meno seguaci di noi, c'insegna che occupando le piazze si finisce su tutti i telegiornali.»

A questo serve il seminario di Oakland. Formare i nuovi militanti. Che infatti sono fisicamente diversi da come immagino la base originaria di MoveOn: qui sono circondato da gente di tutte le età, non mancano i capelli bianchi. Non più solo studenti e «professioni digitali» ma tanta middle class ordinaria: insegnanti, professionisti, qualche casalinga e perfino pensionati. All'insegna della democrazia dal basso, la giornata comincia con un sondaggio fra di noi: «Quali regole del gioco vogliamo?». Ci alterniamo alla lavagna ed emergono i comandamenti che noi stessi ci diamo: «Obbligatori gli interventi brevi, chi prende la parola non parli più di tre minuti. Vietato alzare la voce. Prestare attenzione al proprio interlocutore anche quando non si è d'accordo. Attenersi al tema, non divagare. Aiutare chi ha difficoltà a parlare in pubblico. Rivolgersi a tutti, non solo a chi la pensa già come noi. Rispetto per l'interlocutore. Guardarsi negli occhi. Non interrompere». La democrazia dal basso viene presa sul serio. Il nostro coordinatore, Matthew Simmons, è il primo a farne le spese. Viene sottoposto a un terzo grado, i partecipanti vogliono sapere tutto su MoveOn: «Chi seleziona le campagne del momento, chi scrive le email, chi sceglie gli slogan per le pubblicità in tv o sui giornali». Risposta: dopo aver sondato i membri, un gruppo di esperti di comunicazione lavora sui messaggi sotto la guida di un celebre linguista, George Lakoff.

Arriva il nostro turno di rispondere ad altre domande. Quanti di noi conoscono personalmente qualcuno che ha appena perso il lavoro? Chi di noi ha problemi con il mutuo della casa? Qualcuno è senza assicurazione sanitaria? Chi di noi va regolarmente in chiesa? L'esercizio ha un obiettivo: «Bisogna capire a quale comunità di problemi apparteniamo, trovare i punti che possono legarci ad altri». Fondamentale, per questo, «è saper ascoltare». Segue questo compito: «Impariamo a costruire una narrativa di noi stessi. Descrivere un problema che ci assilla, la sua soluzione, e farlo in modo da appassionare gli altri: vicini di casa, colleghi di lavoro». Studiamo un video che è un esempio da manuale. È il celebre discorso di Obama alla nomination, racconta il passaggio dalle sue origini (figlio di un kenyano, di origini modeste) fino all'immagine di un'America dove «tutto è possibile». Dalla teoria alla pratica, ci dividiamo in gruppetti di due, poi di quattro. Devo esercitarmi a catturare l'attenzione dei miei vicini di tavolo, appassionarli, convincerli. In tre minuti. Poi ascoltare le loro critiche, i consigli: cosa non ha funzionato, come potrei agganciarli meglio. Pausa pranzo, buffet e panini sempre tutti insieme.

Il pomeriggio è dedicato alla comunicazione con i mass media. Un abc del giornalismo. Ecco una notizia di cronaca, dal giornale locale: «Ratto morde un bambino nella culla». Raccontata in tre versioni: nella prima è una storia d'irresponsabilità dei genitori che lo hanno lasciato solo in casa; nella seconda spunta un padrone di casa che non ha mai fatto le disinfestazioni obbligatorie; nella terza finisce sul banco degli imputati il Comune, per l'incuria nei controlli sanitari in un quartiere degradato. S'impara a decifrare, smontare, ristrutturare il messaggio. Seguono consigli per l'approccio ai media: «Imparate a focalizzare il pubblico con cui volete parlare e qual è il mezzo d'informazione adatto per raggiungerlo. Ecco chi legge il giornale, ecco chi ascolta la radio, ecco chi usa facebook». «Costruite la vostra storia con aneddoti personali, testimonianze di una difficoltà e di una lotta per superarla. State concentrati sul messaggio principale. Il finale deve essere positivo, date speranza, non siate solamente contro qualcosa.» Un metodo a tre stadi, valido per comunicare con la gente o con i mezzi d'informazione: «Si parte sempre dal privato, la vita vissuta. Gli si dà un valore universale: il mio problema è rappresentativo di una questione diffusa, acuta. Si conclude su un esempio di azione collettiva: serve a cambiare le cose e anche a farti sentire migliore». Trucchi del mestiere: «Prima di un incontro, con la stampa o con un deputato, con il consiglio municipale o con l'associazione di quartiere: preparatevi, ripetete e ripassate ancora il messaggio». Parole da usare: «Equità. Famiglia. Comunità. Speranza. Responsabilità. America». Da evitare: «Acronimi. Percentuali. Linguaggio da esperti. Slogan rabbiosi o estremisti». Sui contatti con i media: «La stampa non è il nemico, la maggioranza dei giornalisti è stressata e sottopagata come noi. Mettersi nei panni del cronista, capire l'agenda del suo giornale, prevedere i temi caldi dell'attualità, giocare d'anticipo. Rispettare i tempi di chiusura. Rispondere alle domande».

Mentre emergo dal campo-reclute di MoveOn immagino le obiezioni di un europeo. Questo addestramento ha qualcosa che ricorda la formazione della forza-vendite di un'azienda. Qualcos'altro evoca la preparazione di «evangelisti», la tradizione di proselitismo molto viva nelle chiese americane. Ma quei metodi vengono applicati a una base laica, scettica, ipercritica, che non smette di pensare con la propria testa. Fa domande scomode, obiezioni continue. «È vero che George Soros ha finanziato MoveOn alle origini?» «Sia chiaro che non siamo disposti a votare qualsiasi candidato democratico.» MoveOn ha organizzato 150 manifestazioni in tutta l'America, ha raccolto 500.000 firme, per la sua proposta di legge contro i finanziamenti delle imprese alle campagne elettorali. I militanti di MoveOn sono su YouTube per gli *happening* tra ballo e rap davanti ai supermercati Target, accusati di finanziare la destra. La loro sfida continua: vogliono riprendersi la democrazia americana.

Capitalismo solidale

«L'ultimo censimento demografico» dice il sindaco di New York Bloomberg «ha rivelato che almeno 40 milioni di americani vivono sotto la soglia della povertà, più del 13% della popolazione. Stremate dalla recessione, le nostre città devono affrontare la sfida più difficile da mezzo secolo in qua.» Il suo allarme riecheggia da una costa all'altra degli Stati Uniti. Proprio mentre la domanda di servizi sociali è resa più acuta dalla crisi economica, le finanze pubbliche sono in uno stato disastroso. Da New York alla California si licenziano insegnanti, si chiudono ospedali, si eliminano linee del metrò e servizi di autobus. È impossibile aumentare ancora il deficit pubblico, che ha raggiunto il 10% del

Pil: un record storico dalla Seconda guerra mondiale. È impraticabile, per ragioni politiche, aumentare le tasse.

In questa *impasse* si fa strada una ricetta nuova, che unisce due leader diversi come Obama e Bloomberg: il presidente progressista e l'ottavo uomo più ricco degli Stati Uniti. Al centro di questa terapia c'è la figura dell'«imprenditore sociale». Un ossimoro, che unisce l'efficienza del management d'impresa e l'impegno per la lotta alle diseguaglianze, l'aiuto ai più deboli, il miglioramento dei servizi pubblici. Chiamiamola la terza via del capitalismo. Non ha un colore ideologico: l'ultimo convertito è David Cameron, il premier conservatore britannico. Il guru riconosciuto di questa nuova tendenza è lui stesso una figura mista, anomala e inclassificabile. Si chiama Stephen Goldsmith e a sessantaquattro anni ha avuto almeno tre vite diverse tra Harvard, Indianapolis e New York. È un brillante studioso di scienze politiche e amministrazione pubblica, dirige un dipartimento dell'università di Harvard. Anziché limitarsi alla teoria si è sporcato le mani andando a fare il sindaco di Indianapolis. Nel 2010 Bloomberg lo ha nominato vicesindaco nella metropoli più popolosa d'America (8,3 milioni di abitanti) con una missione molto speciale: proprio mentre le casse di New York sono quasi alla bancarotta, lui deve migliorare i servizi pubblici e le infrastrutture collettive. Un compito che Goldsmith ha accettato senza esitare: «In una fase di crisi» dice «tutti sono capaci di tagliare i costi peggiorando la qualità dei servizi sociali. La vera sfida è fare l'opposto, spendere meno e avere un ambiente più pulito, scuole migliori, trasporti che funzionano». Bloomberg confida che lui possa riuscirci: «C'è tanta gente che parla di reinventare lo Stato, ma Goldsmith lo ha fatto».

Come sindaco di Indianapolis si è conquistato una fama nazionale realizzando un exploit. Ha licenziato il 40% dei dipendenti municipali: ma si è concentrato sui quadri medioalti della burocrazia, lasciando intatto il personale che veramente svolge un'attività di servizio al pubblico. Ha ridotto le tasse locali per ben quattro volte. Ed è riuscito a investire 1,2 miliardi nel miglioramento delle infrastrutture. Chiamando in causa proprio quella figura nuova: l'imprenditore sociale. Un essere che sfugge alle categorie tradizionali. Si colloca all'incrocio tra spirito d'impresa, efficientismo manageriale, volontariato, vocazione non-profit, spesso in una zona mista tra pubblico e privato. «È soprattutto un catalizzatore di innovazioni sociali,» dice lo stesso Goldsmith «una figura che si emancipa dalle ideologie e dai vecchi modelli, sperimenta un futuro nuovo.»

I pionieri in questo campo sono stati Bill Gates e Muhammad Yunus. Il fondatore di Microsoft ha trasferito il suo genio imprenditoriale nell'attività filantropica. Dalla sua Fondazione pretende la stessa efficienza che lo ha portato a dominare l'industria del software mondiale. Un dollaro speso contro la malaria deve massimizzare il rendimento in quel campo, proprio come un dollaro investito nella ricerca da Microsoft per lo sviluppo di un nuovo sistema operativo. La sua Fondazione è diventata un modello, al punto che altri miliardari americani preferiscono affidargli le proprie donazioni in beneficenza, perché si sentono più garantiti sui risultati finali. Yunus è l'inventore del microcredito (che gli è valso il Nobel per la pace) e oggi lo applica perfino nel cuore di New York per aiutare le comunità più povere a riscattarsi da sole, creando piccole imprese, botteghe artigianali e attività commerciali, anziché aspettare l'assistenza pubblica.

Ormai gli imprenditori sociali in America sono centinaia. Si sono estesi in molti campi, e Goldsmith elenca i quattro filoni principali: «La scuola. La sanità. Gli alloggi popolari. Il risanamento dei quartieri degradati». In un libro che è diventato un best-seller sia negli Stati Uniti che in Inghilterra, *The Power of Social Innovation*, Goldsmith sostiene che l'approccio alle diseguaglianze, il concetto di assistenza e di servizio pubblico stanno entrando in una nuova fase storica. «Alle origini, all'inizio del Novecento, aiutare i bisognosi (malati, anziani) era un compito affidato principalmente alle famiglie e alla carità, dei privati o delle chiese. Poi tra gli anni Trenta e il dopoguerra in tutto l'Occidente la costruzione del welfare spostò queste responsabilità sullo Stato. Una terza fase, negli anni Ottanta, tolse responsabilità allo Stato con il ricorso all'*outsourcing* e alle privatizzazioni di tanti servizi.» Goldsmith ci tiene a prendere le distanze da quella fase, reaganiana e iperliberista, che «fu quasi esclusivamente concentrata sui tagli dei costi». È in quell'epoca infatti che affondano le loro radici alcuni mali dell'America di oggi come lo stato penoso delle infrastrutture (trasporti pubblici, rete elettrica, autostrade), abbandonate volutamente al degrado. «Il quarto stadio», come lo definisce lui, è un'altra cosa ancora. L'intervento dei privati è benvenuto purché non vada «contro» lo Stato. Privato e pubblico, capitalismo e non-profit possono farsi concorrenza o convivere. A due condizioni. La prima è «la priorità all'innovazione, non conta l'etichetta pubblico-privato ma la qualità dei risultati». La seconda condizione è che «sia il cittadino l'ultimo giudice». Bisogna restituire all'utente-contribuente la possibilità di spostare risorse verso chi fornisce il servizio migliore.

Un caso emblematico è quello di Bill Milliken. Un imprenditore sociale perfettamente bipartisan, che piace all'Amministrazione Obama. Fu Goldsmith a scoprirlo quando ancora faceva il sindaco di Indianapolis. In quella città Milliken ha iniziato l'esperimento delle Communities in Schools. È un programma simile a un doposcuola in cui si affiancano degli istruttori ai ragazzi che hanno ritardi di rendimento scolastico e che generalmente appartengono ai ceti sociali più sfavoriti, alle minoranze etniche. Se li si abbandona al loro destino saranno per sempre dei cittadini di serie B. Tra i giovani neri, per esempio, solo il 33% arriva al diploma di maturità. I maschi neri che lasciano la scuola senza finire la secondaria superiore hanno il 60% di probabilità di finire prima o poi in un carcere. Ora Communities in Schools mobilita 50.000 volontari in tutta l'America, che forniscono 3 milioni di ore di ripetizioni gratuite. Per il 75% degli studenti si registra a breve scadenza un miglioramento dei voti e un aumento delle promozioni. Obama ha cooptato l'idea di Milliken dentro il suo Social Innovation Fund: i primi undici investimenti di imprenditori sociali che hanno l'imprimatur ufficiale della Casa Bianca. Per questi progetti il rapporto pubblico-privato è significativo: 50 milioni di finanziamenti statali si «fondono» con 74 milioni di investimenti privati. Per Goldsmith non basta però che ci sia dietro la benedizione di Obama. Il talento effettivo degli imprenditori sociali va verificato nei fatti. Per questo lui vede come un ingrediente essenziale del suo esperimento la «mobilitazione civica», il sondaggio costante dei cittadini perché votino sulla qualità dei servizi. Le nuove tecnologie possono servire anche a questo. «A Londra» spiega Goldsmith «il sistema AccessCity incoraggia tutti i residenti a segnalare con sms, foto dal telefonino e messaggi twitter, tutti quegli spazi pubblici che non offrono l'accessibilità ai portatori di handicap. Ecco un caso in cui l'interattività tecnologica consente al cittadino di segnalare un problema in tempo reale, e pretendere la soluzione.»

Questo quarto stadio nell'evoluzione dei servizi sociali, come lo definisce Goldsmith, recupera pezzi di tradizioni precedenti. Il terzo settore, il movimento cooperativo, le chiese: ognuna di queste esperienze ha avuto qualcosa di positivo. Basti pensare alla rete mondiale di scuole di formazione professionale dei domenicani o ai licei e università dei gesuiti, spesso di alta qualità. La novità che viene dagli Stati Uniti è la fusione delle ispirazioni nobili del volontariato e della filantropia, con i livelli più avanzati dell'efficienza d'impresa. Quel che conta è il risultato. E comunque non è una sfida che si può rinviare. «La domanda di servizi pubblici» dice Goldsmith «continua a crescere inesorabilmente, proprio mentre le risorse dello Stato si fanno più scarse. Per ragioni economiche e per ragioni morali, non possiamo stare a guardare. Se restiamo immobili, una parte crescente della nostra società sarà lasciata indietro, abbandonata al suo destino.»

Little Syria a Ground Zero

Ground Zero come Damasco o Beirut? Non è una profanazione, è solo un ritorno al passato. Le polemiche sul progetto di moschea da costruire a due isolati dall'ex cratere dell'11 settembre si arricchiscono di una dimensione inattesa. È dagli archivi del Museum of the City of New York che riemerge una litografia di fine Ottocento intitolata *La colonia siriana*. Il disegnatore, dal nome non proprio anglo-protestante (Bengough), illustra una scena tipica di una città araba. In primo piano una donna col velo. Sul retro un anziano col fez, seduto davanti all'uscio di casa, intento a fumare il narghilè. Mercanti e bancarelle come si vedono a Marrakech: stessa frutta esotica, stesse spezie, stessi tessuti colorati. Ma la scena del quadro è ambientata a Washington Street. Nella punta meridionale di Manhattan, vicino alla sede del municipio. Pochi isolati a sud di Ground Zero, due secoli fa c'era il quartiere Little Syria. Un pezzo di mondo arabo era a casa sua lì, molto prima che quella diventasse l'area del World Trade Center e dei potentati finanziari di Wall Street. Lo ricorda lo storico Gregory Orfalea, autore di un saggio su *The Arab Americans* e lui stesso di origini siriane. «Washington Street era una enclave del Medio Oriente dove gli arabi facevano commercio ambulante, lavoravano in misere botteghe artigianali, vivevano in dormitoi collettivi. Mia nonna Nazera Jabaly Orfalea, arrivata a New York nel 1890, passeggiava per Washington Street offrendo la sua merce ai passanti.» Il giornale più diffuso del quartiere si chiamava Al-Hoda. Le insegne dei negozi portavano i nomi dei Fratelli Sahadi, di Noor & Maloof, di Rahaim & Malhami. Oppure erano semplicemente scritte in arabo, incomprensibili per il resto della popolazione newyorkese.

Uno studioso della storia cittadina, Konrad Bercovici, nel 1924 descriveva «le grida in arabo delle mamme che chiamavano i bambini, mescolate con le note di jazz di qualche locale e con le bestemmie omeriche di un camionista» (la parte araba confinava con il quartiere greco). A Little Syria i linotipisti delle tipografie adattavano le macchine per stampare in caratteri arabi anziché latini, nella casa editrice di Naoum Salloum Mokarzel. Lo stesso New York Times in un articolo del 1948 cantava le lodi del suo concorrente locale in lingua araba, Al-Hoda: «Ha consentito e stimolato una straordinaria crescita del giornalismo arabo». L'archivio del New York Times ha foto risalenti ai primi del Novecento di pasticcerie arabe con le caratteristiche *baklava*, rosticcerie con la carne marinata e aromatizzata nello stile libanese *shawarma*. A poche centinaia di metri da dove sarebbero sorte, ma molto più tardi, le Twin Towers.

A onor del vero l'impronta araba sul quartiere non coincideva con un influsso islamico. All'origine l'immigrazione a New York proveniente dal Medio Oriente, in prevalenza dalla Palestina, era dominata da famiglie di religione cristiana. Anche siriani e libanesi erano soprattutto di fede cristiana. Al numero 103 della Washington Street c'era la cappella di San Giorgio, di rito melchita. Altri erano maroniti. C'erano anche arabi protestanti, convertiti dai missionari occidentali che a quell'epoca erano attivi nelle terre dell'Impero ottomano decadente. I musulmani rappresentavano solo il 5% della popolazione araba di Manhattan tra fine Ottocento e primo Novecento. Non risulta che ci fosse una moschea, mentre tre chiese servivano i libanesi e i siriani. Ritrovare quelle immagini d'epoca è una lezione. «Serve a ricordare» scrive David Dunlap sul New York Times «che questa città è fatta a strati proprio come una baklava. Nessuno ha dei diritti esclusivi o definitivi su questo o quel quartiere.»

Il clamore suscitato dal progetto di moschea a Ground Zero rischia di trasmettere un'immagine falsata di New York e di tutta l'America. L'idea che questo Paese sia attraversato da un'ondata di «islamofobia» è contraddetta dai fatti. Solo nel 2001, l'anno dell'attacco di al Qaeda alle Torri Gemelle, l'Fbi registrò un balzo nelle aggressioni o minacce verbali contro cittadini di fede musulmana: +1600%. Una percentuale che fa impressione ma il numero assoluto era basso: 481 casi. Assai meno dei «reati di odio» contro i neri o i gay. Passato lo shock dell'11 settembre, già nel 2003 le aggressioni contro musulmani erano ridiscese a 149. Negli anni successivi si sono assestate sulla media di sempre, circa un centinaio all'anno. Su una popolazione americana di 300 milioni, con oltre 5 milioni di musulmani praticanti e dichiarati, non si può parlare di un'ondata di intolleranza. Ed è un sindaco ebreo, Bloomberg, ad aver difeso per primo il progetto di moschea a Ground Zero. Come ai tempi in cui la nonna siriana di Gregory Orfalea sbarcò nella Little Syria di Manhattan per sfuggire alla miseria, all'oppressione e all'intolleranza religiosa, per molti arabi l'America è un Paese più ospitale della loro terra d'origine.

Amreeka

Se sei una donna di mezza età, grassa, divorziata, palestinese, e per di più capiti in questo Paese poco dopo l'attentato alle Torri Gemelle e all'inizio della guerra in Iraq, che cosa puoi aspettarti di buono dall'America? Anzi da *Amreeka*, come si pronuncia in arabo. È il titolo del film semi-autobiografico di Cherien Dabis, con Nisreen Faour nel ruolo della protagonista Muna: di mezza età, grassa e palestinese, per l'appunto. Lasciata dal marito, che le ha preferito una ragazza più giovane e più snella. L'ha abbandonata con un figlio teenager, irrequieto e scontento. La vita è ancora più dura quando devi attraversare due volte al giorno i checkpoint dei soldati israeliani, subire angherie e intimidazioni nel tuo Paese. E così quando avviene il miracolo – la vincita di una Green Card, il permesso di soggiorno permanente, alla lotteria ufficiale degli Stati Uniti –

Muna e il figlio Fadi partono verso la loro Terra promessa dove li attende la sorella di lei, sposata con un medico di successo.

Una delle scene più esilaranti, che danno il tono al film, avviene al primo contatto con *Amreeka*. È quando il poliziotto della dogana Usa, al controllo dei documenti nell'aeroporto di arrivo, le chiede: «Occupazione?», Muna s'illumina di un sorriso radioso, di fronte a quella che scambia per un'espressione di solidarietà risponde di slancio: «Sì, siamo sotto occupazione da quarant'anni». Da quel momento il film è una rapida successione di episodi agrodolci, equivoci, struggenti, dolorosi e comici. La sofferta iniziazione in un mondo diverso, dai codici culturali spesso incomprensibili. Terra promessa e terra crudele. Dove i pazienti del cognato abbandonano il suo studio per odio verso quel medico arabo, come tale automaticamente considerato un amico dei terroristi. Lo stesso accade a scuola dove Fadi diventa presto il bersaglio del bullismo dei suoi coetanei americani. In quanto a Muna, in Palestina era un'impiegata bancaria, ma il difficile mercato del lavoro di *Amreeka* le offre solo un posto precario in un fast-food, a cuocere hamburger sulla griglia. Perfino tra familiari si insinuano delle crepe, sottili faglie provocate dai processi di integrazione e ambientamento. La nipote di Muna la sferza fin dall'arrivo: «Qui non sembrerai neppure troppo grassa, zia, in mezzo a tutti questi obesi». I figli si americanizzano ben più velocemente dei genitori, cominciano a fumare spinelli, a vestirsi di stracci, a ripetere osceni brani rap. L'autorità parentale subisce uno shock tremendo quando al conflitto generazionale si aggiungono le tensioni dell'assimilazione in una società dai valori così diversi. *Amreeka* non è un film predicatorio, evita i toni di denuncia. È un diario di vita raccontato in modo leggero, senza abbellimenti né astio. Non c'è un lieto fine alla catena di disavventure di Muna, ma solo una tregua provvisoria nel calore umano che la comunità palestinese riesce a ricostruire anche in un mondo lontano.

Amreeka ha avuto successo negli Stati Uniti ma in modo particolare a New York. Nel cinema d'essai sotto casa mia, il Lincoln Plaza Cinema, alle 8 di sera di un giorno lavorativo, la sala è strapiena. Mi accorgo che sono circondato di arabiamericani: intere «famiglie allargate», diverse generazioni, alcuni ancora parlano arabo tra loro, i giovani solo l'inglese. Ridono a crepapelle, sottolineano con emozione i passaggi in cui si riconoscono: non necessariamente quelli da cui risaltano razzismo e ostilità del Paese ospitante; anzi le scene più partecipate dal pubblico in sala sono proprio quelle sul conflitto tra genitori e figli, sull'impossibilità di rimanere palestinesi al 100% anche fra le mura domestiche, dove i vecchi rapporti d'autorità vacillano. La storia di *Amreeka* si svolge in una triste e provinciale cittadina dell'Illinois. Ma qui a New York c'è il pubblico più vasto possibile per capirla. Gli arabi-americani sono dappertutto: dai venditori ambulanti di *falafel* per le strade di Manhattan, fino agli agiati professionisti con tripla laurea che abitano nell'Upper East. E la storia di *Amreeka* travalica anche i confini della loro comunità. È una storia universale, a Manhattan la può capire perfettamente un italiano o un irlandese, un polacco o un ebreo. A New York si ride ancora più di gusto di fronte a quelle scene perché in fondo nella Grande Mela nessuno è veramente «di qui», siamo tutti un po' palestinesi.

Julia e Hana di Soho

La globalizzazione non ha investito solo l'economia, il nostro lavoro, i consumi, le mode culturali, la visione che abbiamo del mondo. Attraverso i nuovi mestieri transnazionali, le migrazioni, la società multietnica, stiamo cambiando anche l'essere umano. In mezzo a noi è ormai cresciuta una nuova razza. Da non confondersi con gli immigrati per bisogno. I rappresentanti di questo nuovo gruppo invece sono i nomadi di professione, a loro agio nel villaggio globale, senza più radici, con un'identità culturale che trascende il colore del passaporto e anche quello della pelle. Sono già un esercito ben visibile nelle città più cosmopolite: San Francisco, Hong Kong, Londra, Parigi. E naturalmente New York. Nel quartiere di Soho ho incontrato l'esemplare perfetto di questa mutazione genetica. Anzi due. Madre e figlia. Perché l'uomo universale del terzo millennio, tra l'altro, è sempre più spesso una donna.

Lo spaesamento è immediato, entrando in casa di Julia Hillesheimer. In questo vasto loft sulla Greene Street c'è ancora qualche putrella in ghisa che sostiene i soffitti altissimi: un ricordo dell'epoca in cui Soho era un quartiere di piccole officine. Ma i primi oggetti che noto sanno di Oriente: un antico letto a baldacchino cinese, delle lanterne, dei kimono sospesi a mezz'aria. Julia è tedesca, della regione di Hessen. «Qui in America» dice «cominciai a venire da ragazza alla fine degli anni Sessanta, dopo aver fatto la scuola d'arte a Londra. Emigrante per curiosità, non per necessità. Gli americani che vedevo in Germania da bambina avevano i sandali, i capelli lunghi, fumavano marijuana ed erano pieni di soldi.»

New York per Julia è anche il luogo dell'incontro con l'Asia. Con un asiatico, in particolare, divenuto il padre dei suoi due figli. «Era un Capodanno cinese» ricorda «quando incontrai qui questo artista giapponese. Ce n'erano tanti, molto esotici. Ne sono venute fuori tante unioni miste, e bambini eurasiatici.» Lui è Tohru Nakamura, fotografo. «Andammo a vivere in Messico. Usai la mia esperienza londinese per lavorare i tessuti. Assorbivo molta influenza asiatica: Giappone, Cina, Indonesia, le tecniche per dipingere la stoffa usando l'impressione su legno. C'erano sempre più orientali nella mia vita, e il loro design asiatico mi entrava dentro come l'aria nei polmoni.»

Nella casa di Soho, dietro un paravento cinese, temi e colori delle sue stoffe evocano una tradizione artistica che viene da quel mondo. Su un mobile c'è una statuina di porcellana cinese, una dama panciuta dalla veste azzurra e verde: sulla sua testa è appoggiato un badge elettorale «Obama 2008». Julia adesso disegna abiti per una catena americana della grande distribuzione di lusso: il gruppo Barneys, con grandi magazzini in Madison Avenue a New York e Beverly Hills a Los Angeles. «Ormai» dice Julia «ho vissuto più a lungo in America che in Europa, ma non saprei dire a quale luogo appartengo. Non sono sicura che questa sia casa mia. Per gli amici americani io resto la tedesca, per i tedeschi sono americana.» E anche un po' italiana, per via della casa a Pantelleria dove trascorre vacanze sempre più lunghe. L'italiano lo parla e continua a studiarlo. «Ma per il dialetto siciliano – anzi di Pantelleria – ho bisogno di un'immersione di qualche settimana, devo rifarmi l'orecchio.»

Pendolare sull'Atlantico, in media sta due mesi in America e due in Europa. «In Germania ho tanti familiari, cerco di riconnettermi. Quando abbandoni il tuo nido troppo presto, diventi un'emigrante a vita. E allora devi imparare a sentirti a tuo agio ovunque.» L'allenamento mentale per vivere in questa nuova dimensione, Julia se lo è imposto anche nel suo modo di abitare. Ha trasformato il loft di Soho in un «hotel internazionale per ospiti a lungo termine» (la definizione è sua). Affitta camere a studenti, o più spesso giovani laureati, professionisti alle prime armi. Nell'albo degli ospiti c'è di tutto: giovani medici, avvocati, giudici, artisti. A condizione che vengano da lontano. Cinesi e giapponesi, vietnamiti e indiani, pakistani e marocchini. «Da una ragazza di Marrakech mi sono fatta dare lezioni di danza del ventre. Dalle asiatiche ho imparato decine di modi diversi per cucinare le loro verdure.»

Julia appartiene ancora a un'avanguardia, una élite di pionieri. Sulla propria pelle ha sentito lo strappo di chi abbandona un'identità nazionale, la metamorfosi che ti trasforma in qualcosa di nuovo, di molto più complicato. Sua figlia invece appartiene già alla razza diversa, quella che è nata dall'altra parte delle barriere identitarie. Una creatura della globalizzazione incapace di concepire un mondo che non sia multietnico e transnazionale: quello che è già impresso nei suoi geni dalla nascita. A trentadue anni, Hana Nakamura è tedescaamericana o americanagiapponese? La sua identità complessa le diede solo qualche sprazzo di disagio da bambina: «Ricordo quando ero a passeggio con la mamma in Germania, e le chiedevano se ero stata adottata». Ma a New York i genitori la iscrissero subito alla scuola internazionale delle Nazioni Unite. «Là dentro» dice Hana «molti compagni erano proprio come me: sangue misto, razze mescolate. Io e i miei amici siamo cresciuti così, in un mondo che ci sembrava naturalmente meticcio. Con famiglie e parenti disseminati su due o tre o quattro continenti. Con lunghi voli transoceanici per celebrare compleanni e feste di Natale.»

Da bambina Hana oltre al tedesco imparò subito inglese, francese, italiano. Poi il giapponese al college. Gli studi l'hanno portata a Parigi, Tokyo, Budapest, Firenze. «Qualche volta» racconta «mi sono ritrovata faccia a faccia col problema della mia identità. Ricordo un campus universitario qui negli Stati Uniti dove mi proposero di iscrivermi all'associazione degli studenti asiatici. Guardandomi in faccia, evidentemente non avevano dubbi che appartenessi a quel gruppo. Io non ne ero affatto sicura: c'è davvero un gruppo al quale devo appartenere per forza?» Per scoprire un pezzo delle proprie radici culturali s'iscrisse al corso di Asian Studies, al Vassar College. Fa lo stesso mestiere del padre: fotografa. Lavora a New York in una società di graphic design, lo studio Mucca, che tra l'altro cura copertine di libri per le edizioni Rizzoli. Un mestiere che porta Hana a viaggiare sempre tra New York e Milano. (La nuova razza degli uomini universali nasce naturalmente immunizzata dal jetlag). «Questa vita» dice Hana «sta diventando *the New Normal*, la nuova normalità. Io conosco tutta gente come me. Non solo i miei ex compagni della scuola Onu, ma anche tanti amici e vicini, nel quartiere di Tribeca dove abito, hanno storie simili, mestieri globali, famiglie miste, parenti lontanissimi, stili di vita che superano le frontiere.» Con il padre fotografo, che abita sempre a New York, Hana condivide i problemi e i segreti del mestiere. Lui almeno in questo obbedisce all'immagine stereotipata che abbiamo dei giapponesi: «È un genio delle tecnologie» garantisce la figlia. Con mamma Julia si vedono spesso a pranzo, perché l'ufficio di Hana è a due passi da Greene Street. Consuetudini da villaggio, un'oasi d'intimità, in un'esistenza che per altri sarebbe priva di radici.

Bibi Aisha

Bibi Aisha ha diciotto anni e appartiene a una tribù pashtun. Il suo bel viso è un'icona tragica dell'Afghanistan. È sfigurato da una mutilazione orrenda: al centro, il naso non c'è più. La sua foto suscita repulsione, dà voglia di girare la pagina in fretta. L'ha pubblicata in copertina il magazine Time, nel luglio 2010, con un titolo che ha scatenato controversie: «Cosa succede se lasciamo l'Afghanistan». Senza punto interrogativo. Rick Stengel, direttore del settimanale americano, ha ricevuto un numero record di proteste, centinaia di email dei lettori. Alcuni contestano l'atroce brutalità di quell'immagine sbattuta in prima pagina su un magazine a larga diffusione, che può finire in mano ai bambini. «Pornografia bellica» l'hanno definita. Altri denunciano una sorta di implicito ricatto dietro quel titolo. Il dibattito ha coinvolto altri mass media. Su The Guardian, quotidiano inglese di sinistra, Priyamvada Gopal ricorda che «le femministe hanno sempre denunciato questi trucchi, usare la condizione femminile per giustificare una guerra è puro cinismo». BagNews, un sito liberal americano, parla di «ricatto emotivo, che strumentalizza l'oppressione della donna per legittimare l'offensiva militare americana».

Bibi Aisha aveva appena dodici anni e viveva nella provincia di Oruzgan quando fu vittima di un barbaro baratto. Suo padre la cedette in sposa a un combattente talebano, in base a un'usanza detta *baad*, un costume tradizionale per risolvere le dispute tra i clan. Uno zio di Aisha aveva ucciso un membro del clan avverso, lei non ancora adolescente diventò la compensazione. Poi suo marito l'abbandonò, scomparve per anni a fare la guerriglia sulle montagne. Lei era il bersaglio delle violenze quotidiane del clan, che incrudeliva per farle pagare il crimine dello zio. Aisha provò a fuggire. Quando il marito ricomparve dalla clandestinità, la trovò a Kandahar e con un pugnale si fece giustizia tagliandole naso e orecchie. Ad accogliere Aisha è stata una Ong locale che si chiama Women for Afghan Women (Donne per le Donne Afgane). Le hanno offerto protezione in un centro di Kabul, le hanno procurato l'assistenza di uno psicologo, le hanno insegnato il mestiere di tessitrice. Infine hanno finanziato il suo viaggio in California, alla Grossman Burn Foundation di Calabasas, dove Aisha ha iniziato a subire interventi di chirurgia ricostruttiva. Forse un giorno la sua foto non sarà più ripugnante.

La condizione delle donne in Afghanistan resta tragica, ma i progressi sono indiscutibili da quando l'intervento della Nato ha cacciato i talebani dal governo. Migliaia di scuole femminili hanno riaperto, mentre prima l'istruzione era vietata per le ragazze. Ci sono donne parlamentari. Altre si occupano delle Ong umanitarie. Una di loro, Manizha Naderi, dirige l'associazione Women for Afghan Women. Lei difende la copertina del Time. La foto della ragazza mutilata, secondo la Naderi, «descrive proprio quel che succederà, se questo Paese viene abbandonato».

Il dilemma sul dovere d'interferenza umanitaria va al cuore dell'identità occidentale. La guerra lanciata da George Bush e proseguita da Barack Obama in Afghanistan, lo sappiamo, non è iniziata certo per difendere le donne afgane, ma per punire al Qaeda e i suoi protettori dopo l'attacco dell'11 settembre 2001. L'offensiva della Nato in Afghanistan ha provocato a sua volta enormi sofferenze, incluse tante vittime innocenti nella popolazione civile. Il bilancio provvisorio del conflitto è controverso, nel mondo intero e fra gli stessi elettori di Obama molti lo considerano un disastro. Manizha Naderi la pensa diversamente.

L'America e i suoi alleati debbono occuparsi della sorte delle donne afgane? L'Occidente deve cercare di raddrizzare i torti, difendere i deboli e gli oppressi? Conosciamo la risposta che dà a questo quesito la superpotenza rivale, portatrice di una visione alternativa, cioè la Cina. Per i dirigenti cinesi ogni interferenza è un'ingerenza: nessuna nazione dovrebbe mettere il naso negli affari interni di un'altra. Noi sappiamo che le nostre guerre «umanitarie» sono state spesso delle imposture ma l'espansionismo cinese che fa affari con tutti i regimi del mondo – non controllato da un'opinione pubblica democratica, né da una libera stampa, né da un'opposizione interna – non promette di essere migliore. Se l'alternativa è chiudere gli occhi di fronte all'ingiustizia, e gettar via la copertina del Time, la nostra coscienza si ribella. Una certa idea di Occidente, l'ultima che vale la pena di conservare, vive in tutti coloro che non vogliono distogliere gli occhi da quel volto.

Indice dei nomi

Arnoldo Mondadori Editore S.p.A.

Questo volume è stato stampato
presso Mondadori Printing S.p.A.
Stabilimento Nuova Stampa Mondadori - Cles (TN)

Stampato in Italia - Printed in Italy